서울역사강좌 ⑰

돌에 새긴 서울史

서울역사강좌 17

돌에 새긴 서울史

발행인	서울역사편찬원장 이상배
발행처	서울역사편찬원(history.seoul.go.kr) 서울특별시 송파구 올림픽로 242(방이동) (02-413-9522)
기획·편집	박명호(시사편찬과장), 손용석
발행일	2024. 2. 29.
판매가	10,000원
디자인·인쇄	경인문화사(031-955-9300)
사진촬영	스튜디오 수포토

발간등록번호	51-6113542-000101-01
ISBN	979-11-6071-184-4 978-89-94033-95-2(세트)

서울역사강좌 17

돌에 새긴 서울史

서울역사편찬원

발간사

서울역사편찬원은 서울 시민에게 서울의 역사적 사실과 그 가치를 전하기 위해 2004년부터 서울역사강좌를 개설했습니다. 2016년부터는 서울역사강좌의 내용을 책으로 발간하여 더욱 많은 시민들이 강좌의 내용을 접할 수 있도록 노력하고 있습니다.

이번 서울역사강좌 제17권에서는 서울 곳곳에 남아 있는 석문石文, 즉 비석과 바위 등 돌에 새긴 글과 글씨를 통해서 서울의 역사를 돌아보려고 합니다.

돌을 비롯해서 나무나 금속 등에 글자를 새기는 행위를 각자刻字라고 말합니다. 인류는 돌 등에 글자를 새기는 각자 행위를 통해서 삶의 자취와 소망 등을 남기고자 노력했습니다. 지난 수천 년 동안 우리 역사의 중심지였던 서울에 아직까지 많은 석문이 남아 있는 것은 어찌 보면 당연한 결과일지도 모르겠습니다.

이번 책에서는 길게는 천년, 짧아도 백 년 넘는 세월 동안 서울에 자리해 온 석문 10곳을 선정하여 독자 여러분께 소개하고자 합니다. 한강 유역을 확보한 위대한 군주의 업적을 공고히 하고자 산 정상에 세운 비석, 수백 년 동안 수도의 울타리가 되어 준 도성을 지탱한 책임 행정의 상징인 각자성석, 돌아가신 부모님의 인품과 덕행을 추모하기 위한 자식의 소망을 담은 묘비, 모진 위기 속에도 지키고자 했던 선비의 시대정신을 새긴 바위 글씨, 치욕의 순간을 끊임없이 되새김질하게 한 조형물까지 서울에 남겨진 석문은 조성된 시기와 배경, 장소는 제각각이지만, 각자의 바람이 영원토록 전해지기를 소망한 뜻은 다르지 않았습니다.

서울역사강좌 17권은 서울 북한산 신라 진흥왕 순수비, 한양도성 각자성석, 사산금표와 부석금표, 도봉산 일대 석각, 이윤탁 한글 영비, 증주벽립 바위 글씨, 삼전도비, 백세청풍 바위 글씨, 공덕리 금표, 한양공원비 등 각 시대와 서울의 다양한 역사적 면모를 대표하는 석문 10곳을 소개하고자 합니다.

이상의 석문 중 일부는 돌에 새겨질 당시의 제 위치를 지키며, 어느새 자연풍경의 하나가 되어버린 것도 있는 반면, 주변의 모든 풍경은 달라졌지만 석문만 남아서 오히려 사라져 버린 풍경을 회상하게 해주기도 합니다. 이처럼 석문은 그 내용이나 조성 당시의 상황도 중요하지만 지금껏 남아있게 된 사연 역시 흥미진진한 이야깃거리로 가득합니다. 이 책을 통해서 부디 독자 여러분 모두가 "각자"의 매력을 마음속에 새길 수 있는 기회가 되길 바랍니다.

서울역사강좌 17권이 나오기 까지 소중한 글을 기고하고 같은 주제로 시민강좌를 맡아주신 여러 선생님들의 노력이 있었습니다. 이 책을 발간하기 위해 힘써주신 모든 분들의 노고가 독자 여러분에게 알차게 전해지길 기대합니다. 감사합니다.

2024년 2월

서울역사편찬원장 이 상 배

차례

제1강

영토를 순수하고 돌에 새겨 기록하다,
서울 북한산 신라 진흥왕 순수비

원위치와 재발견 경위

북한산비의 형태와 내용

북한산비의 연대와 진흥왕의 순수 일정

왜 순수를 하고 비석까지 세웠을까?

제1강

영토를 순수하고 돌에 새겨 기록하다, 서울 북한산 신라 진흥왕 순수비

박성현 서울대학교 국사학과 교수

원위치와 재발견 경위

서울 북한산 신라 진흥왕 순수비(이하 북한산비)는 서울특별시 종로구 구기동의 비봉碑峰에 세워져 있었다. 과거형으로 쓴 이유는 1972년에 그것을 국립중앙박물관으로 옮겨 선사·고대관 신라실에 전시하고 있기 때문이다.

비좌碑座는 비봉 정상에 있는 바위를 다듬어 만들었는데, 2006년 그곳에 복제비를 만들어 세워놓았다. 필자는 한 차례 비봉에 올라 그것을 실제로 본 적이 있는데, 비봉 자체는 해발 560m로 높지 않아 쉽게 오를 수 있지만, 비가 있는 정상부의 바위까지 올라가는 마지막 짧은 구간은 아찔할 정도로 위험한 길이라서 다시 가고 싶은 생각이 들지 않을 정도이다. 그렇지만 처음 올라갔을 때 펼쳐진 광경은 감탄할 만했고, 힘들게 올라온 만큼 충분히 즐기자는 생각에 한참 머무르며 관찰도 하고 사진도 찍었던 기억이 있다.

신라는 왜 이처럼 올라가기도 쉽지 않은 곳에 비를 세웠을까? 진흥왕도 여기까지 직접 올라왔을까? 이 문제에 대해서는 후술하기로 하고, 먼저 비

1972년 북한산비 이전 광경

의 발견에 대해 이야기해볼까 한다. 비봉 동쪽에 있는 승가봉 방면에서는 바위 위의 비를 볼 수 있기 때문에 승가사僧伽寺와 같은 주변 사찰 승려들은 비의 존재를 알고 있었을 가능성이 크다. 그렇지만 이 비를 직접 조사하여 진흥왕이 세운 비라는 사실을 밝힌 사람은 추사 김정희로 알려져 있다. 그

비봉 정상의 비좌와 복제비

는 비를 조사하고 비의 측면에 "이것은 신라 진흥대왕 순수비이다. 병자년(1816) 7월 김정희金正喜, 김경연金敬淵이 와서 읽다." 또 그 옆에 다시 예서隸書로 "정축년(1817) 6월 8일 김정희, 조인영趙寅永이 함께 와서 남은 글자 68자를 심정審定하다."라고 새겨 넣었다. 이러한 사실은 1934년에 간행된 그의 문집 《완당선생전집阮堂先生全集》 제1권에 수록된 〈진흥이비고眞興二碑攷〉에서 확인할 수 있다. 이 글은 전집에 앞서 《예당금석과안록禮堂金石過眼錄》이라는 책을 통해 알려지기도 하였다. 또 2차 조사에 참여한 조인영도 〈승가사방비기僧伽寺訪碑記〉라는 글을 남겨 그의 문집 《운석유고雲石遺稿》에 수록했는데, 이때 제작한 탁본이 청나라 학자 유희해劉喜海에게 전해져 그의 《해동금석원海東金石苑》(1831)에 실리기도 하였다.

그런데 이 비가 진흥왕 순수비라는 사실을 처음 밝힌 사람이 김정희가 아니라는 연구가 있다. 즉 서유구徐有榘의 《임원경제지林園經濟志》에 수록된 〈예완감상藝翫鑑賞〉이라는 글에서 《문암록問菴錄》을 인용하여 "비봉은 도성 창의문彰義門 바깥에 있는데 그곳에 신라 진흥왕 북순비北巡碑가 있다. 글자는 모두 마멸되고 겨우 10여 글자만 알아볼 수 있을 뿐이다."라고 했다는 것이다. 《문암록》은 《발해고渤海考》를 쓴 유득공柳得恭의 아들 유본학柳本學의 문집으로, 현재는 전해지지 않고 있다. 아버지로부터 가학家學을 물려받은 유본학이 북한산비를 먼저 조사했을 가능성은 충분히 있지만, 탁본을 하고 본격적으로 연구하여 세상에 알린 것은 역시 추사라고 할 수 있을 것이다. 김정희는 〈진흥이비고〉에서 다음과 같이 이야기하였다.

> 이 비는 아무도 아는 사람이 없어 요승 무학이 잘못 찾아 여기에 이르렀다는 비[妖僧無學枉尋到此之碑]라고 잘못 칭해왔다. 그런데 가경嘉慶 병자년 가을에 내가 김군金君 경연敬淵과 함께 승가사에서 노닐다가 이 비를 보게 되었다. 비면碑面에는 이끼가 두껍게 끼어 마치 글자가 없는 것 같았는데, 손으로 문지르자 자형字

形이 있는 듯하여 흩어지고 이지러진 흔적만은 아니었다. … 탁본을 한 결과 비신은 황초령비와 서로 흡사하였고, 제1행 진흥眞興의 '진眞'자는 약간 마멸되었으나 여러 차례 탁본을 해서 보니, '진眞'자임에 의심할 여지가 없었다. 그래서 마침내 이를 진흥왕의 고비古碑로 단정하고 보니, 1,200년이 지난 고적古蹟이 하루아침에 크게 밝혀져서 무학비無學碑라고 하는 황당무계한 설이 변파辨破되었다. 금석학金石學이 세상에 도움이 되는 것이 바로 이와 같은 것이다.

김정희는 이처럼 자신이 비의 정체를 제대로 밝혀냈다는 점을 강조하고 있다. 그리고 그렇게 할 수 있었던 것은 그가 금석학에 조예가 깊었을 뿐만 아니라 이미 진흥왕의 다른 비인 황초령비黃草嶺碑에 대해서 이미 알고 있었기 때문이라고 생각된다.

황초령 진흥왕 순수비

황초령비는 함흥에서 장진으로 넘어가는 황초령에 세워진 비인데, 현재 세 조각으로 깨진 것을 붙여놓았다. 위의 가장 큰 것을 제1석, 오른쪽 아래의 것을 제3석, 왼쪽 가장 아래의 것을 제2석이라 하는데, 원래 제1석과 제3석이 알려져 있었다가 모두 없어지고 나중에 1~3석이 차례로 발견되어 그렇게 명명되었다.

이 비에 대한 최초의 기록은 한

마운령 진흥왕 순수비

백겸韓百謙의 《동국지리지東國地理志》이며, 인조대에 와서 낭선군郎善君 이우李俁의 《대동금석서大東金石書》에 그 탁본이 수록되었다. 이때까지는 제1석과 제3석이 남아 있었던 것으로 보이며, 김정희도 〈진흥이비고〉에서 이 두 부분을 바탕으로 논의하였다. 홍양호洪良浩의 〈제신라진흥왕북순비題新羅眞興王北巡碑〉에 의하면, 1790년에 유한돈兪漢敦이 함흥 통판通判이 되어 부임할 때 홍양호가 탁본을 부탁했는데 1년이 지나 편지와 함께 제1비의 탁본을 보내왔다고 한다. 그 뒤 다시 매몰되었다가 1835년에 함경도 관찰사로 나간 권돈인權敦仁이 제1석과 제2석을 찾아냈다. 1852년에는 김정희와 학문적 인연이 있는 관찰사 윤정현尹定鉉이 비를 중령진中嶺鎭으로 옮기면서 비각을 세우는 한편, 비의 잔편殘片을 벽에 박고 그 위에 김정희가 쓴 "진흥북수고경眞興北狩古境"이라는 액額을 걸었다. 1900년에는 도내道內의 재력가 김씨가 비각을 세우고, 본 비와 윤정현이 옮긴 사실을 적은 소비小碑 그리고 비각중건기비碑閣重建記碑 등 3기를 나란히 보존하였다. 참고로 제3석은 1931년에야 황초령 계곡 아래에서 다시 발견되었으며, 현재 접합된 비가 함흥역사박물관에 소장되어 있다.

후술하겠지만 북한산비는 보이지 않는 글자가 많아서 그 내용을 알기가 어렵다. 거의 같은 시기에 세워진 황초령비가 있기 때문에 그 형식과 내용을 추정할 수 있는 것이고, 이는 김정희도 마찬가지였을 것이다. 그리고 1929년에 최남선崔南善이 함경남도 이원군 동면에서 마운령비磨雲嶺碑를 발견함으로써, 가장 온전하게 남아 있는 이 비를 바탕으로 황초령비를 복원하고 다시 북한산비의 해석에 참고할 수 있게 되었다.

북한산비의 형태와 내용

북한산비의 크기는 높이 154cm, 너비 69cm, 두께 16.6cm이고, 앞에서 언급한 대로 비봉 정상의 자연석을 가공하여 비좌를 만들어 세웠다. 비의 형태를 보면 윗면을 조금 좁게 하여 덮개돌이 있었음을 짐작할 수 있지만, 지금은 남아 있지 않다. 현재 비석은 상하로 절단되어 붙여놓은 상태이며, 특히 왼쪽 아랫부분이 망실되어 있다. 비문은 비석 앞면에서만 확인되었고, 측면에는 앞에서 언급한 대로 김정희가 글자를 새겨 넣었다. 비문은 모두

북한산비 현재 모습(좌)과 북한산비 탁본(우)

12행인데 상하 절단선을 기준으로 윗부분은 글자가 마멸되어 거의 보이지 않고, 아랫부분은 각 행 최대 21~22자 정도가 남아 있다. 김정희 때에는 68자를 심정했다고 하지만, 현재의 연구 성과를 어느 정도 보여줄 수 있는 한국데이터베이스(db.history.go.kr) 한국고대금석문에서는 142자 정도를 판독하였다. 이 판독문을 기준으로 논의를 진행하겠고, 독자의 편의를 위해 해석문도 같이 제시한다.

[판독문]

… 眞興太王及衆臣等, 巡狩▨▨之時記.

… ▨言▨令甲兵之仿▨▨▨▨▨▨, 覇主設於賞▨▨ … 之所用, 高祀西峇▨▨▨▨相戰之時, 新羅▨王▨ … 杷德不兵故▨▨▨▨▨犹建文, 大淂人民牧存彷 … 只是巡狩管▨, ▨▨民心, 欲勞賚. 如有忠信, 精誠, 右 … ▨可加賞, ▨▨以▨▨▨▨▨▨, 路過漢城, 陟▨ … 見道人▨居石窟, ▨▨▨▨刻石誌辭.

… 尺干, 內夫智一尺干, 沙喙另力智迊干, 南川軍主沙 … 夫智及干, 未智大奈▨, ▨▨▨沙喙屈丁次奈 … ▨▨指▨, 空幽則水六▨▨▨劫. 初立耶造, 非茄 … 巡狩, 見▨▨▨▨▨▨▨▨歲記井▨▨▨ …

(…은 새로운 행이 시작됨을 의미)

[해석문]

… 진흥태왕 및 중신 등이 〈관경管境을〉(필자 해석) 순수巡狩할 때 기록하다.

… 군사력으로(▨言▨令甲兵之仿▨▨▨▨▨▨) 패주로서 상을 내리고 … 의 소용된 바 서▨西▨에 제사를 지내고, 서로 싸울 때 신라의 태왕이 ▨ … 덕으로 하고 군대를 일으키지 않은 까닭에 … ▨德不▨兵故▨▨▨▨▨▨建文 크게 백성을 얻어 ▨▨▨ … 이리하여 영역을 순수하면서 민심을 ▨▨하고 여러 노고를 위로하고자 한다. 만일 충성, 신의, 정성이 있고 … 상을 더하고 … 한성漢城을 지

나는 길에 올라 ▨ … 도인道人이 석굴石窟에 살고 있는 것을 보고 … 돌에 새겨 문[辭]을 기록한다.

… 척간尺干, 내부지內夫智 일척간一尺干, 사훼沙喙의 무력지另力智 잡간迊干이다. 남천군주南川軍主는 사〈훼의〉 … 부지夫智 급간及干, 미지未智 대나▨(大奈▨), ▨▨▨ 사훼의 굴정차屈丁次 나〈마〉奈〈麻〉이다. … 谷▨指▨ 비고 그윽한 즉 水▨▨▨▨劫 처음에 세워 만든 바는 비▨ … 순수하여 見▨▨▨▨▨▨▨▨▨▨歲記井(?)▨▨▨ …

비의 구성은 형식상 세 부분으로 나눌 수 있다. 이는 줄 바꿈을 통해 알 수 있는데, 1행 아래와 7행 아래에는 확실히 공백이 있고 줄 바꿈을 하여 다음 행에서 다시 시작하였다. 1행(1문단)은 보통 제기題記라고 하여 일종의 제목을 적은 것이며, 2~7행(2문단)은 순수의 목적과 경과를, 8~12행(3문단)은 왕을 따라간 수가인隨駕人과 기타 내용을 적은 것으로 보인다.

해석문을 보면 무슨 이야기인지 알기 어려운데, 황초령비와 마운령비를 통해 보완할 수 있는 부분이 있다. 황초령비와 마운령비의 1행은 각각 다음과 같다.

(황초령비) 八月卄一日癸未眞興太王▨▨管境刊石銘記也
(마운령비) 太昌元年歲次戊子▨▨卄一日▨▨▨興太王巡狩▨▨刊石銘記也
(북한산비) 眞興太王及衆臣等巡狩▨▨之時記

두 비의 내용을 조합하면, "태창 원년(568, 진흥왕 29) 세차 무자(년) 8월 21일 계미(일)에 진흥태왕이 관경을 순수하여 돌에 새겨 기록하였다."라고 되어 있다. 앞의 연, 월, 일이 북한산비도 같아야 하는지에 대해서는 뒤에서 논의하기로 하고, 어쨌든 뒷부분만 보면 비슷한 부분도 있고 다른 부분도 있다.

그리고 역시 두 비와 비교했을 때 북한산비에서 주목되는 것은 판독문에서 밑줄 친 부분이다. 해당 부분을 두 비에서 찾아보면 다음과 같다.

(황초령비) 於是歲次戊子秋八月巡狩管境訪採民心以欲勞▨▨何忠信精誠才▨ …

爲國盡節有功之徒可加賞爵物以章勳效

(마운령비) 於是歲次戊子秋八月巡狩管境訪採民心以欲勞賚如有忠信精誠才超察厲

勇敵强戰爲國盡節有功之徒可加賞爵▨以章勳勞

(북한산비) … 只是巡狩管▨▨▨民心以欲勞賚如有忠信精誠才 …

可加賞▨▨以▨▨▨

(북한산비의 以, 才는 황초령비 마운령비에 따라 추독)

마운령비를 기준으로 해석하면 다음과 같다. "이에 무자년 가을 8월에 관경을 순수하고 민심을 살펴 위로하고 선물을 내려주고자 한다. 만약 충성과 신의와 정성이 있거나, 재주가 뛰어나고 재난의 기미를 살피며, 용감하게 맞서고 힘써 싸워 나라를 위해 충절을 다한 공이 있는 무리에게는 상과 벼슬을 더하여 그 공훈을 표창할 것이다."

북한산비의 경우에는 역시 연, 월이 나오지 않고, 정성精誠 다음의 16자가 다 들어가기에는 다소 공간이 좁은 편이다. 그렇지만 마모된 부분의 크기를 보면 적어도 10자 정도는 있었을 것으로 생각된다. 몇 글자를 제외하고는 거의 같은 내용이었을 가능성이 크다.

마지막으로 비교할 수 있는 부분은 수행단, 그중에서도 고위 신료라고 할 수 있는 대등大等의 구성이다. 다음 표는 그것을 정리한 것이다.

황초령비, 마운령비, 북한산비의 대등 인명

황초령비, 마운령비				북한산비			
대등	탁부	거칠부지	이간	(대등)	(탁부)	(○○○○)	(일)척간
		내부지	이간			내부지	일척간
	사탁부	무력지	잡간		사탁	무력지	잡간
	탁부	복동지	대아간	남천군주	사탁	○○○	○○
		비지부지	급간	…	(탁부)	○○부지	급간
		미지	대나말			미지	대나(마)
		급진부지	나말	○○○	사탁	굴정차	나(마)

기존 연구에 따르면 수가인 인명의 관등 표기는 확실히 북한산비가 고식古式이고, 황초령비·마운령비가 신식新式에 해당한다. 즉 두 번째 줄 내부지의 관등을 비교해보면, 일척간과 이간은 동일한 것이지만 일척간이 더 이른 시기의 표기라는 것이다. 이를 근거로 북한산비가 기본적으로 다른 두 비에 비해 시기가 앞선 것으로 파악하기도 한다. 그렇지만 주목해야 할 것은 수가인이 대체로 동일하다는 것과 이들의 관등에 변화가 없다는 점이다. 즉 내부지 일척간=이간, 무력지 잡간, 미지 대나마=대나말의 경우 양자 사이에 동일하게 나타나고 있다. 게다가 정황상 북한산비의 첫 번째 인물은 역시 거칠부지일 가능성이 크고, 다섯 번째 인물도 비지부지일 가능성이 크다. 이 문제는 북한산비의 연대를 결정할 때 중요한 근거가 된다. 관등 표기법의 차이를 중시할 것인지, 동일 구성의 인물이 수가한 점을 중시할 것인지 하는 점이다. 필자의 판단은 다르기는 쉬워도 같기는 어렵다는 것이다. 즉 동일한 수가인이 참여한 순수의 일정 중에 북한산비와 다른 두 비를 남긴 것으로 해석하는 것이 타당하다고 생각한다.

북한산비의 연대와 진흥왕의 순수 일정

그렇다면 비의 연대는 어떻게 파악할 수 있을까? 이와 관련하여《삼국사기》신라본기의 두 개 기사가 주목되었다.

〔진흥왕 16년(555)〕 겨울 10월에 왕이 북한산北漢山에 순행巡幸하여 강역을 넓혀 정하였다. 11월에 〔왕이〕 북한산에서 돌아왔다. 교서를 내려, 지나온 주州·군郡의 1년간 조租와 조調를 면제해주고, 그 지역의 죄수 가운데 두 가지 사형죄[二死]를 제외하고는 모두 용서해주라고 하였다.

〔진흥왕 29년(568)〕 겨울 10월에 북한산주北漢山州를 폐하고 남천주南川州를 설치하였다. 또한 비열홀주比列忽州를 폐하고 달홀주達忽州를 설치하였다.

『삼국사기』 권4, 신라본기4

첫 번째는 진흥왕이 한강 하류까지 차지하여 그곳을 신주新州로 편제하고(553), 관산성管山城 전투(554)에서 승리한 뒤 그 이듬해 북한산에 순행하여 강역을 넓혀 정하였다는 것이다. 이 기사에 근거하여 북한산비가 555년에 건립된 것으로 보는 견해가 제시되었다. 다만 한 가지 주의할 점은 이때 '북한산'은 현재의 북한산이 아니라는 것이다. 현재 북한산의 원래 명칭은 삼각산三角山인데,《삼국사기》제사지에 의하면, 신라 때에는 부아악負兒岳이라고 하였다. 부아악이 북한산군北漢山郡(중심지는 지금의 서울 광진구 광장동) 지역에 속해 있었던 것은 맞지만, 그 산 자체를 북한산이라고 하지는 않았다. 참고로 삼각산을 북한산이라고 지칭한 것은 조선 숙종 때 북한산성을 쌓으면서 그렇게 된 것으로 생각된다.

어쨌든 신라본기에 따르면, 555년에 진흥왕이 북한산 지역에 왔고, 삼각산까지 왔을 가능성도 얼마든지 있다. 이때 북한산비를 세웠다고 확정할 수 있을까? 여기에는 몇 가지 문제가 있는데, 첫째는 북한산비 본문 중에 '남천군주南川軍主'가 나온다는 것이다. 인용한 두 번째 기사에 따르면 남천주, 즉 남천정南川停은 568년에 설치되었다. 즉 북한산비는 568년 이후에 세워져야 한다. 이 문제는 조금 복잡한데 신라의 지방 제도, 군사 제도와 관련이 있기 때문이다. 신라본기에서는 정停과 주州를 구분하고 있지 않지만, 사실 양자는 서로 다른 것이었다. 그렇지만 그들이 결국 주州와 그 치소로 통합되었기 때문에 혼동이 생겼다.

잠깐 설명하면 정停은 군단軍團의 영營을 의미하는 것으로 505년(지증왕 6)에 처음으로 지방에, 즉 실직悉直(지금의 삼척)에 정을 두고 이사부異斯夫를 군단의 장인 군주軍主로 임명하였다. 이후 6세기 중엽 진흥왕 대가 되면 상주上州, 하주下州와 같은 주가 등장하는데, 이것은 일종의 광역 행정 구역으로서 주마다 하나의 정이 배치되어 주가 정의 관할 구역이 되고 정은 주의 중심지 역할을 하게 되었다. 진흥왕은 한강 유역을 차지하고 그곳을 신주新州로 편제했는데, 역시 광역 행정 구역에 해당하고 그 중심지의 역할을 하는 정停이 배치되었다. 즉 557년에 북한산정을 두었고, 568년에는 이를 폐지하고 남천정을 둔 것이다. 실질적으로는 북한산에 있던 정을 남천, 즉 현재의 이천으로 옮겼다고 할 수 있다. 그런데 신주를 설치한 553년부터 북한산에 정을 둔 557년까지 정의 소재지가 분명하지 않은 문제가 있다. 그것을 한성漢城(지금의 경기 하남시 춘궁동)으로 보아야 한다는 견해가 있지만, 남천으로 보는 견해도 있다. 후자를 따른다면 555년에 건립된 비에 남천군주가 나오는 것은 문제가 되지 않을 수도 있다.

두 번째 문제점은 앞에서 이야기한 것이다. 즉 북한산비가 568년에 건립된 황초령비 및 마운령비와 대체로 여러 가지 면에서 비슷하다는 점이다. 13년이 지나 건립된 비에 똑같은 구절을 사용할 수 있을까? 더 나아가 같은 구성의 고위 신료가 참여하고 게다가 그들의 관등도 동일할 수 있을까? 예컨대 비문에 나오는 "무력지另力智 잡간迊干"의 사례를 보자. 이 사람은 김유신金庾信의 할아버지인 김무력金武力이다('另'의 음은 '령'이지만 신라 금석문에서는 '武'자와 같은 글자로 사용). '지智'는 이 시기 신라 인명 뒤에 붙는 일종의 접미사 같은 것이다. 김무력의 관등은 단양 신라 적성비에는 아간지(제6위), 신라본기 진흥왕 14년(553)에는 아찬, 창녕 신라 진흥왕 척경비(561년)에는 잡간(제3위)으로 나타나 있다. 553년에서 555년 사이에 아찬에서 잡찬으로 3단계 상승했다고 보기는 쉽지 않을 것이다. 그리고 동시에 555년부터 568년까지 관등의 상승이 없었다고 하기도 어려울 것이다.

황초령비와 마운령비는 적어도 비문의 내용에서는 거의 동일하다고 할 수 있지만, 북한산비는 다소 차이가 있는 것도 사실이다. 그렇지만 차이는 어느 정도 나타날 수 있어도 같기는 어렵다는 것이 기본적인 생각이다. 특히 위에서 지적한 수행단 구성의 동일성은 쉽게 반박하기 어려울 것이다. 다만 북한산비와 두 비의 차이로 보아 같은 여정 안에서 북한산비가 조금 앞섰다고 생각된다. 북한산 부아악을 먼저 순행하고 그 뒤에 함흥 지역으로 향했다는 것이다. 그랬을 때 해결되지 않는 문제가 한 가지 남는다. 그것은 남천군주가 설치된 시기가 568년 중에서도 10월이라는 것이다. 진흥왕이 황초령과 마운령에 간 것은 8월에서 10월 초 사이로 여겨진다. 마운령비에 10월 2일이라는 날짜가 나오기 때문이다. 10월에 설치한 남천정의 군주가 8월 이전에 건립한 북한산비에 나타날 수 있을까 하는 것이 문제가 된다. 이것은 금석문과 문헌 사료의 성격 차이로 설명할 수 있을 것 같다.

앞에서 인용한 두 번째 사료는 정의 후퇴를 의미하는 것인데, 즉 비교적 전방인 북한산에 설치한 정을 후방인 남천으로 옮기고, 역시 비열홀(지금의 북한 안변)에 설치한 정을 달홀(지금의 북한 고성)로 물린 것이다. 이러한 결정은 순수 과정에서 이루어졌을 것이며, 변경된 사항을 바로 비석에 기록했을

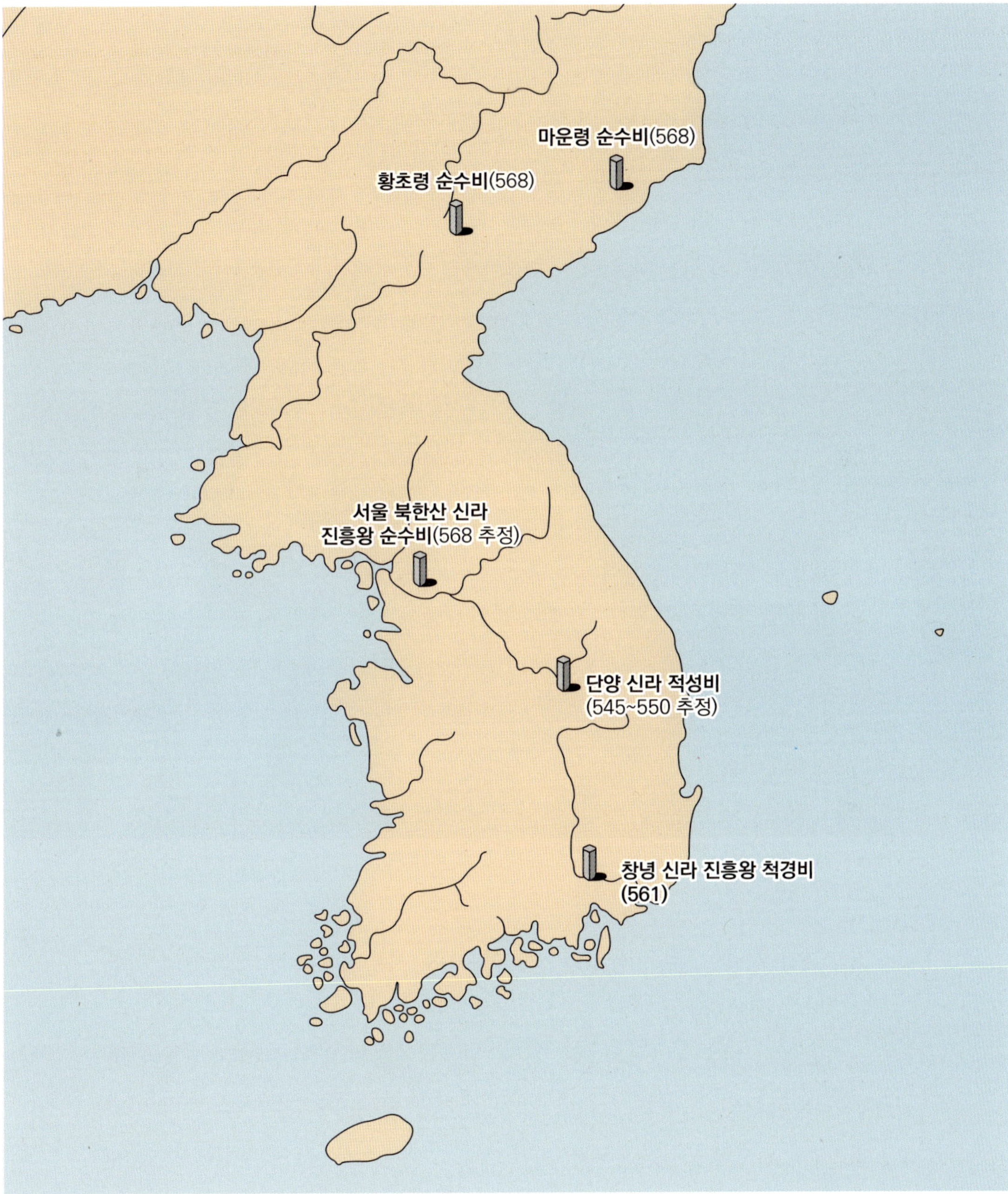

진흥왕 연간 주요 비석의 위치

승가사 승가굴

가능성이 있다. 그리고 순행에서 돌아온 뒤, 이를 정식으로 공표하고 기록하였다는 것이다.

황초령비·마운령비까지 참고하여 568년 진흥왕의 순수 여정은 다음과 같이 복원해볼 수 있을 것이다. 먼저 순수에 참여한 사람으로는 진흥왕과 법장法藏, 혜인慧忍과 같은 사문도인沙門道人, 대등大等으로 지칭되는 고위 신료 그리고 수레를 잡은 인물[執駕人], 궁중에서 왕을 모시는 인물[裏內從人] 등과 같은 중하위 관원들이 있었다. 물론 변경 지역인 만큼 일정한 군사가 호위했을 가능성이 크다. 이 중 북한산비에도 나오는 고위 관료만 뽑아보면, 탁부 거칠부지 이간, 내부지 이간, 사탁부 무력지 잡간, 탁부 복동지 대아간, 비지부지 급간, 미지 대나말, 급진부지 나말 등이다. 이 중 거칠부지는 거칠부, 무력지는 김무력에 해당하고, 내부지는 《삼국사기》 거칠부전에 나오는, 551년 한강 유역을 공격한 8장군 가운데 하나인 노부奴夫 파진찬과 동일인으로 추정된다. 어쩌면 당연한 것이지만 사료에 나오는 중요한 인물들이 나타나 있다는 점이 흥미롭다.

여정은 대체로 북한산 부아악이 먼저였을 것으로 판단된다. 568년 왕경王京을 떠난 진흥왕은 먼저 한강 유역의 한성에 도달했을 것이고, 그곳을 경유하여[路過漢城] 북한산 부아악에 올랐는데, 이때 주목할 만한 점은 도인이 석굴에 사는 것을 본 사실을 특기했다는 것이다. 비봉 인근의 승가사는 고려 때 승가굴僧伽窟이라고 불렀는데, 《동문선東文選》에 수록된 이예李預의 〈삼각산 중수 승가굴기三角山重修僧伽崛記〉(1106)에서는 최치원의 문집을 인용하여 신라시대에 낭적사狼迹寺의 중 수태秀台가 삼각산 남쪽에 바위를 뚫어 굴을 만들고 거기에 승가대사僧伽大師의 상을 만들었다고 하였다. 즉 승가굴은 신라 말에 인공적으로 만든 것이라 진흥왕 때에는 없었겠지만, 비봉 인근에는 이 외에도 석굴이라고 할 만한 것들이 종종 있다. 그리고 도인은 사문도인, 즉 승려를 말하는데, 진흥왕은 이미 불교를 깊이 받아들여 법장, 혜인과 같은 사문도인과 동행하였고, 길에서 마주친 승려를 쉽게 지나치지 않았을 것이다. 그가 누구이고, 어디 출신인지는 알 수 없지만, 북한산비가 당시의 여정을 비교적 생생하게 기록했음을 엿볼 수 있다. 이때 진흥왕이 비의 건립 지점까지 갔다면 무엇 때문이고, 또 무엇을 했는지 궁금해진다. 이 문제는 뒤에서 좀 더 다루기로 하고, 진흥왕은 이어 고구려로부터 새롭게 획득한 함흥 일대로 향했을 것이다. 함흥에 이르는 길은 조선시대의 교통

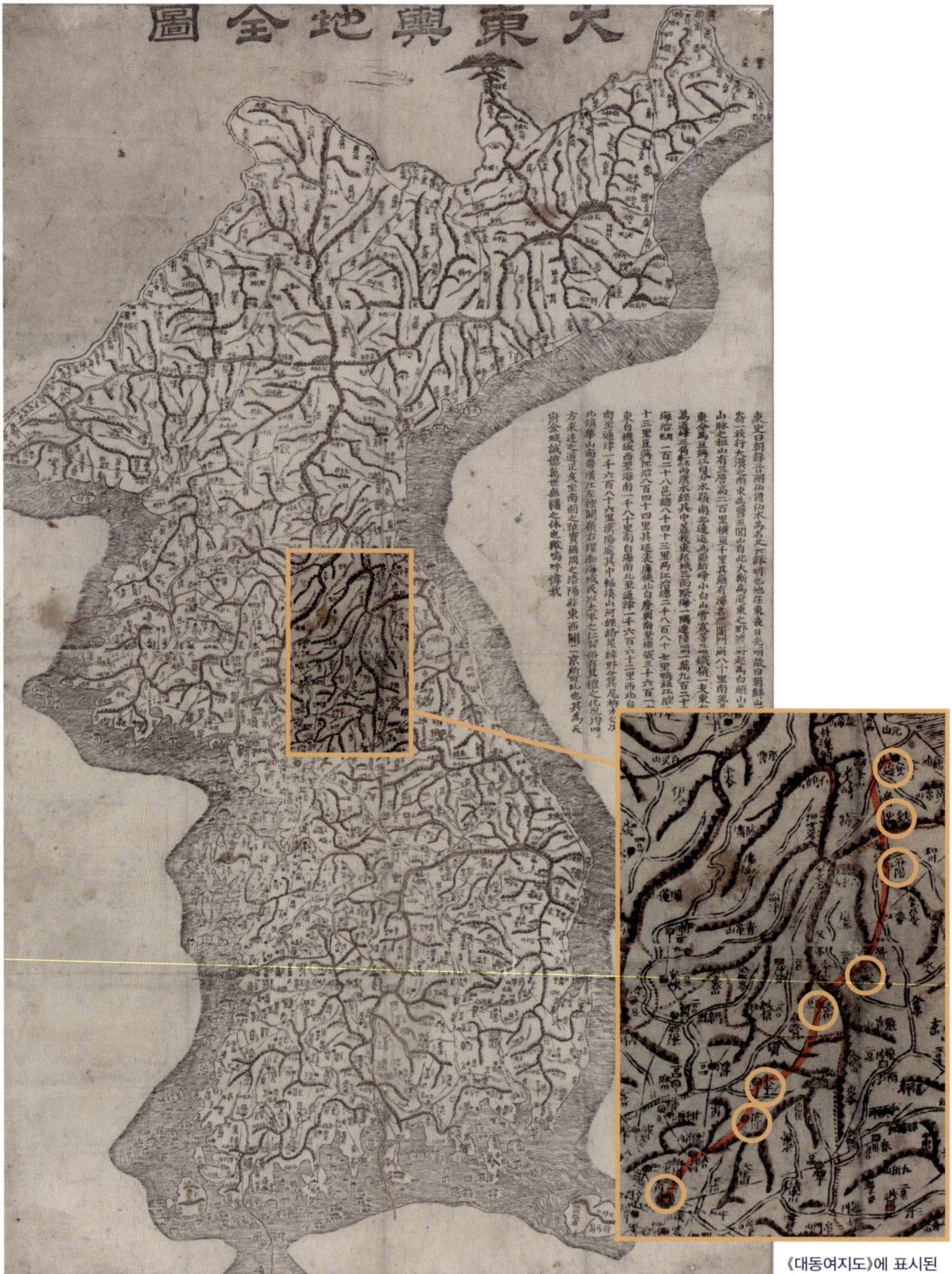

《대동여지도》에 표시된
함흥에 이르는 길

로를 참고할 수 있는데(《대동지지大東地志》), 곧 10대로로 의정부에서 축석령을 넘어 한탄강 유역의 포천, 영평, 김화를 지나 북한강 유역의 금성, 회양에 이르고 다시 철령鐵嶺을 넘어 동해안의 안변, 즉 비열홀에 도달할 수 있었다. 참고로 현재 경원선이 놓여 있는 추가령 구조곡이 본격 활용된 것은 그보다 뒤의 일이었다. 황초령비·마운령비에 나오는 8월 21일은 전체 일정을 시작한 시점일 수도 있고, 두 비와 관련된 시점일 수도 있다. 새로 획득한 영역을 돌아보고 경계 지점에 비를 세우는 일은 대체로 10월 초에 마무리되었을 것이다. 그리고 동해안로를 따라 10월 중에 왕경으로 돌아오는 일정으로 그려볼 수 있을 것이다.

왜 순수를 하고 비석까지 세웠을까?

그렇다면 진흥왕은 왜 이와 같이 순수巡狩를 하고 비를 세웠을까? 《맹자孟子》에는 "천자가 제후국에 가는 것을 순수라 하니, 순수란 지키는 경내를 순행한다는 뜻"이라고 되어 있다. 중국에서 실제로 순수를 하고 이를 기념하는 각석刻石을 세운 사례로는 진시황과 북위北魏의 태무제太武帝, 문성제文成帝 등이 있으며, 특히 멀지 않은 북위의 사례는 진흥왕이 충분히 참고할 수 있었을 것이다.

진흥왕대에는 무엇보다 영토가 크게 확대되었다는 점이 주목된다. 그의 치세 중에는 한강 유역과 함흥 일대 그리고 가야 지역이 신라의 영역으로 새로 편입되었다. 그 가운데 세 순수비와 직접 관련 있는 것은 한강 유역과 함흥 일대로의 진출이다. 먼저 그 과정에 대해 간략하게 정리해 보겠다.

550년(진흥왕 11) 신라는 고구려와 백제로부터 지금의 미호강 상류 유역에 해당하는 도살성, 금현성을 빼앗아 차지했는데, 이 무렵 고구려의 남방 거점 중 하나인 충주 지역은 이미 무력화되었을 가능성이 크다. 이듬해 정월 진흥왕은 연호를 개국開國으로 고쳤는데 7세에 즉위한 진흥왕이 18세가 되는 해이기도 했고, '나라를 열어' 영토를 넓히겠다는 의지를 표명한 것일 수도 있다. 3월에는 순행하다가 지금의 충주로 추정되는 낭성에 이르러 우륵을 불러 하림궁河臨宮에서 그 음악을 들었다고 한다. 왕이 고구려 공격 명령을 내린 것은 바로 이때의 일로 나타나 있다. 즉 거칠부 등 8명의 장군에게 명하여 백제와 함께 고구려를 침략하도록 했다는 것이다. 두 나라 군대는 한성漢城(몽촌토성)과 남평양南平壤(아차산 일대 보루군 아래)을 공격하여 격파하였고, 신라군은 따로 죽령竹嶺 바깥 고현高峴 이남의 10군을 점령하였다. 10군의 범위에 대해서는 연구자마다 조금씩 다르게 보고 있지만 대체로 지금의 북한강 유역에 해당하는 것으로 판단된다.

백제가 한강 하류 일대를 포기하고 신라에 넘기는 과정에 대해서도 다양한 견해가 제시되었는데, 필자가 복원한 것을 요약하면 다음과 같다. 551년 백제와 신라가 고구려의 한강 유역을 공격할 수 있었던 것은 고구려에 내분이 있었기 때문이다.

백제는 한성과 남평양을 차지한 뒤 멈추지 않고 계속 진격하기를 원했던 것 같다. 그래서 신라도 동참할 것을 요청했지만, 이번에는 신라가 이를 거절하였다. 《삼국유사》에는 진흥왕이 "나라가 흥하고 망함은 하늘에 달려 있는데 만약 하늘이 고구려를 미워하지 않는다면 내 어찌 바라겠느냐."라고 말했다고 한다. 그리고 이 말을 고구려에 전하니 고구려가 감동하여 신라와 통호하였다고 전한다.

백제는 이러한 사실을 알지 못한 채 온 나라의 병사를 일으켜 고구려를 공격하였다. 이때 신라는 고구려를 위해 오히려 무방비 상태인 백제 후방을 공격 혹은 공격하는 태세를 취한 것으로 보인다. 뒤늦게 그 소식을 들은 백제는 신라의 요구를 받아들일 수밖에 없었고, 한강 하류를 신라에 넘겨

주게 되었다.

553년 신라는 새로 차지한 한강 유역을 신주新州로 편성하였고, 이듬해에는 관산성에서 백제군을 물리쳤다. 그리고 앞에서 말한 대로 555년에는 진흥왕이 북한산에 순행하여 경계를 넓혀 정하였다. 다만 이때 북한산비를 세운 것은 아니라고 하였다.

이듬해인 556년 신라는 비열홀주를 설치하였다. 비열홀은 북한 원산 부근에 있는 안변安邊에 해당한다. 역시 비열홀에 정停을 설치한 것을 말하며, 이와 관련된 광역 행정 구역은 그 이름이 알려져 있지 않지만 대체로 동해안을 따라 길게 설정된 것으로 추정된다. 그 북변에 대해서는 전혀 알 수 없었는데, 황초령비와 마운령비 덕분에 함흥, 북청을 지나 이원에 미치고 있었다는 것을 알 수 있게 되었다. 이 땅은 옥저沃沮, 동예東濊 지역으로 말할 것도 없이 고구려의 영토였다. 신라가 새로 획득한 것인데 고구려와 전쟁을 벌였다는 기록은 어디에서도 찾아볼 수 없다.

그렇다면 신라는 어떻게 이 땅을 차지할 수 있었을까? 이 문제에 대해서는 역시 고구려-신라 간 밀약의 결과로 보는 견해가 많다. 즉 당시 고구려가 상당히 위태로운 상황이었고 신라를 끌어들이는 대가로 옥저, 동예 지역을 신라에 할양했다는 것이다.

옥저, 동예 지역은 오랫동안 고구려의 지배를 받았지만, 신라본기 진흥왕 9년(548)조에 "고구려가 예인穢人과 함께" 백제를 공격했다는 표현에서 알 수 있듯이 어느 정도 독자성을 유지하고 있었던 것으로 보인다. 위급한 상황에서 그 지역을 신라에 넘겨주고 나중에 필요에 따라 쉽게 회복할 수 있다고 생각했을 수도 있다.

신라는 이 지역을 어떻게 통치하고자 했을까? 신라의 함흥 일대 지배가 오래 지속되지 않았다고 보는 견해들이 있다. 진흥왕이 순수하고 비열홀의 정을 달홀로 옮긴 568년까지, 즉 순수 직후에 방기放棄한 것으로 보기도 한다. 그렇지만 1960년대 북한의 조사 보고에 의하면, 이 지역에서 신라 산성과 고분군이 다수 확인되었다. 즉 성을 쌓아 거점을 구축하고 주민들을 이주시켜 적극적으로 영역화했으며, 그 지배가 몇 세대 이상 지속되었음을 알 수 있다.

앞에서 복원한 대로 진흥왕이 북한산을 거쳐 비열홀의 경계 지점을 순수한 것은 568년이었다. 황초령비나 마운령비에 보이는 다음 구절은 당시 신라의 상황을 잘 보여주고 있다.

> 이로 말미암아 사방으로 영토를 넓혀[四方託境] 널리 백성과 토지를 획득하니, 이웃 나라가 신의를 맹세하고 화친하는 사신이 서로 통하여 오게 된다. 아래로 스스로 헤아려 신민新民과 구민舊民[新古黎庶]을 어루만졌으나 오히려 왕도의 덕화가 고루 미치지 아니하고 은혜가 베풀어지지 않는다고 말하였다.
>
> 이에 무자년 가을 8월에 영토를 순수하여 민심을 살펴 위로하고 선물을 내려주고자 한다. 만약 충성과 신의와 정성이 있거나, 재주가 뛰어나고 재난의 낌새를 살피며, 적에게 용감하고 전쟁에 강하며, 나라를 위해 충절을 다한 공이 있는 무리에게는 벼슬을 상으로 더하여 주고 그 공훈을 표창하고자 한다.

함흥 일대를 획득하고 비열홀에 정을 설치한 뒤 12년이 지난 시점에, 신민과 구민을 모두 어루만졌으나 왕의 교화와 은혜가 베풀어지지 않는다고 스스로 평가하고 있다. 이에 영토를 순수하여 민심을 살피고 나라를 위해 충절을 다하는 자에게는 상을 내리겠다고 하였다.

그리고 몇몇 지점에 그것을 기념하는 비를 건립했는데, 황초령비와 마운령비의 경우 대체로 고개 위, 즉 산줄기를 경계로 했을 때 그것을 넘을 수 있는 지점에 세웠음을 알 수 있다. 이 두 지점은 함흥 일대에서도 가장 중요한 경계 지점이라고 할 수 있다. 그곳에서 구체적으로 어떤 행위를 했는

연천 호로고루성벽과 전망대

지 알기 어렵지만, 비를 세운 목적 가운데 하나가 경계의 확인, 그것의 확보에 있었다는 것을 추정해 볼 수 있다.

그렇다면 북한산비의 경우에는 어떠했을까? 비봉 역시 당시 신라의 경계 지점이었다고 할 수 있을까? 고구려가 한강 유역을 상실한 뒤에는 대체로 임진강 선을 지킨 것으로 알려져 있다. 임진강 변의 연천 호로고루 같은 유적은 주요 도하 지점에 건립된 고구려 성으로 알려져 있다. 고구려가 임

일제강점기 북한산비 전경

진강 선이라도 지킬 수 있었던 것은 역시 함흥 일대를 포기하는 밀약과 관련 있을 가능성이 크다. 이러한 상황에서 신라가 임진강까지 육박해 들어가기는 어려웠을 것이고, 역시 일정한 완충 구역을 남겨두었을 가능성이 크다. 이러한 관점에서 보면 비봉 역시 변경, 경계의 주요 지점이었다고 할 수 있다. 즉 한강 유역에서 가장 중요한 한성과 북한산을 확보하고, 한강 하류 방면을 바라볼 수 있는 곳에 순수의 의미를 담은 비를 세워 남기고자 했을 것이다. 다만 이때 어떤 의례가 행해졌는지에 대해서는 현재 남아 있는 비문을 통해서는 알기 어렵다.

앞에서 이야기한 대로 북한산비에는 '남천군주'가 나타나 있고, 신라본기에 따르면 순수에서 돌아온 뒤에 신주에서는 북한산의 정을 남천으로, 동해안에서는 비열홀의 정을 달홀로 옮겼다. 그리고 이것을 일종의 후퇴로 해석하는 경향이 있는데, 당시에 신라가 축조한 산성 같은 것을 보면 그렇게 이해하기는 어렵다. 정은 기동 군단으로, 방어보다는 공격을 위한 것이었다고 할 수 있다. 정을 후방으로 물린 것은 더 이상 영역을 확대할 의사가 없음을 보여주는 것으로 해석된다. 즉 새로운 영역을 돌아보고 그것이 어느 정도 지속 가능하다는 점을 확인하면서 군단을 약간 후퇴시킨 것이라고 할 수 있을 것이다.

신라의 한강 하류 확보는 백제에 대한 배신으로 매도할 수도 있겠지만, 신라의 입장에서는 정세 변화를 잘 활용한 것이었다. 백제가 다소 무리한 공격을 감행한 상황에서 고구려의 요청을 받아들여 백제를 제압하고, 협상을 통해 한강 하류에서 더 이상 북진하지 않는 대신 함흥 일대를 할양받은 것이다. 진흥왕의 순수와 비 건립은 이를 일단락 짓는 행위로 이해할 수 있다. 그 영역을 둘러보고 경계에 비를 세우며, 정을 후퇴시켜 더 이상 확장의 의지가 없음을 표명한 것이다. 《삼국사기》를 보면 이후 600년 무렵까지 삼국 사이에 큰 전투가 벌어지지 않았음을 알 수 있다. 그것은 진흥왕이 만들어 놓은 판도가 어느 정도 안정적이었음을 말해준다. 진흥왕은 순수와 비 건립을 통해 그 성과를 지속적인 것으로 만들면서 동시에 자신의 업적으로 영원히 남기고자 하였을 것이다.

제2강

한양의 공사실명제, 한양 도성 각자성석

각자성석이란 무엇인가

14세기 말 태조대 도성 축조

태조대 각자성석의 형태와 특징

15세기 전반 세종대의 도성 수축

세종대 각자성석의 형태와 특징

조선 후기 도성 수축과 축성 기술상의 특징

조선 후기 도성 각자성석의 형태

각자성석의 문화적 가치

제2강

한양의 공사실명제,
한양 도성 각자성석

노영구 국방대학교 군사전략학과 교수

각자성석이란 무엇인가

서울 도성을 걷다 보면 성벽 곳곳에 성을 축조할 당시의 공사 담당자 이름, 직책 그리고 담당 지역 등을 새긴 성돌인 이른바 '각자성석刻字城石'을 볼 수 있다. 각자성석은 글자를 새긴 성돌이라는 뜻으로, 도성의 각자성석은 새겨진 시기와 주체에 따라 《천자문千字文》의 글자를 새긴 성돌이 있는가 하면, 축성을 맡은 지방 군현의 이름이나 관계자들의 이름을 새긴 성돌 등 그 내용이 매우 다양하다. 성돌에 축성 관련 내용을 새긴 것은 성벽 축조 이후 해당 구간의 성벽에 문제가 생길 경우 공사의 책임을 묻기 위함이었다. 실제로 세종대에 성벽이 무너졌을 때 그 구간을 축성한 지역 담당자에게 성벽을 다시 쌓게 한 사실이 《세종실록》에 남아 있는 것을 볼 수 있다. 즉 축조 공사의 책임자가 자기 이름을 걸고 공사를 책임지는 '공사실명제'가 조선시대에도 있었던 셈이다. 물론 조선시대 이후에야 성곽 축조에 대한 책임을 묻기 위해 각자성석을 새긴 것은 아니었다.

한양 도성 백악 구간

대표적인 예를 들면 6세기 말인 591년(진평왕 13) 2월 오늘날 경상북도 경주시 남산에 신성新城을 쌓은 이후 세운 비석들인 남산신성비南山新城碑를 보아도 이러한 모습을 볼 수 있다. 현재 10개가 남아 있는 남산신성비의 내용은 신성 축조 이후 3년 이내에 성이 붕괴되면 벌을 받는다는 서사문誓事文과 각각 축성역을 동원하는 데 책임을 진 신라 유력자의 인명과 각 단위 집단들이 축성을 담당한 거리인 이른바 수작거리受作距離 등으로 이루어져 있다. 남산신성비는 해당 구간에 작은 비석을 세운 것으로 성돌에 내용을 새긴 한양 도성의 각자성석과는 차이가 있지만 성곽을 축조한 이후 그에 대한 책임을 묻기 위해 기록을 남겼다는 점은 동일하다. 즉 우리 역사에서 기록을 통해 추후 책임을 묻도록 한 전통은 매우 오래된 것임을 알 수 있다.

남산신성비 제1비

오다 쇼고

한양 도성의 각자성석은 조선시대에는 도성 관리를 위해 실제적인 의미를 가진 것이었다. 각자성석의 학술적인 검토는 일제강점기인 1916년 일본인 오다 쇼고[小田省吾]가 122개소의 각자성석을 조사하여 보고한 것이 최초이다. 광복 이후 도성 축조와 관련하여 각자성석의 존재를 언급한 경우는 적지 않았지만 각자성석에 대한 체계적이고 본격적인 조사는 2000년대 들어서였다. 서울시의 '서울 성곽 중장기 종합 정비 기본계획'과 서울역사박물관의 도성 조사보고서 등을 통해 150여 개 이상의 각자성석을 추가로 확인하여 소개하였다. 이후에도 조사, 연구가 계속되어 현재 297개의 각자성석이 확인되었고, 앞으로도 조사 결과에 따라 각자성석이 추가로 발견될 가능성은 열려 있다. 다양한 형태의 각자성석은 조선시대에 계속하여 이루어졌던 도성 수축修築의 양상과 함께 조선의 성곽 변화의 일단을 보여준다.

현재 서울시는 한양 도성의 축조 및 개축과 관련하여 많은 정보를 담은 각자성석을 보존하기 위해 비파괴 분석 등 다양한 과학적 방법을 동원해 105개를 보존 처리했고, 2025년까지 나머지 192개에 대한 작업도 마무리할 계획이다. 또한 3D 정밀 스캔 기술을 활용해 각자성석을 디지털 형태로 변환하여 글자 판독 연구를 진행하고, 각자성석의 모형 안내판 제작 등에도 활용하고 있다. 도성 축조 및 개축과 관련하여 시기별로 중요한 내용을 담은 300개에 달하는 각자성석의 존재는 앞으로도 많은 논의가 있을 것으로 생각된다.

이 글에서는 도성의 축조 및 개축 과정에서 중요한 획을 그은 태조, 세종 그리고 숙종대 이후의 도성 축조 양상을 정리하고, 해당 시기의 각자성석 형태와 내용을 소개하고자 한다. 이를 통해 조선시대의 도성 수축과 축성 기술 및 기록 문화의 양상을 확인할 것이다.

14세기 말 태조대 도성 축조

1392년 조선왕조가 건국되고 2년이 지난 1394년 8월 고려의 남경이었던 한양부로 천도할 것을 결정하였다. 곧바로 새로운 도성 건설 계획에 따라 궁궐과 사직단 등의 건설이 착수되어 이듬해 9월 말 경복궁과 종묘가 완성되었다. 궁궐 건설이 마무리된 직후인 윤9월 중순 도성조축도감都城造築都監을 설치하여 관원을 임명하고 판삼사사 정도전에게 성터를 정하도록 하였다. 1396년(태조 5) 1월 본격적인 도성 축조가 시작되었다.

도성 성곽 축조에는 경상, 전라, 강원도와 평안도의 안주 이남 및 함경도 함주(오늘날 함흥) 이남의 민정民丁 11만 8,049명이 동원되었다. 도성을 쌓기 전에 이미 궁궐 공사에 동원되었던 경기, 충청, 황해도는 축성에서 빠졌고,

평안도 안주 이북과 함경도 함주 이북은 국경 수비를 이유로 제외된 것으로 보인다. 도성 축조는 각 도별로 일정한 구획을 맡아 담당하였는데, 함경도 함주 이남의 사람들은(1만 953명) 백악산을 기준으로 응봉鷹峰까지 5,400척의 산지 구간을 담당하였고, 이어 응봉에서 성북동 부근까지 동북쪽 4,800척의 구간은 강원도가 맡았다(9,736명). 4만 9,897명이라는 가장 많은 민정이 동원된 경상도는 성북동 부근에서 시작하여 동대문, 수문, 광희문을 거쳐 남산 정상을 넘어 잠두봉蠶頭峰에 이르기까지 전체 도성 성곽 중 무려 2만 4,600척에 이르는 동쪽과 남쪽 대부분의 구간을 담당했다. 1만 8,255명이 동원된 전라도는 서남쪽 남산 일부와 숭례문, 서소문을 지나 돈의문 인근까지 9,000척의 구간을 담당하였다. 경상도에 이어 두 번째로 많은 2만 9,208명의 인력이 동원된 서북면, 오늘날의 평안도는 돈의문에서 인왕산 구간과 창의문을 통과해 백악산까지 1만 4,400척의 도성 성곽 서쪽 지역을 맡았다.

전체 5만 9,500척의 도성 성벽은 600척씩 총 97구간으로 나누고 각 구간마다 천자문의 순서대로 글자를 쓴 각자성석을 새겨놓았다. 이 97개의 각 구간은 다시 100척(약 31m)씩 6개의 작은 구간, 곧 여섯 호號로 나누어 작업하도록 하였다. 천자문 글자의 2개 구간마다 책임 감독인 감역監役을 두었는데 감역인 판사判事와 부판사副判事를 각 1명씩 두었고, 아울러 사使, 부사副使, 판관判官 등의 관리를 12명씩 두었다. 후술하겠지만 하위 관원인 사, 부사, 판관 등이 실제로는 '감역부사', '감역판관' 등의 명칭으로 불렸다.

도성 축성 작업은 1396년 1월 9일부터 2월 28일까지 49일 동안 매우 빠르게 진행되었다. 높고 험한 산지 구간은 석성石城으로 축조하였는데 높이는 15척(약 4.7m), 총 길이는 1만 9,200척에 이르렀다. 반면 평탄한 곳은 토성土城으로 축조하였는데, 토성 부분의 아래 너비는 24척(약 7.5m), 위 너비는 18척(약 5.6m), 높이는 25척(약 7.8m)이었고, 총 길이는 4만 300척에 달하였다.

태조대의 한양 도성은 토성 부분이 석축으로 쌓은 구간에 비해 2배 이상에 달하였다. 짧은 기간의 성곽 축조는 추위까지 겹치면서 어려움이 적지 않았고, 또 농사철이 돌아오면서 동문인 흥인문 성문도 다 완성하지 못한 채 공사가 일단락되었다. 게다가 그해 7월 장마로 성벽 일부 구간이 무너지는 사태가 벌어져, 8월에 경상, 전라, 강원도에서 민정 7만 9,400명을 다시 징발해 2차 축성 공사를 재개했다. 9월 24일까지 계속된 2차 축성 공사에서는 무너진 성벽과 낮은 성벽을 석성으로 다시 쌓았고, 토성으로 사이를 메웠다. 또 하천수의 원활한 배수를 위해 수구에 운제雲梯 하나를 추가로 설치했다.

이때 각 문의 월단月團(문루 기단)과 누합樓閤(문루)이 완성되었으며, 방향에 따라 사대문과 사소문의 이름도 확정지었다. 정북은 숙청문肅淸門, 동북은 홍화문弘化門으로 속칭 동소문이라 했고, 정동은 흥인문興仁門으로 동대문이라 했다. 동남은 광희문光熙門으로 수구문이라 하고, 정남은 숭례문崇禮門으로 남대문이라 했으며, 소북小北은 소덕문昭德門으로 서소문이라 하였다. 그리고 정서는 돈의문敦義門, 서북은 창의문彰義門으로 이름을 지었다. 도성 축조가 마무리되자 1397년(태조 6)부터 부속 시설 공사에 들어갔다. 1398년(태조 7) 2월 8일에 남문인 숭례문이 완성되었고, 같은 해 5월에는 경기좌도와 충청도의 인력을 동원해 전체 성곽에 대한 보완 공사를 실시하였다.

태조대 각자성석의 형태와 특징

태조대 각자성석인 천자문 자호字號 각자로 현재까지 조사를 통해 확인된 것은 97개 중 58개이다. 이전까지 알려진 기존의 천자문 자호 각자 이외에 최근의 정밀한 현장 조사를 통해 44개의 천자문 자호 각자가 추가로 발견되었다. 현재 확인되는 천자문 자호 각자는 한양 도성의 백악 구간에 17개, 낙타산 구간에 9개, 목멱 구간에 17개, 인왕 구간에 15개가 있다. 태조대 각자성석에 대해《태조실록》에는 다음과 같이 기록되어 있다.

> 성터는 미리 재어서 자호字號를 나누어 정하였다. 백악의 동쪽에서 천天자로 시작하여 백악의 서쪽에서 조弔자로 그쳤다. 서산西山 석령石嶺까지 합해 계획한 땅의 척수는 5만 9,500척으로 600척마다 한 자호씩 붙이니 무릇 97자이다. 매 글자는 6호로 나뉘는데 두 자마다 감역판사監役判事와 부판사副判事는 각 1원을 두고, 사使, 부사副使, 판관判官 등이 12원이다. 각 도 주군州郡 민호民戶의 다소를 헤아려, 천天자부터 일日자에 이르기까지는 동북면, 월月자부터 한寒자에 이르기까지는 강원도, 내來자부터 진珍자에 이르기까지는 경상도, 이李자부터 용龍자에 이르기까지는 전라도, 사師자부터 조弔자에 이르기까지는 서북면이다.

이를 통해 먼저 천자문 자호 각자는 백악의 동쪽에서 천자로 시작하여 600척마다 한 글자씩 기록하여 백악의 서쪽으로 조자까지 97개임을 알 수 있다. 각 글자는 6호로 나뉘고 천자문 두 자호마다 감역판사와 부판사 각 1명을 감독관으로 두고 사, 부사, 판관 등 12명의 하위 실무자를 두었음을 알 수 있다. 그리고 동원된 각 도의 책임 구역을 보여주고 있다. 이상의《태조실록》기사 내용을 보여주는 각자가 최근 발견되었다. 남산에서 새로 발견된 감역관명 각자성석은 아래와 같이 모두 4개인데, 그중 하나(①)는 매우 상세한 정보를 담고 있다.

① 夜光受音上/末一千二百尺/判事姜□/副判事曺□□/監役副使/朴□益一/百五十尺/洪武卄九丙子/二月日□

② 監役判官金□一百五十尺

남산에서 새로 발견된 각자성석

③ 監役判□ □ □一百五□ □

④ 監役/判官/崔有/遠一百/五十尺

①을 보면 먼저 '야광수음夜光受音'이라는 용어가 나오는데, 야광은 천자문 자호 '주칭야광珠稱夜光'의 뒤 두 자를 결합한 단어이다. 수음은 성곽을 쌓는 공사 구간을 의미하는 이두로, 신라호텔 근처에서 발견된 각자성석에도 '십삼수음시十三受音始'라 하여 13번째 수음, 즉 구간이라는 사례가 보인다. 사료의 기록과 이 각자를 통해 야夜자와 광光자가 하나의 축성 구간으로 관리되었음을 알 수 있다. 한 개의 자호가 600척씩이었으므로 야광 구간은 1,200척이라는 거리가 기록되어 있다. 상말上末이라는 용어는 시작점을 의미하는 것으로 풀이할 수 있다. 그리고 이 1,200척 구간의 책임자로 판사 강□, 부판사 조□ □를 두었고, 감역부사 박□익이 150척의 감독 책임자임을 보여주고 있다. ②, ③, ④의 각자성석을 보면 감역판관이 150척을

태조대에 새겨진 검자육백척 각자성석

감독하고 있음을 알 수 있다. 이를 통해 보면《태조실록》에 보이는 두 자마다 "감역판사와 부판사는 각 1명을 두고, 사, 부사, 판관 등이 12명이다."라는 내용의 의미가 무엇인지를 파악할 수 있다. 즉 당시의 축성 조직은 판사를 중심으로 150척씩을 담당하는 1명씩의 하위 단위 감역관인 사, 부사, 판관 등이 실제로는 '감역부사', '감역판관' 등의 명칭으로 불렸음을 알 수 있다. 각자에 등장하는 축성 구간은 150척씩으로 동일하며 600척의 한 천자문 구간을 네 명의 판관이 나누어 축성하였음을 알 수 있다.

태조대의 천자문 각자성석은 현재 다양한 모습으로 남아 있다. 예를 들어 백악 정상에서 처음 시작하는 천자문 각자는 '천천천천天天天天'으로 나타나기도 하고, '월자육백척月字六百尺', '영말측자육백척盈末仄字六百尺', '진말숙자시辰末宿字始', '□자이장려자육백척 수자시면□字已長麗字六百尺 水字始面' 등으로 나타나고 있다. 태조대 각자는 시작할 때 새겨 넣고 1~3단 위치이며 시始, 종終 등의 글자를 새겨 넣는 경우가 많음을 볼 수 있다.

현존하는 태조대의 천자문 각자성석을 살펴보면 대체로 두 종류이다. 예를 들어 성成자, 세歲자 등과 같이 천자문의 한 자만 있는 것과 '일말육백척日末六百尺', '진자육백척辰字六百尺', '장자말육백척藏字末六百尺', '강자육백척崗字六百尺', '검자육백척劍字六百尺', '영말측자육백척盈末仄字六百尺', '거자종궐자육백척巨字終闕字六百尺', '제말조자육백척帝末鳥字六百尺'과 같이 앞뒤 천자문 두 개 또는 600척의 형태, 그리고 '주자종칭자珠字終稱字', '칭자종야자稱字終夜字', '광자종과자光字終果字', '진말숙자시辰末宿字始', '인자말황자시人字末皇字始', '장말한시張末寒始', '한말/내자시寒末/來字始', '여자말呂字末', '야자종夜字從', '열말列末', '제말制末'과 같이 시始·종終을 붙인 것으로 천자문 구간의 그 시작과 끝을 알 수 있는 것이다. 천자문 자호 하나로 표기된 천자문 각자성석은 대부분 천자문의 600척 끝 구간에서 발견된다. 이를 다시 세분화하면 천자문 자호에 처음과 끝을 붙여 그 시종始終을 붙여 알 수 있게 하는 것에다 '육백척六百尺'을 붙여 그 시작과 끝을 알 수 있게 하는 것 그리고 '시종' 또는 '육백척'이 없이 천자문 자호만 있는 것을 포함하면 크게 세 종류이다. 여기에 시종(말)始終(末) 중 그 하나만 붙이거나 600척을 천자문 자호의 시작과 끝으로 구분하면 다섯 가지로 세분화할 수 있다. 태조대 각자성석이 여러 형태로 나타나는 것은 구역별로 표기에 차이가 있었다는 점과 함께 조선시대 도성을 수축하면서 기존의 성돌을 이용했는데, 이때 일부 각자성석이 섞이면서 착란을 일으킨 경우도 있는 것과도 관련이 있다.

15세기 전반 세종대의 도성 수축

태조대 축성된 도성 성곽의 많은 부분이 토성인 까닭에 20여 년의 세월이 흐르면서 많은 곳이 붕괴되기 시작하였다. 이에 세종은 1421년(세종 3) 10월 중순에 도성수축도감都城修築都監을 설치하고 유정현, 이원, 김승주를 책임자인 도제조都提調로 임명하여 본격적인 보수 공사를 준비하였다. 태조 대에 쌓은 토성은 전부 석성으로 바꾸고 석성 가운데 무너진 곳을 수축할 것을 결정하였다. 10월 말 도성수축도감에서 당시 도성 현황에 대해 조사하여 보고한 내용에 따르면, 토성 부분 중 무너진 구간이 2만 5,535척이고 석성 부분도 3,946척이 허물어졌다.

세종 초 도성의 개축 공사는 태조 때의 최초 축조와 마찬가지로 전체 성곽을 97개로 분할하고, 각 구간에 천자문을 순서대로 부여하는 방법을 택했다. 세종대의 인력 동원은 태조 때와는 달리 8도 모두에서 뽑았으며 이들의 신분도 민정이 아닌 군정軍丁이었다. 처음 계획에서는 토성은 한 자(尺)당 15명, 석성이 무너진 곳은 5명씩 배당하였다. 서전문과 옹성을 쌓는 작업에는 인부 1,000명을 소요 인원으로 계산하여 총 40만 명이 40일 동안 공사를 하도록 계획하였다. 12월에는 너무 많은 인부 동원이 불가하다 하여 10만에 가까운 인원을 축소하여 전국 8도에서 32만 2,460명을 동원하였고 장인 2,211명이 추가되었다. 이듬해인 1422년(세종 4) 벼농사가 시작되기 전인 1월에서 2월까지 38일 동안 축성하였다. 경상도에서 최대 인원인 8만 7,368명이 동원되어 22개 구간을 담당했다. 다음으로 충청도에서 5만 6,112명, 전라도에서 4만 9,104명, 평안도에서 4만 3,392명이 차례로 동원되었다. 3만 9,888명이 선발된 황해도는 가장 많은 구간인 25개의 마지막 부분을 맡았다. 1422년 도성의 개축이 완료된 구간에는 군현명 각자를 남겼다. 축성의 전형 양식을 살펴보면 하부는 장대석 형태의 대형 석재를 사용하였고, 성벽의 3분의 1에서 2분의 1 이상 되는 지점부터는 크기 20cm 내외의 다듬돌을 사용했다.

수축 공사가 완료된 이후에도 여러 차례 소규모 보수 공사가 이어지자 이를 담당하기 위해 우의정을 도제조로 하는 수성도감修城都監이 상설화되어 도성을 수축하도록 하였다. 예를 들어 함길도 북청北靑의 담당 구간이 붕괴되자 1424년(세종 6) 8월에 북청의 군정을 다시 소환하여 재공사를 실시했다. 그 후 약 20년이 지난 1451년(문종 원년) 1월에는 경기도에서 1,000명, 충청도에서 2,000명의 선군船軍을 선발하여 무너진 성곽을 수축하도록 하였다. 이후 도성은 부분적인 소규모 수축이 간간이 이뤄지면서 16세기 말 임진왜란이 발발할 때까지 유지되었다. 세종대에 전 구간이 석성으로 수축된 이후 18세기 초 숙종대까지 태조와 세종대의 기저부는 그대로 유지되고 수선이 필요한 구간을 중심으로 그 위의 체성부를 개축하였다.

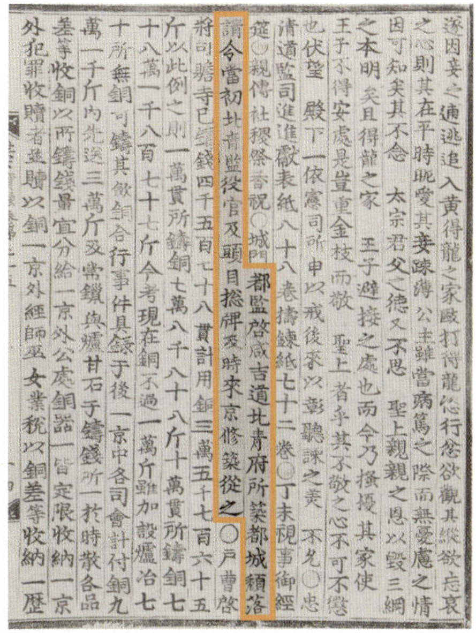

1424년 무너진 성벽을 다시 쌓도록 하는 기사

세종대 각자성석의 형태와 특징

세종대에는 도성 개축의 구체적인 축성술이나 개축 구간에 대한 기록은 보이지 않는다. 다만 동원된 도별 축성 구간 및 토성과 석성의 개축 할당량 등이 구간별로 기록되어 있을 뿐이다. 《세종실록》에 의하면, 경기가 천天~진辰까지 13자호, 함길도[함경도]가 숙宿~열列까지 2자호, 강원도가 장張~내來까지 3자호, 충청도가 서署~세歲까지 10자호, 전라도가 율律~여麗까지 15자호, 경상도가 수水~해海까지 22자호, 평안도가 함鹹~상翔까지 7자호, 황해도가 용龍~조弔까지 25자호를 쌓도록 하였다. 앞서 보았듯이 태조대에는 600척씩 공사 구간을 정한 뒤 민정을 나누어 공사를 담당하도록 하였다. 그러나 세종 초반의 도성 수축은 전체 구간을 수축하는 것이 아니라 무너진 구간과 남아 있는 토성 구간을 석성으로 고쳐 쌓는 것이었으므로 태조대와 같이 공사 구간을 정하고 군정을 나누는 것은 불가능하였다. 따라서 동원되는 군현 군정의 수를 고려하여 군현별로 공사 구간을 정하였다. 이러한 모습은 세종대 각자성석의 형태를 통해 확인할 수 있다.

세종대 각자성석의 가장 큰 특징은 군, 현의 이름을 새겼다는 점을 들 수 있다. 최근의 한 조사에 따르면, 세종 연간의 각자성석은 경기 군현이 3개, 강원도 군현이 2개, 낙산 일대의 충청도 군현이 16개, 낙산 남쪽에서 장충체육관까지 전라도 군현 9개, 남산의 경상도 군현 20개, 인왕 일대의 황해도 군현 9개와 평안도 군현 1개 등 7개 도의 60개 군현 각자성석을 포함한 총 112개로 가장 많은 수가 현존하고 있다. 도별 특징도 보이는데 충청도 구간에는 '○○조배시造排始', 경상도 및 일부 충청도와 전라도 구간에서는 '○○시면始面, ○○시始, ○○종終', 황해도 구간에서는 '○○상말上末, 하말下末'로 표기되는 경우가 많다.

구체적인 양상을 살펴보면 낙산 일대에서 담당 군현의 경계선에는 '결성평택조배시結城平澤造排始'와 같이 앞 군현이 끝나는 지점에 군현명 두 자를 적고 다음 군현이 시작되는 지점에 '군현명+조배시'라고 하여 해당 군현의 축성이 시작되는 지점이라는 의미의 각자를 새겼다. 앞서 언급하였듯이 '조배시'라는 용어를 동반하는 각자는 낙산 정상에서 이화동 통문 부근에서 관찰되는데, 이곳은 충청도의 군현이 담당한 구간으로 새겨진 군현명은 결성, 평택, 온양, 대흥 등으로 안성천-삽교천 유역의 지명들이다. 낙산의 남쪽 능선에는 전라도 지방의 지명이 등장하는데, 예를 들어 '무안시務安始', '정읍종井邑終', '동복시同福始' 등의 각자가 확인된다. 즉 전라도 구간의 각자성석에서는 시始 또는 종終을 새겨 시작 구간과 끝 구간을 표기하였다.

신당동 일대에서 확인되는, 경상도 지역에서 축성한 구간의 각자는 '○○시면始面'이라는 형식이 다수인데, 흥미로운 점은 각자의 서체 및 글자 크

세종대에 새겨진 '동복시' 각자성석

기가 상당히 비슷함을 볼 수 있다. 이는 경상도 지역의 각자 글씨가 한 사람에 의해 구간별로 작성되어 분배된 후 이를 바탕으로 현장에서 새겼음을 알 수 있다.

조선 후기 도성 수축과 축성 기술상의 특징

임진왜란 이후 병자호란에 이르는 40여 년의 짧은 기간 동안 한양 도성은 일본과 청의 침략 그리고 이괄의 난으로 인해 세 차례 적군에게 함락되는 초유의 경험을 하게 된다. 그 과정에서 도성 방어 체제의 취약점이 드러나고 아울러 도성의 구조가 방어에 한계가 있음이 확인되었다. 따라서 도성 일대 방어 체제의 정비와 함께 화포가 대량으로 사용되는, 변화된 17세기 이후의 전쟁 양상에 대응하기 위해 도성의 구조를 개축할 필요성이 제기되었다.

임진왜란을 계기로 창설된 훈련도감을 시작으로 도성 및 그 주변의 방어를 위해 인조대에 어영청, 총융청, 수어청이, 그리고 숙종 초에 금위영이 차례로 창설되었다. 아울러 17세기 중반 이후 한성과 주변 일대의 상업 발달과 인구 증가로 인해 도성과 주변 일대의 방어 체제 및 방어 시설을 정비할 필요성이 높아졌다. 1703년(숙종 29) 양역良役 개혁[變通]을 위한 전담 기구로 이정청이 설치되고 이듬해 1월에 〈양역변통절목良役變通節目〉이 제정되었는데, 이에 따르면 오군영의 군액을 감축하되 무질서한 군영 편제를 정리하여 통일성을 기하게 된다. 도성에 주둔하던 세 군영 중 훈련도감은 큰 변화가 나타나지 않았지만 어영청과 금위영은 그 편성을 5부部 25사司의 제도로 동일하게 편성하였다. 이 도성의 세 군영은 훈련도감을 중심으로 좌우에 어영청과 금위영을 두는 이른바 '삼군문三軍門 도성 수비 체제'로 정비되었다. 그리고 총융청과 수어청은 북한산성과 남한산성을 거점으로 도성 외곽의 남북을 방어하도록 하였다.

삼군문 도성 수비 체제가 정비되면서 도성의 관리도 삼군영이 담당하였는데, 1745년 이전까지는 도성의 개축이 필요한 경우에는 세 군영이 지형의 험처고저險處高低를 고려하여 번갈아 공사를 담당하였다. 숙종 대의 도성 수축은 1704년(숙종 30) 3월 하순에 시작되었는데, 훈련도감, 어영청, 금위영 등 도성 방어를 담당한 삼군영의 책임 아래 수축 작업에 착수한 지 5년 만인 1709년(숙종 35)에 일단 준공을 보게 되었다. 이듬해에는 성첩城堞 수축 공사에 착수하여 최종적으로 수축이 이루어진 도성 구역은 둘레 9,975보, 성첩 7,091개에 달하였다.

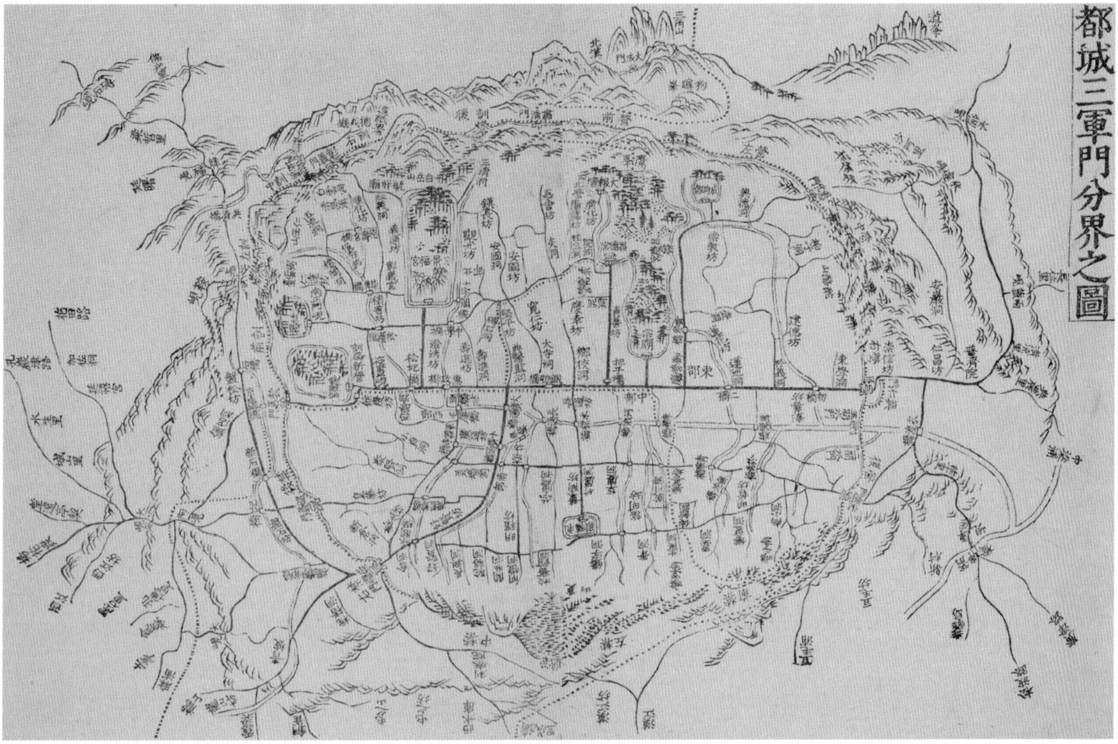

〈도성삼군문분계지도〉

숙종대 도성 수축 작업의 경우, 도성 기저부는 14세기와 15세기의 기단석을 재활용하여 그 위에 바로 면석面石을 쌓았다. 숙종대에 도성 벽은 이전의 성돌과는 달리 형태와 규모에서 큰 변화가 나타나기 시작하였는데, 전체적인 성돌의 크기는 평균 40×45cm 또는 45×50cm 내외의 직사각형으로 이전에 비해 상당히 커졌다. 면석 가공 방식도 표면은 거칠게 정으로 돌을 쪼아 다듬고 테두리는 인접한 성돌과 밀착하기 위해 사선으로 모따기를 하거나 직각으로 그랭이질하여 다듬었다.

1745년 이후에는 각 군영이 방어 구역을 나누어 책임지는 체제가 확립되면서 도성의 관리 및 수축 작업도 군영별로 구역을 나누어 맡기 시작하였다. 1740년대 도성 방어 체제의 정비와 도성 수축 작업은 당시 동아시아 국제 정세의 변동과 관련이 있다. 1745년(영조 21) 오늘날 신장 지역에 있던 준가르의 지도자인 갈단 체링이 죽은 후 내부 분열이 일어나 상호 항쟁하는 등 이 지역과 청 북방 지역은 매우 유동적인 정세가 전개되었다. 따라서 서북 지역의 방어 체제 정비와 함께 도성 일대의 방어 체제도 다시금 정비할 필요성이 높아졌다. 영조는 유사시 도성을 버리고 강화나 남한산성으로 피란하면 도성민들은 모두 어육魚肉이 될 것이므로, 도성을 버리고 피란하는 것보다 도성을 지키는 것이 바람직하다고 하여 도성 수비의 뜻을 밝혔다. 1743년(영조 19) 8월 영조는 관왕묘關王廟에 제사를 지내기 위해 행차할 때에도 직접 흥인문의 문루에 올라 성첩을 관람하고 도성 낮은 지역의 방어 가능성을 검토하며 대신 등에게 도성 수축에 대해 묻는 등 영조의 도성 수비의 결심은 확고하였다. 그해 11월 영조는 우의정 조현명趙顯命의 의견을 받아들여 우선 삼군문에 도성의 수축을 분담시키고 파손된 곳을 수축하도록 명령하였다. 그러나 이때 곧바로 공사에 착수하지는 않았던 것으로 보인다. 2년 후인 1745년(영조 21) 7월에 다시 삼군문에 도성을 분담시켜 수축, 수비케 하여 그 이듬해 7월에 수축을 마치게 되었다. 이때 수축된 도성 지점은 모두 40여 곳으로 파손된 곳을 수축한 것도 있지만, 석회로 성벽을 보강한 경우도 있었다. 즉 1745년의 도성 수축은 전면적인 도성 개축이라기보다는 숙종대 후반의 도성 수축 작업에 더하여 40여 처에 보완을 한 것으로 보인다. 삼군문의 도성 수축 분담 구역을 보면 훈련도감은 숙정문 동쪽의 무사석에서 돈의문 북쪽까지 4,850보이고, 금위영은 돈의문에서 광희문까지 5,042.5보이며, 어영청은 광희문에서 숙정문까지 5,042.5보로 모두 1만 4,935보였다.

영조대의 도성 수축에서는 숙종 대와는 다른 축성 기법이 활용되었다. 영조 시기에는 태조 또는 세종대의 기단석을 재활용했지만 기존의 기단석 위에 새로 기단석을 설치하고 그 위에 면석을 들여쌓았다. 이는 성돌이 커진 것과 관련이 있다. 영조 시기부터 성돌의 크기가 커지면서 무거운 하중을 지반에 고르게 분포시키기 위해 기저부를 수평으로 맞춰야 했다. 이를 위해 기존의 기단석 위에 별도의 기단석을 추가로 설치한 것이었다. 실제 영조대에 도성을 수축할 때 성돌은 정사각형으로 60×60cm 이상 커지고 있다. 성돌 가공 방식도 변화가 나타나는데, 성돌 뒤뿌리가 면석보다 약 1.5배 길어지고 면석의 측면을 다듬어 이빨 모양이 되도록 하였다. 이와 같은 면석의 가공 방식은 성벽의 기울기를 조절하기 쉬워 성벽의 구조적 안정을 위해 들여쌓기를 적게 하여도 축성이 가능했다. 숙종대는 성돌의 크기가 커지지만 완전히 규격화되지 않고 다양한 크기의 성돌이 사용되면서 성벽을 내측으로 기울여 쌓아 성벽의 기울기가 75~80도 정도였다. 그러나 영조 대에는 성돌의 크기가 커지면서 기울기가 85도 이상으로 수직에 가깝게 변하였다.

18세기 중반 영조대에 나타난 새로운 도성 축성 기법은 18세기 말 정조대의 도성 수축 때 전면적으로 계승 발전하여 성돌이 수직에 가깝게 수축되었고 면석의 전면이 서로 수직으로 만날 수 있도록 평평하게 가공되었다. 쌓기 방식에서는 수평과 수직 줄눈이 분명하게 나타났다.

조선 후기 도성 각자성석의 형태

숙종 연간의 각자성석으로 확인되는 것은 현재 20개이다. 각자성석은 조선 전기와 동일하게 성벽 외부에 설치되었고, 체성이 무너진 구간을 개축한 곳에는 책임자의 성명이 각자되어 있는데, 이러한 각자성석이 14개이다. 예를 들어 남소문지 서쪽의 각자성석으로 '금도청 감관 이수지 오수준 석수편수 안이토리 경인삼월일禁都廳 監官 李秀枝 吳首俊 石手邊手 安二土里 庚寅三

지금의 낙산 구간에 보이는 각자성석. 본래 여러 구간에 있었던 각자성석으로 개축과정에서 이곳에 두었다.

月日'과 '도청 감관 조정원 오택 윤상후 편수 안이토리 기축팔월일都廳 監官 趙廷元 吳澤 尹商厚 邊首 安二土里 己丑八月日' 등이 그것이다. 숙정문 동쪽의 각자성석은 '금영패장 이산룡 무술팔월일禁營牌將 李山龍 戊戌八月日'과 '강희사십오 병술삼월일 훈국패장 전수선 석수 오유선康熙四十五 丙戌三月日 訓局牌將 全守善 石手 吳有善' 등이 있다. 그 외 각자성석이 성벽 개축 과정에서 다소 흩어져 축성된 경우도 있다.

숙종 연간의 각자성석에는 공사 책임자인 '감관'이라는 직책이 처음 등장한다. 그 외에도 '초관', '패장', '일·이·삼 패두', '절충', '사', '패장', '책응겸 독역장' 등 다양한 이름이 함께 새겨진 것으로 보아 이 직책들은 도성 수축 공사의 구간 책임 감독관들이었다.

무너질 우려가 있는 체성은 이전의 성돌을 이용하여 수축한 후 여장 공사를 한 구간에는 '금禁', '훈訓', '어御', '수守', '융戎' 등 축성을 맡은 해당 군문의 첫 자나 한 자를 새겼다. 이러한 종류의 각자는 6개가 있다. 예를 들어 남산 구간의 훈訓자 각자성석 2개와 '경인삼월금시庚寅三月禁始', '금이소오백칠십보禁二所五百七十步' 등 금위영이 담당한 구역의 각자성석이 그것이다.

영조대의 도성 수축은 앞서 보았듯이 훈련도감, 어영청, 금위영이 도성을 나눠서 관리하다가 1746년부터 삼군영이 본격적으로 각 구간별로 개축 공사를 담당하기 시작하였다. 각 군영은 수축을 맡은 구간에 군영이 새겨진 각자성석을 남겨두어 한양 도성의 개축 구간별 축성술의 차이와 특징을 알 수 있다. 영조대에 수축된 한양 도성의 각자성석 중에서 훈련도감의 각자성석은 주로 인왕산 구간에 분포해 있다.

훈련도감은 당시 창의문 남쪽 체성 12간間과 사직단 뒤편 14간, 돈의문 북쪽 9간 등 35간 구간을 개축하였다. 병인년에 개축되어 '병인 십간축丙寅十間築' 등 병인으로 새겨진 각자성석이 많이 발견된다.

어영청의 각자 성석은 주로 백악산 구간과 낙산 구간에서 다수 발견되는데 '사과 서식진 개축司果 徐食辰 改築', '축성장 ○○호 송○○築城將 ○○戶 宋○○', '사과 ○○관 (연진수) 개축감관 ○○자호 ○축건司果 ○○官 (延晋守) 改築監官 ○○字戶 ○築建', '색리 김천만色吏 金千万' 등이 있다.

금위영의 각자성석은 광희문 남쪽 목멱산 구간에서 발견되는데, '을축완축乙丑 完築', '삽육삽육척 을축십일卅六卅六尺 乙丑十一'이 그것이다. 이는 1745년(영조 21) 11월에 무너진 체성 36척을 개축한 사실을 기록한 각자성석

오랜 시간에 걸친 도성 수리 모습을 보여주는 성벽

이다. 현재 인왕산 및 백악, 낙산, 남산 구간에는 여장 부분에 완축完築, 완完, 축築 각자가 새겨진 것이 다수 발견되는데, 이는 18세기 개축 이후 자체적으로 사전 점검하는 과정에서 새긴 것으로 추정된다.

정조 연간의 각자성석은 현재 백악곡장 외부에 있는 두 가지 뿐으로 그 중 1799년(정조 23) 7월 하순 붕괴된 체성 12.3m를 10월에 개축한 '기미 시월 일○ 간역패장 서위신己未 十月日○ 看役牌將 徐衛信' 각자성석만 원형을 유지하고 있다. 19세기 각자성석도 순조대 40개, 헌종대 2개 등이 현재 남아 있다.

각자성석의 문화적 가치

한양 도성에 새겨진 300개 가량의 각자성석은 조선 초기부터 19세기 중반까지 도성의 수축 및 개축 과정에서의 여러 양상을 이해할 수 있는 1차 자료로 평가된다. 특히 한양 도성은 동일한 구간에 여러 차례 개축이 이루어져 약 500년에 걸쳐 나타난 조선 축성술의 변화를 보여주는 주요 역사 유적으로 의미를 가지고 있다. 그리고 각자성석은 한양 도성의 변화를 보여주고, 엄밀한 조선의 기록 문화와 책임 행정의 모습을 보여주는 자료로서의 의미를 가진다. 아울러 각자성석에 표기된 각종 관직 및 직역, 인물명 등은 문헌 자료에서 그다지 주목되지 않았던 국가 공사의 실무 책임자와 관련된 내용을 담고 있어 이들의 실체를 통한 조선시대사의 미시적 접근을 가능하게 한다는 점에서 중요한 자료적 의미가 있다.

그 외 조선시대 축성 과정에서 인력 동원 체제와 조선 후기 훈련도감 등을 중심으로 한 도성 방어 체제의 구체적 양상을 파악하는 데에도 도움이 된다. 아울러 구간별 한양 도성의 축성에 대한 진정성을 확인할 수 있는 자료로서 향후 세계문화유산 등재 등에 적극 활용할 수 있을 것으로 기대된다.

禁標

제3강

조선의 그린벨트, 사산금표와 부석금표

조선 전기 사산의 보호와 송금

도성민, 소나무를 도벌하다

사산에 금표를 세우다

도성민, 사산금표의 변경을 요구하다

군문, 사산을 관리하다

제3강

조선의 그린벨트,
사산금표와 부석금표

유승희 연세대학교 법학연구원 연구교수

조선 전기 사산의 보호와 송금

조선의 국도 한양은 유교적 이데올로기와 풍수의 논리를 바탕으로 건설된 도시였다. 도성의 사산四山인 북악산, 남산, 낙산, 인왕산은 경복궁의 사신사四神砂로 공간적 상징성을 가지고 있었다. 따라서 국가는 한양 천도 이후 사산을 집중적으로 관리했다. 국가의 산림 보호는 지방의 경우 병선兵船, 전선戰船 등의 배를 만들거나 보수에 필요한 목재 확보, 국가 수요의 땔감 조달 등을 위해 금산禁山을 지정하여 산을 보호했다. 이에 반해 한성부는 풍수상 국도國都의 지맥이 상하지 않도록 경복궁, 창덕궁의 주산主山과 그 내맥來脈의 산을 보호하는 방향으로 금산이 진행되었다.

우선 사산의 땅 기운을 북돋기 위한 식목 작업이 조선 초부터 진행되었다. 태종대에는 남산과 태평관 북쪽으로, 세종대에는 경복궁의 주산인 북악산과 그 좌우 산맥에 소나무를 심게 했다. 아울러 사산을 비롯해 무악, 성균관 주변으로 소나무가 드문 곳에는 잣나무, 밤나무, 상수리나무 등을 심게 했다. 소나무의 재식과 함께 벌목도 금지했다. 성저십리城底十里는 한성부가 담당하고, 10리 밖은 해당 소재지의 수령이 금단하도록 했다. 소나무 관리자인 한성부와 각 군현 수령의 벌목 금지에 대한 근무 성적은 각각 사헌부와 각 도 관찰사가 맡아서 살폈다.

소나무 벌채 금지 구역도 도성 내 사산에 그치지 않고 도성 밖 및 주변 지역 산으로 확대했다. 세종대까지만 해도 도성 밖 사산 구역에서 아차산까지는 모두 벌목과 벌채를 금했지만, 백악산의 내맥인 삼각산, 청량동淸涼洞 및 중흥동重興洞 이북, 도봉산은 금지 대상 범위가 아니었다. 그러나 세종대에 이 지역에서 점차 민간의 벌채, 벌목이 증가하자, 국가에서는 산림의 황폐화를 막기 위해 산 밑에 사는 주민을 산지기로 정해 소나무의 벌채를 금지[松禁]했다. 아울러 왕십리와 벌아현伐兒峴 주변도 경작 및 벌초 금지 구역으로 지정해 산의 기운을 배양했다.

토석土石의 채취 역시 금지했다. 한성부의 경우, 산에서의 채석 금지는 세종대까지 도성 안으로 한정했다. 이는 지맥의 보호와 함께 돌의 채취로 인해 지반이 약해져 산등성이가 허물어지는 사태를 막기 위해서였다. 이러한 조치는 문종대에 채석 금지 경계 구역을 설정하는 과정에서 도성 밖으로까지 확대했다. 채석 금지 구역은 동쪽으로 보제원普濟院·노원역盧原驛까지, 남쪽으로 벌아현·청파역靑坡驛까지, 서쪽으로 사현沙峴까지 모두 산등성이를 경계로 삼았다. 이곳에서는 국가에서 쓸 일이 있더라도 채석이 금지되었으며, 성종 대에는 경작도 금지하고 잡목을 심어 산맥을 보호하는 한성부의 주요 금산 지역이었다.

이처럼 조선 전기는 사산과 사산의 내맥을 보호하기 위해 각종 금산禁山 정책이 정비되는 시기였다. 세종대 이후에는 도성 밖 지역까지 소나무의 벌목, 채석 금지가 확대, 실시되었고, 예종대에 이르면 이들을 종합한 도성 내외의 소나무 금벌 사목[都城內外松木禁伐事目]이 마련되었다. 먼저 소나무를

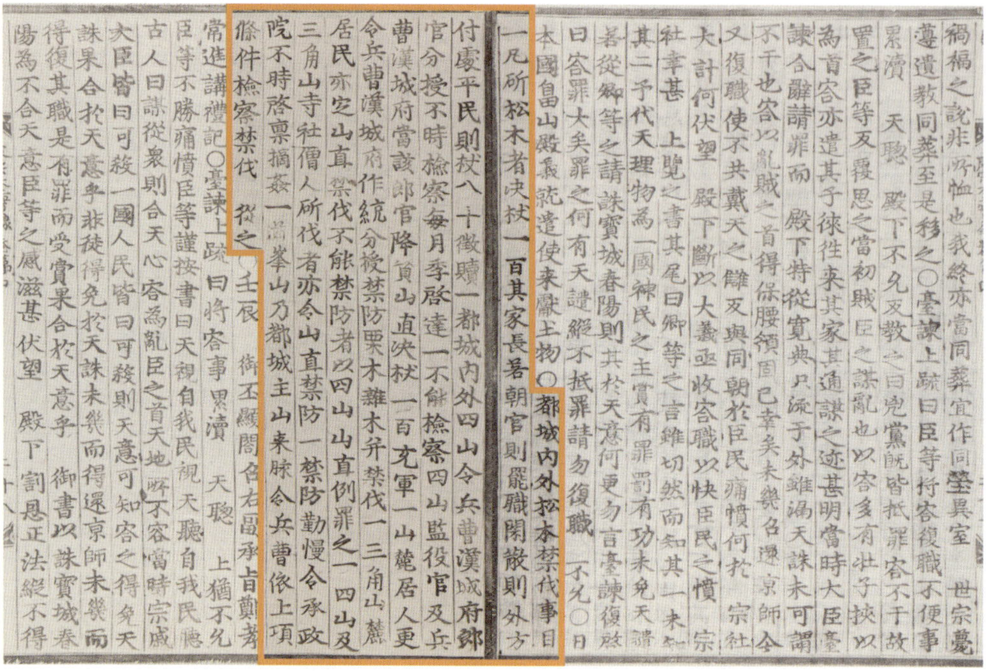
○都城內外松木禁伐事目 一凡所松木者決杖一百其家長暑朝官則罷職閑散則外方付處平民則杖八十徵贖一 都城內外四山令兵曹漢城府郎官分授不時撿察每月季啓達一不能撿察四山監役官及兵曹漢城府當該郎官降資山直決杖一百充軍一山麓居人更令兵曹漢城府作統分授禁防栗木雜木幷禁伐一三角山麓居民亦定山直禁伐不能禁防者以四山山直例罪之一四山及三角山寺社僧人所伐者亦令山直禁防一禁防勤慢令承政院不時啓禀摘姦一道峯山乃都城主山來脉令兵曹依上項條件檢察禁伐 從之

《예종실록》에 나타난 도성 내외 소나무 금벌 사목

벌목한 자에 대한 처벌이다. 소나무를 벤 자는 장杖 100대를 때렸다. 벌목한 자의 가장家長이 조정의 관리일 경우 파직시켰으며, 품계만 있고 관직이 없는 한산閑散은 지방에 부처付處했다. 평민은 장 80대에 속전贖錢을 징수했다.

다음으로, 소나무 관리자의 규정과 이들에 대한 처벌이다. 도성 내외 사산의 검찰은 병조와 한성부의 낭관郎官이 맡았으며, 산기슭에 사는 사람들을 산지기로 정해 소나무, 밤나무, 잡목의 벌목을 금지하게 했다. 제대로 검찰하지 못한 사산 감역관과 병조·한성부의 낭관은 품계를 내렸으며, 산지기는 장 100대를 때리고 충군充軍했다. 도성 밖 삼각산과 도봉산도 사산의 예에 따라 관리했다. 삼각산 기슭에 사는 사람을 산지기로 정하여 벌목을 금하게 했으며, 이를 막지 못한 자는 사산 산직山直의 예에 따라 벌을 주었다. 사산과 삼각산 내 사찰의 승려가 벌목하는 것도 산지기가 금하도록 했다. 아울러 도봉산도 도성 주산의 내맥이므로 사산의 예와 같이 검찰하고 벌채를 금지하도록 했다.

이러한 국가의 정책은 《경국대전》에 규정되어 법제화되었다. 국가는 궁궐의 주산 및 내맥의 산등성이, 산기슭, 외산의 산등성이에서의 경작을 금하는 동시에 벌목과 채석을 금지하는 표목標木을 세워 한성부 주민들에게 알렸다. 만약 이를 범했을 경우에는 장 90대의 형벌을 부과했고, 이 지역의 관리를 맡은 주민과 산지기는 장 80대에, 해당 관리는 장 60대에 처했다.

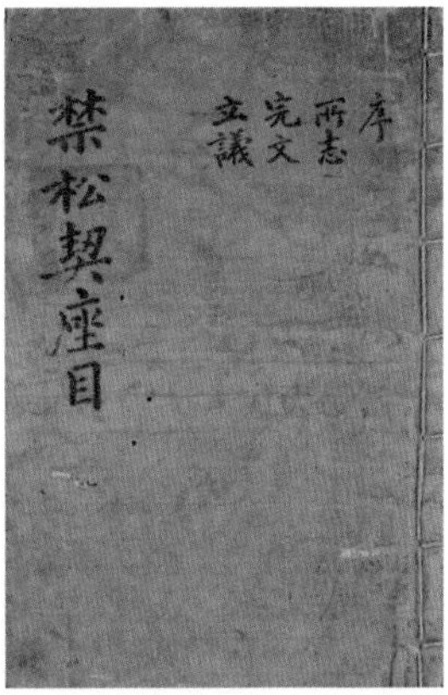

1838년 간행된 《금송계 좌목》

가옥의 축조도 제한했지만, 이를 무시하는 사람이 많았다. 그 가운데에는 일반 서민의 가옥뿐 아니라 중앙 관리나 왕실 종친의 저택도 있었다. 경복궁의 내청룡에 해당하는 장원서掌苑署 북참北站에서 중학中學까지는 산세가 낮고 약하다 하여 조선 건국 초기부터 나무를 심어 지맥을 배양한 곳이었다. 따라서 국가는 산등성마루 안팎에 각각 20척의 한계를 세워 경작 및 벌목 등을 금지했다. 하지만 한성부 주민들이 이를 무시한 채 집을 짓거나 벌목을 하고 토지를 개간하여 산맥을 손상하자, 국가는 이들 가옥에 대한 철거 작업을 실시했다. 1476년(성종 7) 경복궁 주산 및 내맥의 산등성이나 남산 기슭에 거주하여 철거 대상이 된 인가가 400여 호를 넘었다. 대부분 남산 기슭의 인가였으며, 경복궁·창덕궁·수강궁 등의 궁궐을 압박하고 있는 민가가 44호였다. 국가는 이들 가옥을 모두 철거할 경우 뒤따를 도성민의 원망을 무시할 수 없었으므로 철거하지 않는 대신, 이후 가옥의 축조를 금지하는 방향으로 정책을 선회했다. 1481년에는 경복궁의 주맥에 집을 지어 철거될 대상이 일반 가옥 199호와 가묘家廟 31동이었다. 국가의 규제 방침에도 불구하고 풍수상 주요 지역에 가옥이 조성되자, 강제 철거의 방침을 세워 산맥에 집을 축조한 자는 5개월의 유예 기간을 주었고,

궁궐을 누르는 지역은 기한 없이 바로 철거하도록 했다. 아울러 철거된 지역에 한성부 주민들이 다시 집을 축조하거나 밭을 만들어 경작하는 등 지맥을 손상하는 일이 없도록 한성부, 공조, 장원서, 사산감역관, 오부 관원에게 관장하도록 했다.

도성민, 소나무를 도벌하다

우리나라의 경우 지역마다 명산, 큰 산이나 구릉이 없는 고을이 없었으므로 국가에서는 일찍부터 소나무가 자라기에 적합한 땅을 금산으로 정해 소나무 묘목이나 종자를 심어 관리했다. 주변 지역 거주민에게는 화재 방지와 벌채를 금했는데, 이를 어길 때에는 산지기와 해당 고을 수령을《경국대전》에 따라 처벌했다. 아울러 지역마다 지정된 금산의 명칭, 군현과 면·리, 산 주변 이수里數 등을 기록해 장부로 만들어 각 도와 공조에 비치해 두고 금산을 관리했다.

이러한 금산 정책을 통해 산림을 보호하려 한 국가의 의도와 달리 조선 후기에 이르면 한성부 사산에서 소나무를 도벌盜伐하는 행위가 극성을 부렸다. 1650년(효종 1)에는 동소문 밖에서 대낮에 상놈이 아동 13명을 데리고 소나무 37조條를 베었으며, 심지어 산지기를 구타하기까지 했다. 효종은 그 가운데 도끼와 낫을 가지고 소나무를 벤 6명을 유배형에 처하고, 이들을 잡아서 고발한 감역관을 6품으로 승진시켰다. 1659년(효종 10) 한성부는 사산을 현장 조사해 불법으로 베어낸 소나무의 수효를 기록했다. 남산의 경우 내남산 지역인 창동·회현동會賢洞·묵사동墨寺洞·남소문동南小門洞에서 생송生松을 벤 흔적이 11조이고, 외남산인 남벌아南伐兒·왕십리·수철현水鐵峴 등에서 생송을 벤 흔적은 149조, 껍질을 벗긴 소나무[削皮松]는 19조였다. 동대문에서 안암 등지는 새로 벤 흔적이 6조, 껍질을 벗긴 소나무가 2조였고, 인왕산에서 사직동까지 새로 벤 소나무는 4조, 사현·안현鞍峴·홍제원 근처는 74조, 껍질을 벗긴 소나무는 42조 등이었다. 동부의 경우 산이 낮고 울창하지 않아 상대적으로 남산과 서부 지역보다 소나무 도벌이 적었다. 아울러 도성 안보다 도성 밖 외산의 벌목 수효가 많았다.

1682년(숙종 8)에는 흥덕동興德洞에서 무뢰배 30여 명이 결당한 후 사산의 생송을 베어 땔나무로 만들어 도장동都藏洞에 쌓아두고 성을 넘으며 운반하였다. 금리禁吏와 사령이 이들을 붙잡으려 했지만, 오히려 결박된 채 구타당해 숙종은 포도청에 분부하여 이들을 체포하도록 했다.

성균관 노비인 전복典僕의 소나무 도벌도 빈번했다. 인조 대에는 성균관의 위세를 믿고 하인 30여 명이 작당하여 산지기에게 뇌물을 준 후 도성 안 사산의 소나무를 베어간 일이 발생했다. 이들의 불법이 사라지지 않고 창덕궁 북문인 광지문廣智門 안팎의 소나무도 벌목하는 등 폐단이 늘어나자 한성부에서는 성균관 뒤 동네 산기슭까지 모두 성균관 전복에게 분담하여 소나무 도벌 행위를 감시하도록 했다. 반촌泮村의 경우 바깥 사람의 입주가 불가했으므로 그 안에 거주하는 성균관 전복과 여염집 사람들이 금송을 범하더라도 산지기나 금리가 마을 안으로 들어가 조사할 수 없었다. 전복들이 이 점을 이용해 무리를 이루며 소나무를 베어 재목으로 삼는 일이 빈번하자 한성부는 성균관에서 스스로 금송을 담당하도록 한 것이다.

하지만 성균관 전복들의 소나무 도벌은 계속되었다. 숙종대에도 전복들의 소나무 도벌 행위가 빈발하자 성균관 대사성에 분부하여 별도로 금단하게 하여 죄가 가벼운 자는 한성부로 잡아 보내고, 무거운 자는 법사法司에 보내 법에 따라 처벌하도록 했다. 영조대에는 전복들이 북부 장의동壯義洞 주변의 소나무를 함부로 벤 후, 자기들을 잡으려는 형조의 금리들을 도끼로 찍고 성벽을 넘어 도주하여 반촌 안에 숨기도 했다.

승려들의 도벌도 많았다. 특히 사찰에서 메주를 만드는 시기에 성저십리 이내에 있는 승려의 소나무 도벌이 평소보다 배나 심했으므로 한성부는 특별히 신경을 써서 단속했다. 도성 밖 도래암道來庵의 경우 1676년(숙종 2) 한성부의 낭청이 단속을 벌여 적발한 생송의 수가 300여 조에 이르렀다. 이에 한성부는 베어낸 소나무를 모두 몰수하여 판매하게 하고 도벌을 주도한 승려들을 잡아 가두었다. 1701년(숙종 27)에도 승려들이 메주를 쑤기 위해 베어낸 소나무가 수백 조에 이르렀는데, 산지기들이 뇌물을 받고 결탁했기 때문이다. 군문의 군졸들도 소나무 도벌에 가담하였다. 아현 거주민 20여 인이 작당하여 안현鞍峴에 있는 송충이 먹은 소나무를 베었는데, 모두 군문의 군졸이었다.

이처럼 조선 후기에 이르면서 소나무를 도벌하는 무리가 점점 커지고, 계층도 다양해졌다. 사대부의 집안 노비, 동네 무뢰배가 작당하여 소나무를 벌목해 국가에서는 이들을 소나무 도적인 '송적松賊'으로 표현하기도 했다. 1741년(영조 17) 창의문 밖에서 금송을 어기고 소나무를 도벌한 자들은 50~60명씩 무리를 지어 다니며 벌목했다. 이 때문에 산지기가 잡으려 하다가 오히려 그들이 가지고 있던 도끼에 찍혀 머리가 깨지거나 다리가 부러지는 등의 상해를 입고 금송패까지 뺏길 지경이었다.

경남 통영 안정사에 소장된 조선시대 금송패

특히 소나무 도벌꾼 태반이 사대부의 노비들이어서 이들을 체포할 때 상전의 집에 숨어 나오지 않았고, 상전 역시 이들을 내주지 않았다. 소나무 도벌꾼의 경우 표면상으로는 노비가 많았지만, 그 이면에는 양반

사대부들의 동조도 한몫했다고 할 수 있다. 이에 따라 국가는 포도청의 포도군관과 군졸을 보내 도적과 같이 체포하도록 했다. 은닉한 도벌 노비를 상전이 끝내 내주지 않으면 그 역시 논죄할 뿐 아니라 군졸이 소란을 피운 것에 대해 상전이 법사에 소송을 제기할지라도 심리하지 말도록 했다. 도벌꾼의 처벌과 함께 가장이나 상전을 처벌하는 문제가 논의되어 국가에서는 금송을 범한 노비를 숨기고 내주지 않은 상전은 먼 지역으로 정배定配하는 방침을 세우게 되었다.

이처럼 조선 후기에 이르면 소나무를 몰래 베는 도벌꾼이 점점 집단화되고, 다양한 계층이 금제禁制를 어겨 심각한 사회 문제가 되었다. 조선 후기 금제 조항 가운데 금송과 관련한 왕의 수교受敎가 증가한 것은 이러한 현상을 반영하는 것이다.

사산에 금표를 세우다

조선 전기 금산 정책을 통해 관리되던 사산은 임진왜란을 거치면서 민둥산이 되었다. 서울 사람들이 밤낮으로 소나무를 몰래 베어내는 데다 이를 관리하는 감역관 또한 방관한 채 금지하지 않았기 때문이다. 따라서 국가는 임무를 제대로 시행하지 않은 사산 감역관의 조사를 명령하는 한편, 산지기를 충원·배정해 도성 안팎 금표 지역의 소나무 벌채를 감시하는 등 사산의 관리와 소나무 심기 작업을 병행했다.

1616년(광해군 8) 도성 내 사산 가운데 헐벗지 않은 산이 없자, 한성부는 주민을 동원해 사산 내에 있는 소나무를 옮겨 심는 작업을 진행했다. 즉 사산 가운데 울창한 곳의 소나무를 벌거벗은 지역으로 옮겨 심는 것이었다. 당시 "남산 소나무는 북산 소나무가 되고, 북산 소나무는 남산 소나무가 되

경천군 이해룡 사패지 송금비

었네[南山松作北山松, 北山松作南山松]."라는 한성부 주민의 시구절에서 보듯이 소나무 이식 작업은 활발하게 진행되었다. 광해군대의 소나무 이식 작업은 사산 가운데 민둥산인 곳은 많은 데 비해 한성부의 가구 수는 적어 사대부·노비를 막론하고 모든 주민을 동원하는 대규모 사업으로 진행되었다. 그러나 주민들이 이를 고역苦役으로 인식하여 부역을 거부하는 사람들이 많아 사회 문제가 되기도 했다.

조선 후기 도성 내 사산이 민둥산이 된 원인은 우선 송충이의 피해를 들 수 있다. 이수광은 "수십 리 이내에는 어린 솔도 남은 것이 없고, 사방의 산이 붉게 되어 보기에도 참담하다."라며 송충이로 인한 사산의 황폐가 얼마나 심한지를 말하고 있다. 이에 국가에서 송충이가 번성할 시기에 주민을 동원하여 이를 잡도록 지시해, 사산의 송충이 채집은 서울 사람들의 고달픈 방역 중 하나가 되었다.

다음으로 소나무의 도벌이 극성을 부렸을 뿐 아니라 사산을 개간지로 삼아 도성 밖 산지가 불법 개간되고 있었기 때문이다. 이 시기 국가는 금표 안의 사산에 대해 산허리 이상은 경작할 수 없도록 법전에 규정하였다. 하지만 한성부 주민은 이를 무시하고 사산을 개간해 경작하고 있었다. 도성 내의 후미지고 지저분한 곳은 모두 개간되었고, 주민들은 산지기와 한통속이 되어 몰래 소나무를 매매해 궁성 가까운 땅이 시골과 다름없이 전답으로 바뀌고 있었다.

이러한 주민들의 위법 행위에 대해 국가는 계속해서 금송 관련 금령을 발표하며 규제를 강화했다. 17세기 전반에는 금송과 관련된 왕의 수교 내용이 금령을 제대로 시행하지 않은 감역관과 산지기의 처벌, 사산 내 경작이나 산맥의 굴착 금지, 벌목 금지 등에 불과했다. 그러던 것이 이후 봉산封山 및 송산松山 실화, 금송을 규찰하지 못한 사산 감역관의 처벌, 도성 금표 내 매장 금지, 산지기의 계방契房 문제, 사산금표, 소나무 채취자 및 충화인衝火人에 대한 처벌, 생송 작벌인의 처벌, 소나무를 몰래 벤 자를 숨긴 가장家長 및 상전의 처벌 등 다양하게 나타나고 있다.

조선 전기와 달리 소나무 도벌꾼의 처벌도 강화되었다.《경국대전》에 따르면, "벌목이나 채석한 자가 있으면 장 90대에 처하고, 아울러 분담받은 주민과 산지기는 장 80대에 처하며, 해당 관리는 장 60대에 처한다."라고 규정되었다. 이것이 조선 후기에 이르면 베어낸 나무의 수, 생송과 고송枯松의 여부에 따라 처벌이 달라지는 등 법규 조항이 구체화되었다. 생송을 베다가 잡힌 자는 형조로 이송하여 장 100대, 도徒 3년에 처하여 조선 전기 장 90대를 맞은 것에 비해 형량이 훨씬 강화되었다. 봉산의 대송大松 10그루 이상을 베면 목을 베어 매달게 효시梟示한 것도 영조대에 이르러 중송中松으로 확대되어 대송의 예와 마찬가지로 10그루 이상을 베면 효시했다.

17세기 이후 성저십리 내 소나무 금벌禁伐 정책은 사산금표四山禁標 설정과 금표 구역의 확대로 이어진다. 1666년(현종 7) 국가는 도성 안 모든 지역 및 성저십리를 금표 구역으로 정하고 소나무의 벌목을 금지했다. 도성 밖은 먼저 북악산 외곽에서부터 동쪽 외청룡 구간으로, 석가참釋迦站 안쪽 사을하沙乙河 남쪽에서 적유령狄踰嶺, 광평대군廣平大君 집 북참北站을 지나 선잠제단先蠶祭壇에 이르는 구역과 보제원 서쪽에서 안암동安巖洞, 저방동猪房洞을 지나 동대문 밖에 이르는 구역을 금표 구역으로 정하였다. 서쪽의 외백호 구간은 모화관 뒤에서 모래재[沙峴], 사축서참司畜署站을 지나 청파靑坡 뒤편에 이르는 지역이다. 남산 외면은 남대문 밖에서 전생서典牲署 뒤편을 지나 동쪽으로 벌어현伐於峴, 두모포豆毛浦 뒷산, 왕십리 뒷산을 지나 수구水口에 이르는 지역이다. 국가는 이 모든 구역에 표標를 세운 후 이곳의 소나무를 벤 자에 대해서는 연한을 정하지 않고 변방 먼 곳으로 정배하도록 했다.

이러한 현종대 사산금표 구역은 금표 안에서 매장 행위가 빈번해지자 숙종대에 재조정되었다. 1704년(숙종 30) 주민들의 도성 내 범장犯葬이 만연하자 한성부는 금표의 경계를 개정하기 위해 5부 소속의 땅을 기준으로 사산을 분배하였다. 특히 서도西道의 경우에는 북도北道와 혼입되어 있을 뿐 아니라, 금표 범위가 40리에 이르러 《경국대전》의 "성저십리 이내는 매장을 금지한다."라는 규정과 맞지 않았다. 따라서 숙종대 한성부에 의해 사산금표의 재조정 작업이 시행되었고, 그 결과 도성 밖 10리를 기준으로 동도東道, 서도, 남도南道는 하천과 강 등 물을, 북도는 산등성이를 경계로 하는 금표 범위가 조정되었다. 이때 북도의 경우 보현봉에서 저서봉, 저서현, 아미산, 연서 구관 터[延曙舊館基]를 거쳐 석관현石串峴 서남쪽의 두 개울이 합류하는 지점에 경계를 정하여 금표를 세웠다. 이 범위는 그대로 영조대의 〈사산금표도〉에 실려 있다.

1765년(영조 41)에 그린 〈사산금표도〉를 보면 금표의 범위가 현종대에 비해 훨씬 확장되었다. 동도는 대보동을 거쳐 수유현 북쪽의 우이천, 상하벌

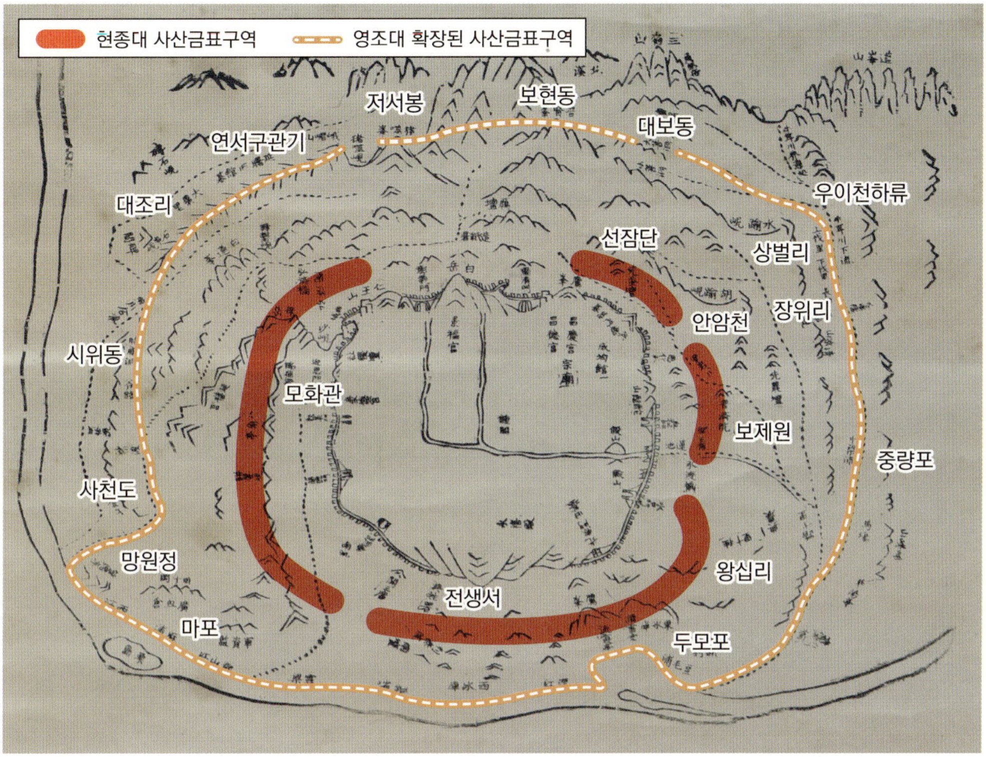

조선 후기 한성부 금표 구역

리, 장위리, 송계교를 지나 중량포에 이르기까지 하천을 경계로 한정했다. 남도는 중량포에서 시작하여 하천을 따라 살곶이다리[箭串橋], 신촌, 두모포를 거쳐 용산까지로 하천과 강을 경계로 구역을 정했다. 북도는 대보동 서쪽에서 보현봉을 지나 저서봉, 연서 구관 터, 대조리를 거쳐 석관 서남 합류한 곳까지로 산등성이로 한정했다. 서도는 석관현 두 하천의 합류하는 곳에서 시위동, 사천도, 성산, 망원정에서 마포에 이르는 곳으로 하천과 강을 경계로 구역을 한정했다. 국가는 이곳에 벌목은 물론 죽은 자를 매장하는 자는 원과 능의 수목을 훔친 자를 처벌하는 형률에 따라 논죄했다.

사릉 석물 채석장 터의 부석금표

사산금표 구간은 연속적인 선으로 구획된 것이 아니라 나무로 만든 표標나 표석標石을 세워 표시했기 때문에 사산 감역관이나 산지기를 제외한 일반 사람들은 금산의 구체적 범위를 쉽게 식별하기 어려웠다. 따라서 금표 경계에 대한 문제가 발생할 때마다 한성부와 관상감이 답사를 통해 금산의 범위를 확인했다.

현재 북한산에는 조선시대 '금표禁標'에 해당하는 표석이 몇 군데 남아 있다. 그 가운데 서울특별시 기념물인 사릉 석물 채석장 터의 '부석금표浮石禁標'와 수유동 분청사기 가마터 주변의 '금표'는 언제 세워졌는지는 알 수 없지만, 조선시대 국가의 금산 정책에 따라 만들어진 것이라고 할 수 있다.

사릉 석물 채석장 터의 금표

먼저 사릉 석물 채석장 터의 돌에 새겨진 '금표'이다. 표석의 규모는 전면 상부 가로 114cm, 높이 53cm 정도의 자연석에 '금표'라고 새겼다. 북한산 국립공원 안내 표지판에 따르면 이 '금표'는 단종의 부인인 정순왕후 송씨의 묘인 사릉思陵을 조성할 당시 석재를 캤던 왕실 채석장으로 일반인의 석재 채취를 금한다는 표석으로 파악했다. 고종대에 경복궁을 중건하는 과정에서 석물로 사용할 돌을 뜨는 주요 부석소浮石所로 삼청동, 옥천암, 영풍정, 해창위계, 노원, 납대울 상계·중계, 손가정, 동소문 밖, 안남동, 사월리, 불암, 조계 등이 있었다. 이 '금표'가 있는 곳은 조선시대 조계槽溪 지역으로, 궁궐이나 왕릉 건축 시 필요한 석물을 떠오는 국가의 주요 부석소였다.

사릉부석감역필기

또한 '금표'가 있는 곳은 조선 후기 사산금표 가운데 동도인 대보동을 지나 수유현 북쪽 우이천 하류를 거치는 부근 지역이기도 하다. 따라서 이 '금표'는 국가의 부석소 내 일반인의 석재 채취를 금하는 표시로 볼 수도 있지만, 사산금표의 동표 범위 가운데 한 곳을 돌에 새겨 알려주는 것이라고도 할 수 있다.

이 '금표'가 있는 곳을 지나서 조금 더 가면 또 다른 표석인 '부석금표'가 있다. 이 '부석금표'는 2018년에 발견된 후 2019년에 서울특별시 문화재로 지정되었다. '부석금표'라는 말에서 알 수 있듯이, 돌을 뜨는 것을 금지한 표석이다. 주변에 사릉에 쓸 석재를 뜨는 작업을 마쳤다는 '사릉부석감역필기思陵浮石監役畢記'가 돌에 새겨져 있는 것으로 보아 이 '금표'는 안내문의 설명대로 국가 부석소 주변 지역에 대한 일반 백성들의 석재 채취를 금지하는 표석이라고 할 수 있다. 이처럼 조선시대 남아 있는 금표들을 통해 당시 한성부 사산금표 지역에 대한 국가의 관리를 조금이나마 엿볼 수 있다.

도성민, 사산금표의 변경을 요구하다

조선 후기 국가에 의해 사산금표 구역이 설정되자, 한성부 주민들은 북도의 금표 범위를 변경해줄 것을 상언上言을 올려 요청했다. 이들의 금표 변경 요구는 죽은 조상이나 부모, 가족의 장례와 관련이 있었다. 1727년(영조 3) 한성부 주민들은 북도의 경우 저서현과 연서 구관 뒤쪽의 산마루로 정한 금표 경계를 독바위[甕岩] 서쪽의 모래내로 변경해줄 것을 요청했다. 연서 근처의 산마루에 민간의 무덤이 다수 들어가 있는 상황에서 금표 경계로 지정되어 조상의 곁에 묏자리를 쓸 수 없게 되자, 한성부 주민들이 산마루가 아닌 안쪽의 하천을 경계로 삼아줄 것을 호소한 것이다.

주민들의 요청에도 한성부는 옹암천甕岩川의 발원지가 도성과 인접해 있으므로 북도의 금표 개정 요구를 받아들일 수 없었다. 창의문부터 옹암천 발원지까지는 3리가 넘는 거리이고, 옹암천에서 저서현 금표 경계까지는 5리가 조금 넘었기 때문이다. 대신들도 이미 금표는 10리를 한도로 경계를 정했으므로 변경이 불가하다고 주장했다. 이러한 반대에도 영조는 동도의 경우 5리를 더 늘려준 점을 이유로 형편에 따라 변통해 모래내로 금표의

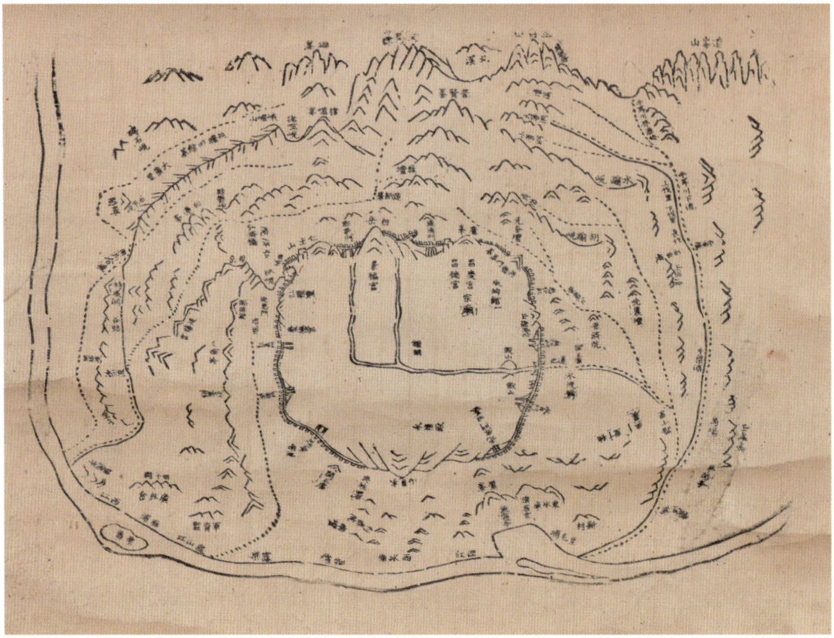

〈사산금표도〉

한계를 변경하도록 명령했다. 하지만 사헌부가 성저십리의 금표 제정이 국도國都를 중시하고 도성을 존숭하기 위함임을 강조하며 금표 개정의 명을 철회할 것을 주장해, 영조는 다시 한성부에 현장 조사를 명했다.

이처럼 북도의 경계를 모래내로 축소, 변경한다는 논의가 있자 모래내 북쪽으로 300여 개의 허묘虛墓가 조성될 정도로 북도의 금표 개정은 한성부 주민의 환영을 받았다. 이에 한성부는 도성 서쪽 5리가 무덤으로 빽빽해질 것을 염려해 예전처럼 저서현을 경계로 삼고 허묘를 만들어둔 사람들을 투장偸葬한 규례에 따라 처벌하도록 요청했다. 영의정 이광좌李光佐도 북도의 사산금표 경계가 1704년(숙종 30) 제정된 이후 24년 동안 이루어진 점과 도성의 금장禁葬 지역을 도성 밖 3리 이내의 경계로 할 수 없다는 점 등을 들어 반대했다. 영조는 이들의 의견을 수용해 북도의 금표를 예전대로 유지하도록 했다.

사산금표의 북도는 한성부 주민이 장사葬事 지내는 곳으로 자주 이용되어 1756년(영조 32)에도 주민의 상언에 따라 한성부에서 다시 측량해 경계를 조정하기도 했다. 정조대에도 서부 주민 김유집 등이 관기현館基峴 및 옹암천 주변의 금표 변경을 요청했다. 이들이 상언한 이유는 총융청의 산지기가 본청의 자내字內라는 이유로 금표를 설정해 입장入葬을 금지했기 때문이다. 이에 한성부에서 금표를 측량한 결과 도성 밖 15리에 해당했지만, 한성부는 이를 무시하고 그대로 입장을 금지했다. 그러자 주민들은 결과에 불복하고 측량의 오류로 설정된 금표의 경계라며 서대문 정로正路에서부터 거리를 측량해 경계를 다시 세울 것을 요청하였다. 그러나 영조대와 마찬가지로 한성부는 이 지역의 입장을 허락하지 않았다.

북부 구산리와 갈고개에서는 주민들이 멋대로 명릉과 익릉의 금표를 변경한 후 솔밭을 경작하고, 벌목과 장례를 치렀다. 그러자 인근 불광리 주민들이 이를 그대로 좇아 한성부에 보고하지 않은 채 멋대로 경계를 넘어 금표를 세운 후 솔밭을 경작하고 소나무를 베었으며, 산지기 및 군문 나졸이 순찰하지 못하도록 했다. 이에 한성부에서는 주민들이 금표 지역을 훼손하는 폐해가 없도록 불광리 주민이 세운 표석을 뽑아버리고 예전의 금표대로 군문과 산지기가 순찰하도록 했다.

이처럼 한성부 주민들은 장사를 지내기 위해 금표 경계의 변경을 자주 요구했다. 이것이 여의치 않을 경우, 투장이라는 형태로 불법 행위를 했는데 대부분 고관 대신이나 양반들이었다. 전 포도대장 신대겸은 부친의 묘를 북부 말흘산末屹山 금표 이내로 이장했다가 한성부에서 낭청과 북부의 관원을 보내 그날로 파냈으며, 판돈녕부사 김지묵金持默과 어의 강명길 또한 이곳에 입장하기 위한 표식을 세워두었다. 이 지역은 연서천에서 명릉의 향령香嶺 화소까지의 구간으로, 한성부에서 금표를 세운 경계 안쪽이었다. 이들은 연서천 가에 명릉의 경계를 정하는 표지가 있음에도 부친의 묘를 이장해 정조로부터 유배의 처벌을 받았다.

군문, 사산을 관리하다

조선 초기 소나무 금벌의 관리 체계는 오원五員이 산지기를 거느리고 해당 지역을 나누어 맡았다. 오원은 세종대 병조에 의해 설치된 관직으로, 이들에 의한 소나무 관리의 근만은 병조에서 고찰했다. 1425년(세종 7) 도적들이 도성 안의 산을 거점으로 각처에서 소와 말을 도살하거나 금산의 소나무를 도벌함에 따라 병조는 각 요로에 오원 1명과 방패防牌 3명을 두고 불시에 검문, 체포하도록 했다.

성종대에 이르면 오원에 의한 사산 관리는 감역관이 그 임무를 대신했다. 《경국대전》 공전 재식조에는 소나무의 금벌을 담당하는 관원으로 사산 감역관과 산지기의 임명 규정 및 근무 일수 등이 규정되어 있다. 이를 통해 보면 사산 감역관은 산지기를 거느리고 송금을 담당했는데, 군직을 가진 사람 가운데 중에서 임명하였다. 특히 1471년(성종 2)까지 사산 감역관은 포폄褒貶이 없으며, 관직을 옮기는 기한도 없었기 때문에 벌목을 금지하는 일에 성의를 다하지 않았다. 따라서 이의 폐단을 막기 위해 공조와 한성부에서 의논하여 감역관을 포폄했으며, 근무 일수가 2년이 되면 다른 관직으로 옮겼다.

영조대에 이르면 사산의 관리를 사산 감역관 대신 참군參軍이 맡았다. 당시 사산의 송금은 감역관이 담당하되 한성부에서 관장하였다. 그러나 산을 관리하는 산지기, 군문의 별패, 한성부 금리의 폐단이 날로 심해져 이들이 오히려 사산을 해치는 존재가 되었다. 따라서 영조는 이에 대한 폐단을 제거하는 방도로 한성부가 담당했던 금송의 임무를 군문이 전담하여 말도록 하였다. 영조가 금송의 임무를 삼군문으로 일원화한 이유는 관리의 효율성과 금송을 더욱 엄히 시행하기 위해서였다.

18세기에 이르면 사산의 금송은 삼군영과 총융청이 담당하였다. 1754년(영조 30) 영조는 동도, 서도, 남도를 삼군영에 예속시켰다. 동도는 어영청에, 서도는 훈련도감, 남도는 금위영에 소속시켰으며, 삼군영에서 도성 내외의 산을 나누어 전적으로 관리하게 하였다. 군영별로 보면, 동도를 담당한 어영청은 금송 참군 1명 외에 별금송別禁松 초관 1명을 정하여 3일씩 번갈아 교대하며 도성 내외의 산을 순찰했다. 훈련도감 또한 금송 참군이 1명, 금송군은 모두 20명이었다. 그 가운데 원금송군은 내산內山에 4명, 외산外山에 6명을 두어 1개월씩 교대하게 했다. 별금송군은 내산에는 별무사가 1명, 군졸이 3명이며, 외산에는 별무사가 1명, 군졸이 4명으로 3일마다 교대했다. 금위영 또한 남도를 담당하는 금송 참군 1명 외에 금송군 14명을 두었으며 내·외산의 대장이 각 1명씩 있어 1개월씩 교대했다. 훈련도감과 마찬가지로 별금송 초관은 패마다 1명씩 7명을 두고 5일씩 교대하게 했다.

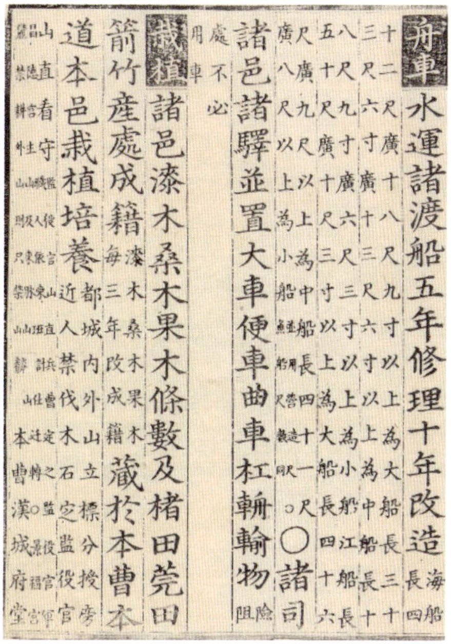
舟車 水運諸渡船五年修理十年改造
諸邑諸驛並置大車便車曲車杠輛輸物
○諸司
栽植 諸邑漆木桑木果木條數及楮田莞田
箭竹産處成籍藏於本曹本道本邑栽植培養

《경국대전》 공전 재식조

북도는 총융청에 예속되었다. 총융청은 도성 안에는 담당할 구역이 없어 성 밖의 산만 관장했다. 아울러 관리하는 북도의 자내字內가 다른 곳에 비해 좁았기 때문에 별도로 참군을 차출하지 않고 총융청의 초관 가운데 선전관의 추천을 받은 자가 겸임했다.

삼군문에 예속된 금송 자내를 보면 훈련도감은 북안산에서 창의문 대로, 사현, 안현, 홍제원, 양철평梁鐵坪, 말흘산, 가좌동, 성산리 일대인 서도 지역의 금송을 담당했다. 어영청은 동쪽 방면을 분담했는데, 광희문 북쪽에서 숙정문 일대와 혜화문과 동대문 밖, 안암, 차현, 호유현, 수유현 일대로 동도 지역의 금송을 담당했다. 금위영은 정조대에 도성 안의 금송 자내가 숭례문에서 남소영으로 남산 주변에 한정되었던 데 비해 19세기에는 돈의문에서 광희문으로 확대되었다. 도성 밖 외산은 돈의문 남쪽에서 만리창, 한강, 두모포, 원현院峴 일대로 남도를 담당했다.

이러한 삼군영의 금송 자내는 해당 군영이 담당하는 수성守城 자내와 중첩되는 부분이 많았다. 훈련도감은 내산의 경우 숙정문에서 돈의문 북쪽의 산을 순찰했으며, 금위영은 돈의문 남쪽에서 광희문 남쪽까지를, 어영청은 광희문 북쪽에서 흥인문, 혜화문을 거쳐 숙정문에 이르는 구역의 금송을 담당했다. 외산의 경우는 사산금표 구역으로 제한된 지역에 해당하는 곳이었다. 이처럼 참군이 군문에 분속되어 금송과 함께 해당 군영 자내의 성첩城堞과 성랑城廊도 수호하는 일거양득의 효과를 가져왔다. 삼군영의 사산 참군은 사산의 순찰 외에 매년 2월과 10월 및 나무 심는 철에 군문에 보고하여 소나무와 잡목을 자내의 빈 공간에 심었으며, 사태가 난 지역을 곳에 따라 흙으로 메우는 임무도 담당했다. 아울러 산을 순찰할 때 송금을 범하거나 흙을 파거나 돌을 캐다 붙잡힌 자는 그 죄가 가벼운 경우에는 곤장 10대를 직접 집행했으며, 무거운 경우에는 대장에게 보고하여 법에 따라 처단했다.

매일 산을 순찰하며 금송을 검찰한 산지기의 수도 변화를 보였다. 산지기는 인조대에 난으로 인해 흩어져 한때 상번 군사 20명이 그 임무를 대행한 적이 있었다. 하지만 동, 서, 남, 북도道마다 4명씩 두어 사산의 금송을 순찰, 관리하는 것이 전례였다. 이들의 입역가立役價는 1개월에 3필을 주었으나 숙종대에는 흉년으로 인해 2필로 줄어들었고, 다시 병조의 물량이 부족해 반 필을 줄여 1필 반이 지급되었다. 그러나 광활한 산야를 1도 4명의 산직이 검찰하는 것이 힘들 뿐 아니라 입역가마저 반으로 줄다 보니 산지기가 감당할 수가 없자, 숙종은 이들의 급가를 2필로 하는 것을 정식定式으로 했다.

이러한 산지기의 수는 19세기에 이르러 동도·서도·남도 3도를 통틀어 각각 6명씩으로 증액되어 분속되었으며, 북도는 2명을 획정하는 것으로 바뀌었다. 조선 후기 사산의 소나무 도벌꾼이 많아지자 이들을 통제하기 위해 산지기의 수를 늘리지만 입역가는 오히려 줄어들어 산지기가 계방을 만들어 금송을 어기는 폐단이 발생하였다.

道峯洞門

제4강

조선 선비의 이야기가 담긴 도봉산 동쪽 자락 바위 글씨

우이동 이계구곡 제1경 만경폭의 각자

홍양호는 왜 우이동에 관심을 가졌을까?

이곳이 원래 덕수 이씨의 땅이었던 이유는?

18세기 소론의 교유망 – 조현명이 남긴 바위 글씨

남는 이야기 – 도봉산 자락의 또 다른 바위 글씨

제4강

조선 선비의 이야기가 담긴 도봉산 동쪽 자락 바위 글씨

장지연 대전대학교 혜화리버럴아츠칼리지 역사문화학전공 교수

우이동 이계구곡 제1경 만경폭의 각자

고산의 아홉 굽이 계곡을 사람들이 모르더니
떠집 짓고 터 잡으니 벗님네 다 오신다
어즈버, 무이를 상상하고 주자를 배우리라

이이, 〈고산구곡가〉 중 서곡

도봉산 동쪽 자락 우이동 도선사 아래에는 흔히 우이구곡이라 불리는 소귀천이라는 계곡이 있다. 18세기 관료인 이계耳溪 홍양호洪良浩가 집을 짓고 계곡의 아홉 가지 경치를 꼽은 것으로 구곡九曲이라는 말이 그가 붙인 이름에서 비롯한 것이니 우이구곡보다는 이계구곡이라 부르는 것이 좀 더 정확할 것이다.

구곡은 계곡의 아홉 굽이 경치를 일컫는다. 이는 성리학의 집대성자인 주희朱熹의 행적에서 유래한다. 주희는 54세이던 1183년부터 중국 복건성

무이산 아래 무이정사武夷精舍를 짓고 은거하며 제자들에게 학문을 강론하고 성리학 관련 저술 작업에 전념했다. 그런 생활 속에서 그는 정사가 위치한 계곡의 급류가 띠처럼 꺾이며 어지러이 늘어선 바위와 절벽 사이를 휘돌아가는 모습을 아홉 가지 경치로 꼽아 각각 이름을 붙이고 무이구곡이라 하며 〈무이도가武夷櫂歌〉 10수를 짓는 등 이곳의 삶을 기록으로 남겼다. 이는 사대부의 이상적인 삶, 즉 세상이 다스려질 만할 때에는 천하의 정치에 대한 책임 의식을 갖고 참여하여 자신의 뜻을 펼쳐야 하지만, 세상이 어지럽거나 자신의 뜻을 펼칠 수 없을 때에는 은거하여 자신을 수양하고 제자를 키워 도道를 보존하는 모습이었다. 이러한 주희의 무이구곡은 조선의 성리학자들에게 많은 영감을 주었다. 주희의 삶을 모범으로 삼고 따르고자 한 선비들은 자신이 은거하는 곳에 구곡의 명칭을 붙이곤 했는데, 이것이 조선의 구곡 문화를 낳았다. 이황의 도산구곡, 이이의 고산구곡, 송시열의 화양구곡 등이 대표적이다.

홍양호의 이계구곡 역시 이러한 전통의 연장선상에 있었다. 그는 우이동에 별서를 짓고 다음과 같이 구곡의 이름을 붙였다.

제1경: 만경폭萬景瀑

제2경: 적취병積翠屛

제3경: 찬운봉攢雲峰

제4경: 진의강振衣岡

제5경: 옥경대玉鏡臺

제6경: 월영담月影潭

제7경: 탁영암濯纓岩

제8경: 명옥탄鳴玉灘

제9경: 재간정在澗亭

조현명과 이주진이 만경폭에 남긴 각자

이은이 만경폭에 남긴 각자

이 중에서도 제1경인 만경폭은 거대하고 가파른 석벽을 타고 30m 아래로 물줄기가 흘러내리는 곳이다. 높이도 높이지만 그 두 배 정도 되는 너비의 우람한 규모에 암벽에는 물 자국을 따라 여러 겹의 세로 줄무늬가 있어 이계구곡에서도 가장 눈에 띄는 경관이다. 이곳은 1960년대 폭포 상단에 물을 가두기 위한 시멘트 둑이 설치되는 바람에 한때는 경관이 크게 망가져 있었다. 그러나 2019년 우이구곡 복원 사업을 시작하여 이 둑을 없애고 정비 사업을 벌이면서 옛 경관을 많이 회복하였다. 홍양호는 이곳이 "높이는 열 길쯤 되고 너비는 높이의 절반 남짓 된다."고 하며, "물이 꼭대기에서부터 날아 떨어지는 것이 흰 비단 같다."고 묘사한 바 있다. 또한 떨어지는 물소리가 몇 리를 진동시킬 정도라고 하였는데, 아쉽게도 근래에는 수량이 많이 줄어 그 정도 기세를 상상하기는 쉽지 않다.

이 만경폭의 아름다운 바위에, 이 글의 주인공인 바위 글씨가 새겨져 있다. 이곳을 다녀간 여러 인물의 이름자가 여기저기 새겨져 있지만, 그중에서도 주목할 것은 앞서 살핀 바위 글씨 두 개다.

彌勒瀑同游	미륵폭에서 함께 노닐다.
趙顯命 李周鎭 丙寅仲夏	조현명 이주진 병인년(1746) 음력 5월(중하)

追顯	아버지를 추모하며.
李溵 丁酉孟冬	이은 정유년(1777) 음력 10월(맹동)

만경폭에는 왜 미륵폭이라는 이름이 새겨져 있을까? 이곳은 홍양호의 이계구곡인데 왜 홍양호나 홍씨 집안 인물이 아니라 조현명, 이주진, 이은 같은 이들의 이름이 새겨져 있는 것일까? 그 미스터리를 하나씩 풀어보자.

홍양호는 왜 우이동에 관심을 가졌을까?

먼저 우이동 이계구곡을 가꾼 홍양호는 어떤 사람이었을까? 홍양호(1724~1802)는 본관이 풍산豐山, 자는 한사漢師, 호는 이계耳溪로 영조대와 정조대를 살아간 문신 관료다. 첫 이름은 양한良漢이었으나, 1777년(정조 1)에 양호로 바꾸었다. 그는 영조에게는 박학博學으로 인정받고, 정조대에는 세 번에 걸쳐 문형文衡(대제학)을 역임하였다.

홍양호가 우이동에 관심을 기울이게 된 이유를 알기 위해서는 그의 조상 이야기로 거슬러 올라가야 한다. 그의 집안은 6대조인 홍이상洪履祥이 벼슬과 덕망으로 이름을 떨치고, 4대조인 홍주원洪柱元이 선조의 딸인 정명공주貞明公主와 혼인하면서 명실상부한 명문 반열에 올랐다. 정명공주는 인목왕후仁穆王后의 유일한 자식으로 광해군대에는 10년 동안 서궁에 유폐되어 있었기에 나이 스물이 넘도록 혼인을 하지 못했다. 반정 후 비로소 혼인을 하게 된 정명공주는 안국방의 큰 집과 함께 인목왕후의 친정집인 명례궁도 받았다. 이후 훈도방 진고개의 명례궁은 홍씨 집안에 대대로 상속되었고, 홍주원의 넷째 아들인 홍만회洪萬恢가 이 집을 상속받은 후, 1671년(현종 12)에 새로 집을 지어 사의당四宜堂이라 이름 붙인 뒤 만년을 이곳에서 지냈다. 바로 이 홍만회가 홍양호의 증조부다. 사의당은 530칸에 달하는 규모로 홍씨가의 서울 집으로 널리 알려졌고, 홍양호 역시 이 집에서 태어났다.

홍양호의 선대는 서울에 근거를 둔 명문가이자, 당색으로는 소론 강경파[峻少] 계열에 속했다. 숙종 대에 서인이 노론과 소론으로 분열될 때 홍주원의 후손 대부분은 노론이 되었으나, 홍만회는 소론을 선택하였다. 그는 최석정崔錫鼎, 이인엽李寅燁 등 숙종대 소론 탕평파의 추천으로 관직을 받은 적이 있으며, 영조대에는 소론 탕평파 인사들과 혼인 관계를 맺었다. 홍양호의 외가인 청송 심씨 가문 역시 경종의 비 단의왕후 심씨 집안으로서 소론

〈모당 홍이상공 평생도〉

의 대표 가문이었다.

홍만회는 조상의 덕으로 얻은 벼슬인 음보蔭補로 벼슬살이를 하다 1709년(숙종 35) 죽었다. 홍만회의 무덤은 가족의 선영이 있던 고양이 아닌 마전 쪽에 마련했는데, 그곳의 풍수가 좋지 않다 하여 사위였던 이집李㙫의 선산 쪽에 무덤을 쓰게 되었다. 바로 이 무덤이 훗날 홍양호 대에 이르러 이계구곡을 조성하는 매개가 됐다. 홍만회의 아들이자 홍양호의 조부인 홍중성洪重聖 역시 상당한 문학적 재능으로 명망이 높았으나, 과거에는 실패하고 마흔을 넘긴 나이에 음직으로 출사하였다. 그의 아들 홍진보洪鎭輔가 바로 홍양호의 아버지다. 이처럼 홍양호의 선대는 서울에서 대대로 기반을 지니고 있던 명문가였지만, 홍양호가 태어날 무렵에는 3대째 문과 급제자가 나오지 못하면서 가세가 많이 기운 상태였다.

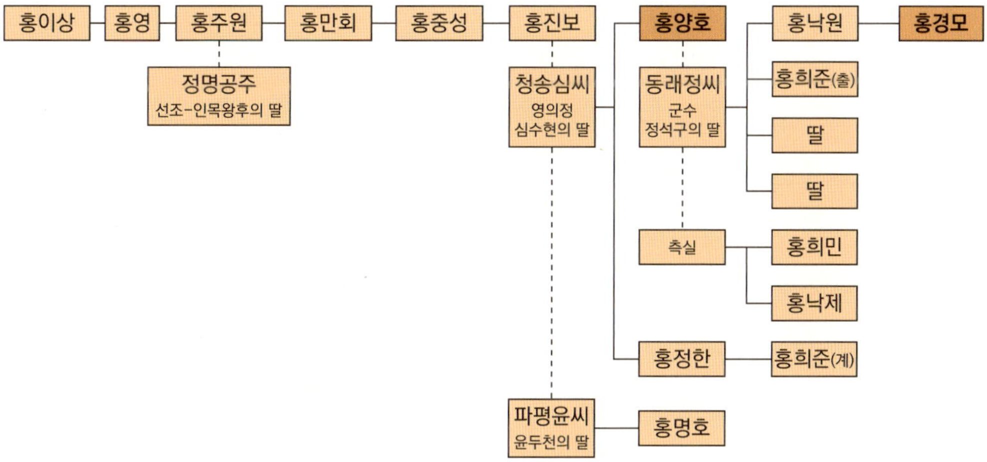

홍양호 가계도

홍양호는 아홉 살에 어머니를 잃고, 열세 살에 조부와 부친을 연이어 잃으며 생활이 곤궁해졌다. 대대로 물려받은 진고개의 사의당을 팔고 외가에 의탁해, 외삼촌인 심육沈錥을 스승으로 섬기며 살게 된 것이다. 비록 판 지 4년 만에 사의당을 다시 사들일 수 있었으나, 대대로 물려온 집을 잃은 경험은 홍양호의 평생에 큰 상처를 남겼던 것으로 보인다. 이후 증조부 홍만회의 무덤이 있는 우이동의 토지 문제를 정리한 것, 김홍도에게 의뢰하여 6대조인 홍이상의 생애를 기리는 평생도를 만든 것 등은 모두 가문을 계승하고 일으키기 위한 노력의 일환으로 볼 수 있다.

홍양호는 1752년(영조 28) 스물아홉의 나이로 문과에 급제하면서 관직 생활을 시작했다. 노·소론의 대립이 격렬하던 시대, 그의 관직 생활은 쉽지 않았다. 특히 관직 생활을 시작한 지 얼마 되지도 않은 1755년 을해옥사乙亥獄事에 외가가 거의 멸문지화를 당하면서 그도 함께 연루될 뻔했으나 간신히 화를 면했다.

10년의 관직 생활 끝에 1762년 홍양호는 이전부터 벼르고 있던 우이동

홍만회의 선산 문제를 해결하였다. 당시 토지 주인은 이집의 손자 이은이었다. 바로 만경폭 바위 글씨에 등장하는 그 인물이다. 그는 경내에 후손이 끊어진 주인 없는 무덤이 둘 있다 하여 반만 주겠다 하였고, 홍양호는 경내의 밭과 밤나무 숲을 그냥 가질 수 없다 하여 저동의 밤나무 숲과 맞바꾸었다. 이렇게 선산의 토지 소유 문제를 해결한 홍양호는 인근에 소나무, 과일나무 등을 심고 제사를 위한 채마밭과 작은 집을 마련했다.

1776년 정조가 즉위한 뒤에 홍양호는 다시 한번 큰 정치적 위기에 빠진다. 당시 실세인 홍국영洪國榮과 친족이기는 해도 정치적 입장이 달랐기 때문이었다. 홍양호는 사도세자의 죽음에 책임이 있는 정후겸鄭厚謙과 홍봉한洪鳳漢의 당여黨與라는 비판을 받자 자신은 이들과 무관하다고 역설하며, 형제들과 함께 돌림자를 바꾸어 초명인 양한을 양호로 개칭하였다. 그럼에도 거센 비판과 탄핵이 계속되자 홍양호는 우이동으로 물러날 생각을 했던 것 같다. 바로 이 무렵 우이동에 겸산루와 소귀당이라는 건물을 세웠기 때문이다. 그중에서도 소귀당小歸堂은 중의적인 의미를 지닌 재미난 이름이다. 일단 '소귀'는 '우이牛耳'의 우리말이다. 지금도 이계구곡을 소귀천이라고 부르는 것으로 미루어, 아마도 이 일대의 고유 지명이었던 것으로 보인다. 또한 한자로는 '대귀大歸'의 상대어이기도 하다. 대귀란 늙어서 벼슬에서 물러나는 것을 이르는데, 환갑이 되지 않았음에도 물러나려 하는 자신은 소귀라 할 수 있다는 의미를 붙인 것이다. 조선식 언어유희라고 할 만하다.

다행히 홍양호는 '소귀'할 필요가 없었다. 얼마 지나지 않아 홍국영이 실각했기 때문이다. 그는 내직으로 돌아와 주요 관직을 역임하고 세 차례에 걸쳐 대제학에 제수되며 정조대 문형의 위상을 누렸다. 노년에는 두 차례에 걸쳐 사행을 다녀오며 청의 문인과 각별한 교유 관계를 맺었는데, 이는 손자인 홍경모까지 3대에 걸쳐 청의 문인 집안과 교유가 이어지는 특별한 사례가 되기도 했다. 만년에 홍양호는 우이동보다는 용산강에 새로 지은 쌍호정에 정을 붙였다. 그가 우이동에 칩거한 것은 죽기 1년 전쯤인 1801년(순조 1)으로, 그해 우이동의 가을 단풍과 이듬해 봄의 꽃놀이를 자손들과 함께 즐기는 등 대체로 편안한 말년을 보내다 일흔아홉의 나이로 사망하였다.

우이동에 홍양호가 지은 집과 이계구곡은 손자 홍경모洪敬謨에 이르러 더욱 아름답게 가꾸어졌다. 홍경모는 이전의 집과 정자에 건물을 더하고 바위를 쌓고 못을 만들고 집 안에 갖가지 기물과 도서를 채웠다. 또한 조부가 가꾼 우이동을 더욱 빛내기 위해 수많은 글을 새로 쓰고 주변 풍광에 새로운 이름을 붙였다.

홍경모는 다음과 같이 만경폭 이름의 유래를 밝혔다.

> 만경폭은 미륵동의 가장 깊은 곳에 있으니 소귀당의 바깥 골짜기이다. 폭포 이름은 '미륵'이라 하는데, 폭포의 암벽에 새겨져 있다. 우리 문헌공[홍양호]께서 골짜기의 근원을 찾아 아름다운 풍경을 취하여 굽이를 따라 차례대로 구곡을 정하였으니, 만경폭이 제일곡이 된다. 만경대 아래에 있다고 해서 만경폭이란 이름을 붙인 것이다.
>
> 《운석외사耘石外史》 전편, 〈우이동지牛耳洞志 만경폭〉

원래 이 동네는 무당골 혹은 미륵골이라 불렸다고 한다. 미륵폭이라는 폭포 이름도 여기서 유래한 것이다. 여기서 만경폭의 바위 글씨 '미륵폭'의 미스터리가 해결된다. 조현명과 홍양호가 만경폭이라는 이름을 붙이기 전인 이곳에서 만경대의 경치가 펼쳐진다는 점에 착안하여 만경폭이라는 이름을 붙였는데, 유학자로서 불교나 무속의 느낌이 물씬 풍기는 이름을 바꾸고 싶었던 것 같다.

한편 홍양호의 손자 홍경모는 이계구곡의 9경 이름을 바위에 새기려고

《송시열필서첩》

도 했다. 그의 문집을 보면 바위에 새기려고 할 아버지가 쓴 글씨를 모아서 일단 서첩을 만들어두었다는 글이 있는데, 마침 국립중앙박물관에 전하는《송시열필서첩》이 바로 그 서첩에 해당하는 것으로 추정된다. 이 서첩에는 재간정을 제외한 나머지 8곡의 이름이 들어가 있다. 오늘날 소귀천은 난개발 등으로 예전 경관이 크게 훼손되어 이계구곡 중 몇 곳은 그 위치를 확정하기 어려운 형편이다. 홍양호가 쓴 글씨가 바위에 새겨졌다면 위치 고증에 어려움이 없었을 것이고, 그 자체로 또 하나의 아름다운 문화유산이 될 수 있었을 텐데, 아쉬움이 남는다. 그나마 이 서첩이라도 남아 있는 것이 다행이다. 이는 미처 바위에 새겨지지 못했다는 의미에서 '미수에 그친 바위 글씨'라는 의의를 부여할 수 있을 것이다.

이곳이 원래 덕수 이씨의 땅이었던 이유는?

만경폭이 아니라 미륵폭이라고 새겨진 바위 글씨의 의문은 풀렸다. 이제는 바위에 이름을 남긴 인물에 대해 알아봐야 할 때다. 홍양호가 홍만회의 선영이 있는 이 일대를 사들이기 전, 이곳은 덕수 이씨 가문의 땅이었다. 그리고 홍만회의 사위 이집이 덕수 이씨였다. 이 일대 땅이 덕수 이씨의 소유가 된 것은 왕실, 연산군과 중종의 시대, 능성綾城 구씨具氏 집안 등의 이야기로 거슬러 올라간다.

소귀천 하구에서 직선거리로 1km도 떨어지지 않은 방학동에는 연산군 묘역이 있다. 원래 이 묘역은 세종의 아들 임영대군臨瀛大君의 토지였다. 이 일대에는 임영대군 말고도 원래 왕실 관련 토지가 많았던 것 같다. 세종의

서울 연산군 묘

딸 정의공주貞懿公主와 남편 안맹담安孟聃의 묘역이 바로 인근이고, 그 동쪽에는 임영대군의 후손인 오산군烏山君파 묘역이 있다. 오산군파 묘역에는 태종의 후궁인 성비誠妃 원씨元氏 묘가 있는데, 이는 후사가 없는 원씨의 제사를 오산군이 담당했기 때문이다. 이처럼 후손이 없는 후궁의 제사를 왕실의 대군이나 군이 맡는 일이 종종 있었는데, 임영대군 역시 후손이 없는 태종의 후궁 의정궁주 조씨의 제사를 맡았기에 이 땅에 조씨의 무덤을 썼다. 그런데 후에 연산군의 왕후였던 거창군부인 신씨의 요청으로 연산군의 무덤을 의정궁주 조씨의 무덤 위에 조성하게 됐다. 거창군부인 신씨가 이러한 요청을 할 수 있었던 것은 그녀가 임영대군의 외손녀였기 때문이다.

연산군 묘의 하단에는 구문경具文璟과 휘순공주徽順公主의 무덤이 조성되어 있다. 바로 연산군의 딸과 사위의 무덤이다. 능성 구씨 집안은 구치관具致寬이 세조의 집권 과정에 큰 역할을 하면서 가세가 빠르게 번창했다. 그는

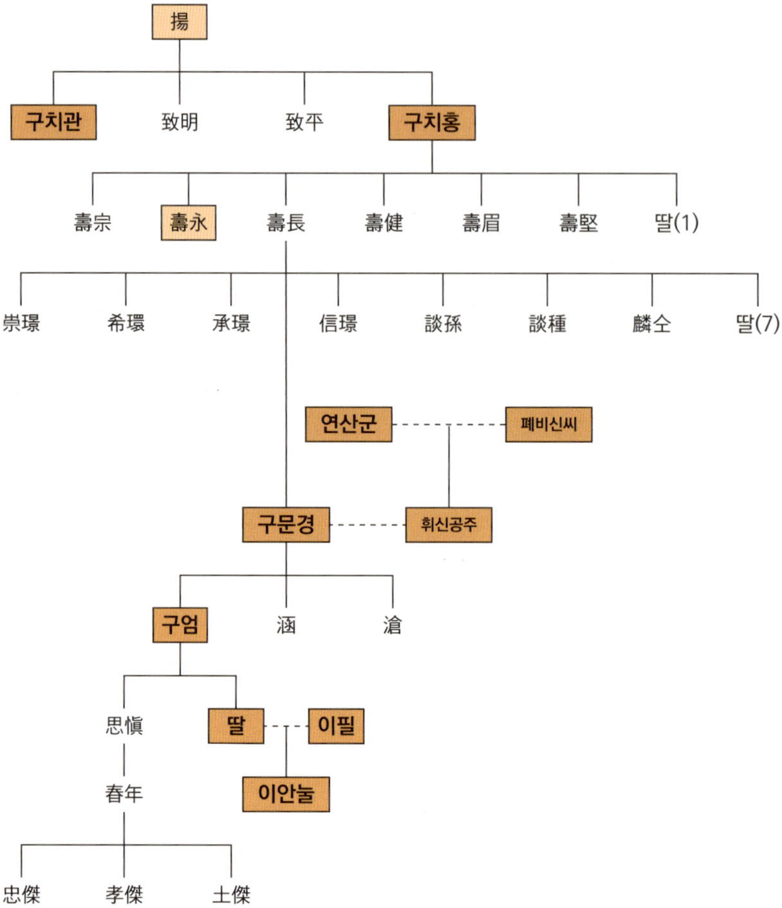

능성 구씨 세계도

세조대 좌익공신으로 책봉됐고 영의정까지 올랐으며 후에 좌리공신으로 추록되었다. 그의 동생 구치홍具致洪은 건주위 여진을 물리치고 이시애의 난을 진압하는 데 큰 공을 세웠다. 더불어 이 집안은 왕실과 연혼을 하는데, 구치홍의 아들 구수영具壽永은 세종의 아들인 영응대군의 사위가 되고, 그의 아들 구문경은 연산군의 딸인 휘순공주와 혼인하며 연산군의 부마가 되

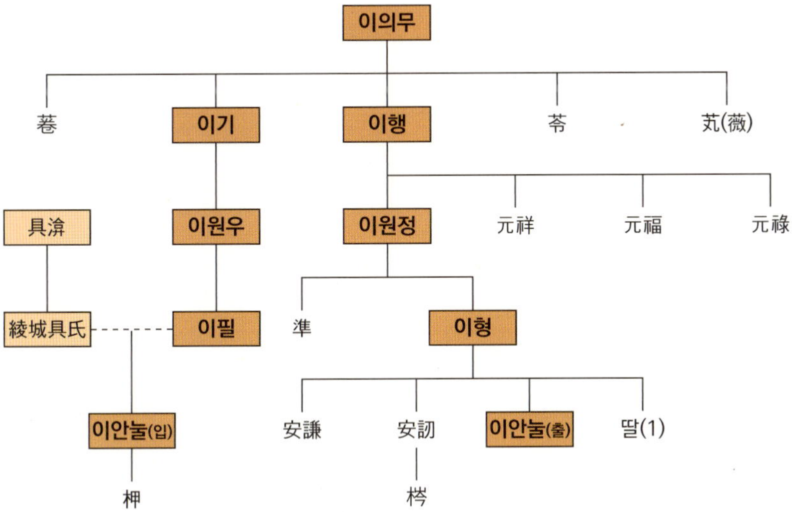

덕수 이씨 이안눌 가계도

었다. 중종반정 후 구수영이 구문경과 휘순공주의 이혼을 청하였으나 다시 합하면서, 연산군 묘역 하단에 부부의 무덤이 조성될 수 있었다. 이후 연산군의 제사를 사위인 능성 구씨 집안이 물려받으면서 이 일대가 능성 구씨의 소유가 되었다.

이 땅이 능성 구씨 소유에서 덕수 이씨의 소유로 넘어온 것은 혼인에 의해서였다. 이안눌李安訥(1571~1637)의 외가가 능성 구씨였던 것이다. 엄밀히 말하면 친외가가 아니라 양모의 집안이었지만.

이안눌은 이필李泌에게 자손이 없자 12세 때 양자로 입적하였는데, 양모가 바로 능성 구씨였다. 외조부 구엄具淹은 구문경과 휘순공주 사이에서 태어난 맏아들이다. 이후 이안눌이 외가의 제사를 물려받으면서 연산군 묘역을 포함한 이 일대 땅을 덕수 이씨가 소유하게 된 것이다. 이렇게 물려받은 재산이 얼마나 많았는지, 이안눌의 〈행장〉에는 "후사로 들어간 집안이 왕실의 인척이어서 재산이 많았는데 그가 이를 마치 때 묻은 것처럼 두려워

《명신초상화첩》 중 이주진

《명현화상》 중 이은

했다."고 전한다.

이후 이 일대는 대대로 덕수 이씨 집안의 선산이 되었다. 이안눌의 조부와 부친 그리고 후손인 이광하李光夏, 이주진李周鎭, 이은李溵 등의 무덤이 이곳에 조성되었고, 지금도 이주진의 무덤이 이 일대에 남아 있다. 바로 만경폭 각자에 이름을 남긴 바로 그 이주진이다. 이주진은 홍만회의 사위였던 이집의 아들이며, 또 다른 각자의 주인공인 이은의 아버지이다. 이곳이 임영대군의 토지에서 능성 구씨 집안으로, 능성 구씨 집안에서 다시 덕수 이씨 집안으로 넘어가는 과정을 보면, 조선 전기에 외손에게 제사와 토지가 상속되는 관행이 일반적이었다는 점을 알 수 있다. 또한 사위인 이집의 땅에 홍만회의 무덤이 조성된 것을 보면 아들뿐만 아니라 딸과 사위가 가족 내 의사 결정에 영향을 미쳤다는 점도 잘 알 수 있다. '딸은 출가외인'이라는 말은 그만큼 딸이 출가외인이 아니었기에 생긴 말이 아니었을까.

홍양호에게 땅을 판 이은이 각자를 남긴 건 토지 바꾸고 난 얼마 뒤의 일로, 홍양호가 겸산루와 소귀당을 지으며 본격적으로 이계구곡을 가꾸던 시점이다. 홍씨 집안의 가꾸기가 본격적으로 시작된 시점, 비록 토지를 팔기는 했지만 아버지의 흔적이 남은 곳인 만큼 이은은 다시금 자기 집안의 흔적을 확실히 남기고 싶었던 듯하다.

여담이지만, 이은이 가정 형편이 궁색하여 땅을 넘긴 건 아니었다. 덕수 이씨 집안은 이은의 대에도 부가 대단했다. 선대가 아무리 부유해도 후대에 유지하지 못하는 경우가 많은데, 이주진도 판서를 역임하고, 이은 자신도 우의정까지 오르는 등 대대로 높은 벼슬을 유지했기 때문에 가능했던 것 같다. 이은의 한성 입동에 있던 저택은 당대 가장 비싼 집으로 꼽혔다. 이은과 같은 시대를 살며 《흠영》이라는 일기를 남긴 유만주는 한양 사대부 저택 중 가장 비싼 것으로 이은의 380칸이 넘는 입동 저택을 꼽았다. 돈으로 환산하면 2만 냥이 넘었다고 한다. 당대에 이은은 "부유하기가 나라 전체 사대부들 가운데 으뜸"으로 꼽힐 정도였다고 하니, 우이동의 땅을 넘긴 것은 선영이 있는 홍양호의 심경과 두 집안의 인연을 감안한 배려였을 것이다.

18세기 소론의 교유망 - 조현명이 남긴 바위 글씨

이제 이주진과 이은의 바위 글씨가 새겨진 이유가 해결되었다. 그럼 이제는 이주진과 함께 각자를 남긴 조현명趙顯命을 주목할 차례다.

홍경모는 만경폭의 각자에 대해 이렇게 설명한 바 있다.

상공 조현명, 서명균徐命均, 상서 이주진 및 그 자손인 상공 이은이 글자를 새긴 자취가 벽면이 있어서, 상공폭相公瀑이라고도 한다.

《관암전서冠巖全書》 16책, 〈이계구곡기耳溪九曲記〉

조현명은 본관은 풍양, 자는 치회稚晦, 호는 귀록歸鹿으로 숙종대 후반 과거로 벼슬길에 나섰다. 영조대인 1728년(영조 4) 이인좌의 난 때 종군한 공으로 분무공신 3등에 녹훈되고, 1750년에는 영의정까지 오르는 등, 좌의정을 지낸 형 조문명과 함께 대표적인 소론 탕평파로 꼽히는 인물이다.

조현명은 지금의 도봉구인 해촌에 별서를 가지고 있었다. 이 일대에는 풍양 조씨의 사패지가 있었는데, 이는 중종반정에 참여하여 공신으로 책록된 조세훈趙世勛이 받은 것이었다. 방학동에는 지금도 풍양 조씨 묘역이 있고, 여기에는 조세훈을 비롯하여 조현명의 아버지 조인수趙仁壽의 무덤도 있다. 이처럼 중종반정 이후의 사패지로 묘역이 확장된 비슷한 사례로는 도봉동에 있는 세종의 아들 영해군寧海君과 묘역을 들 수 있다. 이곳은 지하철 1호선 도봉역 맞은편 무수골로 들어가는 진입로를 따라 들어가면 자리하고 있는데, 영해군의 아들인 영춘군永春君 이인李仁이 중종반정 이후 원종공신이 되면서 묘역이 크게 확장된 것으로 추정하고 있다.

《명신초상화첩》 중 조현명

조현명은 서울 묵사동의 집 외에도 해촌 별서에 '명오정名吾亭'이라는 정자를 짓고 두 곳을 왕래하며 지냈다. 이는 당시 서울에서 관료 생활을 하던 사대부들에게 흔한 거주 양상이었다. 홍양호가 서울 집과 우이동 집을 오간 것처럼 조현명 역시 비슷했다. 조현명은 선영이 있는 해촌에 별서를 조성해 서울을 오가며 생활

하였다. 그러나 한갓진 정자 이름과는 달리 이는 단순히 여가를 즐기기 위한 것이 아니었다. 다분히 정치적인 출사와 관련이 깊은 행위였다.

예를 들어 영조의 즉위 과정에서 벌어진 옥사와 이에 대한 영조의 처분 등에 자신이 연루되거나 정치적 이벤트에서 과분한 대가가 주어졌을 때, 혹은 구설수에 휘말리거나 억울하게 비난받았을 때 조현명은 소를 올리고 해촌 별서로 물러나 지내고는 했다. 이는 일종의 고도의 정치적 관습이었다. 관직에서 물러나기를 청하고 공간적으로 서울을 떠나 있다가 해당 사안에 대한 결론이 나면 다시 관직에 나가면서 서울로 돌아가는 방식이었던 것이다. 여기서 해촌의 별서는 물러남의 공간이기는 하지만 완전히 서울을 떠나는 것이 아니라 잠시 숨 고르기를 할 수 있는 완충적 공간이었다. 18세기처럼 예민한 정치적 사건들이 많이 일어나던 시기, 이런 공간은 관료들의 정치적 의사 표현에 활용되었다.

그렇다면 이주진과 함께 조현명이 각자를 남긴 1746년(영조 22)은 어떤 해였을까? 이해 정월에는 좌의정 송인명과 탕평책에 대한 의견이 맞지 않아 조현명은 은퇴를 청하는 소를 올리고 해촌으로 물러난 바 있다. 이후 도성으로 들어갔다 해촌으로 물러 나왔다 하기를 반복하다 5월 경종대 노론 4대신을 신원하는 신유대훈의 내용을 두고 논쟁하던 중 비난을 받자 다시 해촌으로 돌아왔다. 즉 이 해는 영조대 노·소론 탕평의 방향을 놓고 큰 변화가 이루어졌지만 그 진폭이 아직 남아 있던 시기였다. 바로 이해 조현명은 이주진과 함께 만경폭을 유람하고 각자를 남긴 것이다.

조현명과 이주진 등은 혼인과 사승 관계, 소론이라는 당색 등으로 중첩하여 인연을 맺은 친밀한 사이였다. 또한 같은 소론인 서명균, 홍양호 집안과도 친분이 깊었다. 조현명은 명오정의 기문記文에서 다음과 같이 이야기하였다.

갑자년 3월 3일 나의 정자가 완성이 되었다. … 서쪽에 사는 이웃 서상국(서명균)이 정자의 이름을 글씨로 써서 처마에 편액하였고, 그림쟁이 김희겸은 이를 모사하여 그렸다.(《귀록집歸鹿集》 권 18, 〈명오정기名吾亭記〉)

윗글에서 서명균이 서쪽에 산다고 하였는데, 바로 홍양호의 이계구곡 중 제9경인 재간정을 말하는 것이다. 홍양호는 이에 대해 이렇게 묘사하였다.

양쪽 벼랑이 훤한데 물이 맑고 모래가 희다. 정자가 바위에 걸터앉아 물을 막고 있다. 이름을 재간정이라 하니, 곧 3대에 걸쳐 재상을 지낸 서씨의 옛 별서이다. 꽃나무가 나누어 심겨 있고 조촐하고도 호젓하다.

서명균은 영의정을 지낸 아버지 서종태부터 자신 그리고 아들인 서지수까지 3대가 대신을 지낸 바 있다. 조현명이 명오정을 지은 것은 만경폭에 각자를 남기기 2년 전인 1744년(영조 20)이었다. 이 해에 조현명은 서명균, 이주진 등과 소기영회小耆英會를 만들어 도봉산 원통사 등을 유람하며 석벽에 이 일을 새겨 기념했다고 한다. 현재 원통사에는 태조 이성계가 남겼다는 전설이 내려오는 상공암相公岩이라는 각자가 있는데, 조현명의 기록을 볼 때 태조 이성계가 아니라 조현명, 서명균 등이 남겼을 가능성이 있다. 조현명과 서명균이 이때 모두 상공의 직임이었다는 점, 만경폭이 상공폭이라고도 불렸다는 점 등이 근거가 될 것이다. 이처럼 이 일대는 소론 탕평파에 속하는 조현명, 서명균, 이주진, 홍양호 등이 가까이 거주하며 친밀감을 나눈 곳으로, 만경폭에 새긴 바위 글씨는 이들의 친분과 활동을 보여주는 증거가 된다.

한편 조현명은 자신의 해촌 별서 근처에 또 다른 각자를 남기기도 했다. 방학동의 신방학중학교 건너편, 무수골로 넘어가는 등산로를 조금 올라가

귀록계산 바위 글씨

와운폭 바위 글씨

다 보면 등산로 왼쪽 작은 계곡에 '귀록계산 와운폭歸鹿溪山 臥雲瀑'이라는 바위 글씨가 있다. 새긴 시기나 글씨를 남긴 사람의 이름은 없지만, 아버지의 묘지가 바로 이 근처이며 그의 별서가 근방이었고 그의 호, 또 문집에 남은 시구 등을 볼 때 이 바위 글씨는 조현명이 남겼을 가능성이 높다.

홍양호가 설정한 이계구곡이 있는 서쪽의 소귀천, 조현명의 해촌 별서가 있던 동쪽의 무수천 지류는 모두 우이천으로 흘러간다. 원통사가 있는 봉우리 좌우 그리고 그 산자락의 연산군 묘역을 비롯한 왕실 묘역은 이렇게 풍부한 이야기를 담고 있다. 왕실 토지가 세대를 내려오며 분화되고 재분배된 이야기, 18세기 소론 탕평파의 핵심 일원들이 교류한 이야기, 이들이 정치적 진퇴의 공간으로 도성과 가까운 이곳을 활용한 이야기 말이다.

이제 이들의 흔적을 찾는 것은 쉽지 않다. 홍양호의 이계구곡은 경관이 너무 많이 훼손되어 구곡 중 몇 곳은 옛 모습과 자리를 찾기 힘들다. 3대에 걸쳐 재상을 지낸 서씨 가문의 재간정은 흔적도 찾기 힘들고 조현명의 해촌 별서 명오정 역시 마찬가지다. 홍양호에게 선대의 땅을 팔고 아버지의 흔적을 기념하며 이은이 글씨를 남긴 것 역시 그 마음만 그저 미루어 짐작할 뿐이다. 지금으로 따지면 '나 왔다 간다' 정도의 내용일 것 같지만, 이 몇 글자 안 되는 바위 글씨는 그 바탕에 깔린 풍성한 이야기의 마디마디를 증거하고 있다. 이렇게 많은 이야기를 풀어낼 수 있다는 점에서 이 바위 글씨는 소중한 문화유산이라 하지 않을 수 없다.

남는 이야기 - 도봉산 자락의 또 다른 바위 글씨

도봉산 자락의 바위 글씨는 이계구곡과 조현명의 글씨에 그치지 않는다. 사실 바위 글씨가 더 많은 곳은 다른 골짜기에 있다. 바로 도봉서원 앞 골짜기다. 무수골 북쪽에 있는 도봉천을 따라 올라가면 국립공원 도봉탐방지원센터로 이어지는 길이 나오고, 이 길을 따라 죽 올라가면 도봉서원이 나온다. 현재 서울의 행정 구역 안에 있는 유일한 서원으로, 해동 도학 정치의 영수로 꼽히는 조광조趙光祖를 모셨다. 선조대에 사림의 발의로 영국사 자리에 이 서원을 영건하고, 1574년 사액도 받았으나 고종대에 훼철되었다. 1970년대에 재건하였으나, 2011년 건물이 낙후하자 새로 짓기 위해 철거했는데, 그 터인 영국사 자리에서 많은 불교 유물이 발견됨에 따라 2024년 현재까지 중건되지 못한 상태이다. 20세기를 거치며 위상이 애매해지긴 했지만, 도봉서원은 조광조를 모시는 한양과 가장 가까운 서원이라는 점, 16세기에 건립되고 사액을 받은 곳이라는 점에서 조선시대에는 상징성과 위세가 만만치 않다. 그래서 이 서원으로 이르는 길에는 선비들이 남긴 바위

도봉동문 바위 글씨

글씨가 많다.

도봉서원으로 가는 도봉계곡 초입에는 '도봉동문道峰洞門(도봉동으로 들어가는 입구)'이라는 바위 글씨가 있다. 이는 이후 펼쳐질 바위 글씨들의 서곡에 해당된다. 바위 글씨는 위치에 따라 크게 세 무리로 구분한다. 첫 번째는 도봉계곡 초입, 두 번째는 도봉서원 앞, 세 번째는 도봉서원 위쪽으로, 서울특별시 기념물로 지정되어 있다. 이 중에서 특히 도봉서원 앞에는 송시열, 송

고산앙지 바위 글씨

준길, 권상하, 김수증 등 서인 노론 계열 인물의 글씨가 많이 남아 있다. 송시열이 쓴 글은 다음과 같다.

霽月光風更別傳	비가 개고 달이 올라 시원한 바람이 다시금 특별히 이어받았도다.
聊將絃誦答潺湲	애오라지 거문고를 치며 노래하여 졸졸 흐르는 물소리에 화답하네.
華陽老夫書	화양노부 쓰다

이는 송시열宋時烈이 1668년(현종 9) 도봉서원을 참배했을 때 주희의 시 구절을 쓴 것으로, 제자인 권상하權尙夏가 새긴 것으로 알려져 있다. 그 옆에는 '무우대 한수옹舞雩臺 寒水翁'이라는 바위 글씨가 있는데, 스승의 글씨를 새기고 그 옆에 권상하가 자신의 글씨도 새긴 것이다. 그 위 바위에 새겨진 '염락정파 수사진원 춘옹서濂洛正派 洙泗眞源 春翁書'는 송준길宋浚吉이 썼다. 여기서 조금 올라가면 있는 '광풍제월 천옹서光風霽月 泉翁書'는 이재李縡(1680~1746)가, '고산앙지高山仰止'는 김수증金壽增이 쓴 글씨이다. 이 글씨들은 모두 주희, 주돈이 등 성리학의 선현을 기리면서 이들을 우러러 사모한다는 뜻을 지니고 있어 주희로부터 이어진 도학의 정통이 조광조를 거쳐 해동에 전해지고 있음을 의미하는 것이라 하겠다. 이 외에도 많은 바위 글씨가 있으나 쓴 사람은 확인되지 않는다.

흥미로운 것은, 이곳이 이계구곡이나 조현명의 별서 등과 그리 멀지 않은, 바로 동쪽 옆 골짜기인데도 불구하고 소론계 인물의 글씨는 확인되지 않는다는 점이다. 이는 숙종 대에 송시열의 도봉서원 향사 여부를 둘러싸고 노론과 소론이 정치적으로 대립했기 때문일 수 있다. 송시열은 1696년(숙종 22) 도봉서원에 배향되었지만, 1723년(경종 3)에 출향되었다가 1725년(영조 1) 재배향되는 우여곡절을 겪었다. 이처럼 서인이라는 한 뿌리에서 출발한 노론과 소론의 분기를 이곳 도봉산 자락의 가깝지만 먼 두 공간에서 확인할 수 있다.

제5강

글 모르는 사람에게 알리노라, 이윤탁 한글 영비

이문건은 누구인가

이윤탁 한글 영비 해제

비석의 앞면, 비양

비석의 뒷면, 음지

비석의 동쪽 면, 불인갈

비석의 서쪽 면, 영비

《묵재일기》에 기록된 묘비 제작 과정

이윤탁 한글 영비의 의의 및 가치

제5강

글 모르는 사람에게 알리노라, 이윤탁 한글 영비

조은숙 고려대학교 국어국문학과 강사

이문건은 누구인가

이문건李文楗은 이윤탁 한글 영비의 비문을 지은 찬자撰者이자, 직접 글씨를 쓴 서가書家이며, 또한 영비靈碑에 직접 각자刻字를 새긴 사람이다. 본관은 성산星山이고, 자字는 자발子發, 호號는 묵재默齋 또는 휴수休叟이다. 1494년(성종 25) 아버지 이윤탁李允濯과 어머니 고령 신씨 사이에 3남 2녀 중 막내로 한양 주자동鑄字洞(지금의 중구 필동)에서 태어났다. 그는 연산군·중종·인종·명종대를 살았으며 경상북도 성주에서 23년간 유배살이를 하다가 끝내 귀양에서 풀려나지 못한 채 1567년(명종 22/선조 즉위년) 향년 74세로 생을 마쳤다.

이문건은 작은형 이충건과 함께 조광조趙光祖에게 학업을 사사師事하였다. 또 큰형 이홍건李弘楗과 같은 해(1513)에 20세의 나이로 사마시司馬試에 합격하였다. 그러나 1519년(중종 14) 기묘사화로 조광조가 화를 당했을 때 작은형 이충건은 조광조의 시신을 수습했다는 이유로 문초를 받고 유배를 가다가 청파역에서 사약을 받았고, 큰형 이홍건도 그해에 죽었다. 이문건은

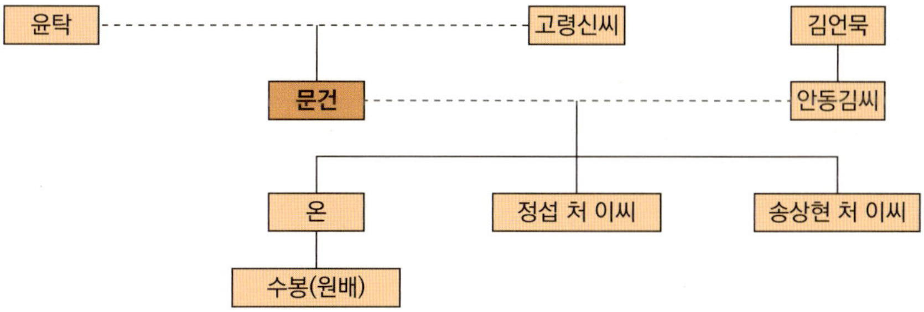

이문건 가계도

조광조에게 조상弔喪했다는 이유로 9년 동안 과거를 보지 못하는 정거停擧를 당했다가 1527년(중종 22) 사면되었는데, 바로 다음 해인 1528년 별시 문과에 급제하여 관료 생활을 시작하였다. 그는 임기 중 대부분 중앙 관직인 승문원 박사, 사간원 정언 등을 역임하였으며, 1535년 모친상을 당하자 관직을 떠나 장조카 이휘와 함께 노원에서 시묘살이를 했다. 이 시묘살이 중에 양주에 있는 아버지 묘를 이장하여 노원에 모신 어머니 묘와 합장하면서 세운 묘갈墓碣이 바로 이윤탁 한글 영비이다.

그는 탈상 후 1537년에 다시 사간원 정언을 제수받았고, 이후 사헌부 장령, 실록청 편수관, 승문원 판교, 빈전도감 낭관, 동부승지를 역임했다. 또한 홍문관 응교로 빈전도감 집례관이 되어 중종이 승하했을 때 명정銘旌·시책諡冊·신주神主를 모두 쓸 정도로 당대 최고의 명필이었다.

이문건은 35세에 과거에 합격한 이후 52세에 이르기까지 중앙 관직을 두루 역임할 정도로 승승장구했고, 인종의 세자 시절 스승이었으며, 인종의 왕비인 인성왕후는 처이모의 딸이었다. 정계에 임했을 때 김안로, 윤임과 교유했는데, 윤임은 중종의 제1계비인 장경왕후의 오빠이며, 인종의 외삼촌이었다. 당시 정계는 인종과 중종의 제2계비 문정왕후의 아들인 명종의 외척 간의 권력 다툼이 절정을 이루었다. 즉 인종의 외삼촌 윤임을 '대윤大

尹'이라 하고, 명종의 외삼촌 윤원형을 '소윤小尹'이라 하였는데, 이들의 권력 다툼이 매우 심했다. 그러나 인종이 31세에 갑작스러운 죽음을 맞이하자 명종이 12세의 어린 나이에 즉위하면서 소윤이 권력을 잡게 되었다. 이문건 집안은 대윤의 편에 있었는데, 소윤이 권력을 잡으면서 대윤이 화를 당한 을사사화에 연좌되어 가세가 크게 기울기 시작했다. 그는 52세 때부터 74세로 생을 마칠 때까지 23년 동안 성주에서 유배 생활을 했다.

이윤탁 한글 영비 해제

전통적으로 비碑는 돌에 문자를 새기고, 지면에 수직으로 세워놓은 석각石刻을 가리킨다. 이 비에 새긴 문장을 통틀어 비문碑文이라고 한다. 비는 일반적으로 특정한 인물, 사건, 장소 등을 기념하기 위해 제작된다. 따라서 비석에 새긴 글은 대개 기념하는 대상의 공功이나 덕德을 찬미하는 내용이 주를 이룬다. 묘비도 그런 목적과 형식에서 제작되었다. 묘비墓碑는 일반적으로 봉분 바로 앞에 세워진 비석을 일컫는다.

묘비는 크게 세 가지로 나누는데 비, 갈碣, 표表이다. 묘표墓表는 상하 귀천 구별 없이 신주 모양을 본떠 묘주墓主의 본관, 휘, 관직만 기록하는 단순한 형태이다. 묘갈은 비의 일종이지만 6품 이하의 하급 관리와 벼슬을 하지 않은 선비, 즉 사인士人 계급 등의 묘 앞에 세운 비를 말한다. 묘비는 신도비神道碑라 하여 2품 이상의 관직 또는 공신들의 묘 앞에 세운 비를 말한다. 일반적으로 묘비는 앞면에 '모모지묘某某之墓', 즉 '아무개의 무덤'이라는 묘주를 표시하고, 뒷면에 묘주의 가계 및 행장과 고인의 가족들에 대한 인적 사항이 간략히 서술되고, 마지막에 명銘이라 하여 고인의 인품과 덕행에 대한 찬송을 운문체로 지어 기록된다.

이윤탁 한글 영비에서 유래한 노원구 도로명

이윤탁 한글 영비는 이문건이 태릉에 있던 부친 이윤탁의 묘를 이장하여 노원에 위치한 모친 고령 신씨의 묘와 합장하면서 그 묘 앞에 세운 묘갈이다. 이 비는 당초 '한글 고비古碑'로 명명돼 1974년 1월 15일 서울특별시 유형문화재 제27호에 지정되었다가 2007년 9월 18일 국가지정문화재 보물 제1524호로 승격되었고, 비의 정식 명칭도 '이윤탁 한글 영비'로 변경되었다.

이윤탁 한글 영비는 일반적으로 앞면과 뒷면으로 구성된 묘비문墓碑文과 달리 동·서의 양 측면에도 글을 덧붙인 추기문追記文으로 이루어져 있다. 비석 네 면에 모두 글을 새긴 점이 특히 주목할 만하다. 그 네 면에 각각 새겨진 내용을 살펴보면 비석에 담긴 의미를 좀 더 알 수 있을 것이다.

비석의 앞면, 비양

봉분을 기준으로 묘갈문의 앞면은 '비양碑陽'이라 하여 무덤의 주인을 표시하는 묘표로 문패 역할을 한다. 비석을 세우는 목적은 무덤의 주인이 누구인지를 밝힘으로써 후손들이 다른 묘소와 구별하고 누구의 무덤인지 알리는 표지 역할, 즉 일종의 '묘소용 명찰'이라 볼 수 있다.

이윤탁 한글 영비의 앞면은 총 23자字이다. 묘지의 주인공은 이윤탁과 그의 부인 고령 신씨이다. 이윤탁은 승문원 말단직인 부정자副正字, 즉 종9품 벼슬로 사대교린에 관한 외교 문서를 맡아보는 일에 임했다. 맨 앞에 적은 권지權知란 문과에 급제한 자에게 바로 정식 벼슬을 주지 않고 교서관, 성균관, 승문원 등에 나누어 실무를 익히도록 한, 즉 과거 급제 후 일종의

安人申氏籍高靈

合葬之墓

權知承文院正字李公諱允濯

이윤탁 한글 영비 앞면

수습 기간의 관리를 의미한다. 권지 이윤탁은 과거 급제 후 승문원에 임시 배속되어 수습 기간 중에 세상을 떴다. 즉 이문건의 부친은 40세가 되던 해인 1501년(연산군 7) 봄에 문과에 급제했고, 그해 12월 26일에 별세했다.

안인安人은 이윤탁의 벼슬 품계에 따라 정실부인인 고령 신씨에게 내린 외명부의 품계에 해당한다. 외명부의 품계는 일반 문무관의 아내에게 내리는 것으로, 정경부인貞敬夫人(정·종1품), 정부인貞夫人(정·종2품), 숙부인淑夫人(정3품 당상관), 숙인淑人(정·종3품 당하관), 영인令人(정·종4품), 공인恭人(정·종5품), 의인宜人(정·종6품), 안인安人(정·종7품), 단인端人(정·종8품), 유인孺人(정·종9품)으로 서열이 정해져 있다.

앞에서 이윤탁의 벼슬은 승문원 부정자로 종9품이라고 했다. 그러면 그의 부인 신씨는 품계가 안인이 아니라 유인으로 해야 맞지 않을까? 그렇지 않다. 이윤탁은 벼슬이 비록 부정자이지만 권지, 즉 문과 급제자였다. 그가 맡은 직무는 종9품에 해당하나 그의 품계는 계공랑啟功郎 종7품이었다. 따라서 그의 부인 신씨는 종7품에 해당하는 안인이 합당한 품계이다.

비석의 뒷면, 음지

이윤탁 한글 영비 뒷면은 '고비묘갈음지考妣墓碣陰誌'라는 표제가 적혀 있다. 묘갈이라고 한 이유는 이윤탁의 관직이 계공랑으로 종7품이기 때문이다. 표제를 제외하고 1행에 38자로 총 19행이 줄 맞추어 새겨져 있다. 행과 줄을 곱하면 총 722자의 글씨가 채워져 있어야 하지만, 여백 부분(□, 15회)과 앞의 단어 동일 반복 표시(⸗, 2회)를 제외하면 실제 글자는 총 705자이다. 비석의 박락剝落이 심각할 정도여서 봉분 서쪽에 영비각靈碑閣을 세워 그 안에 보존하고 있다. 현재 글자 마모가 심해 상행 부분은 육안으로 판별이 쉽

이윤탁 한글 영비 뒷면

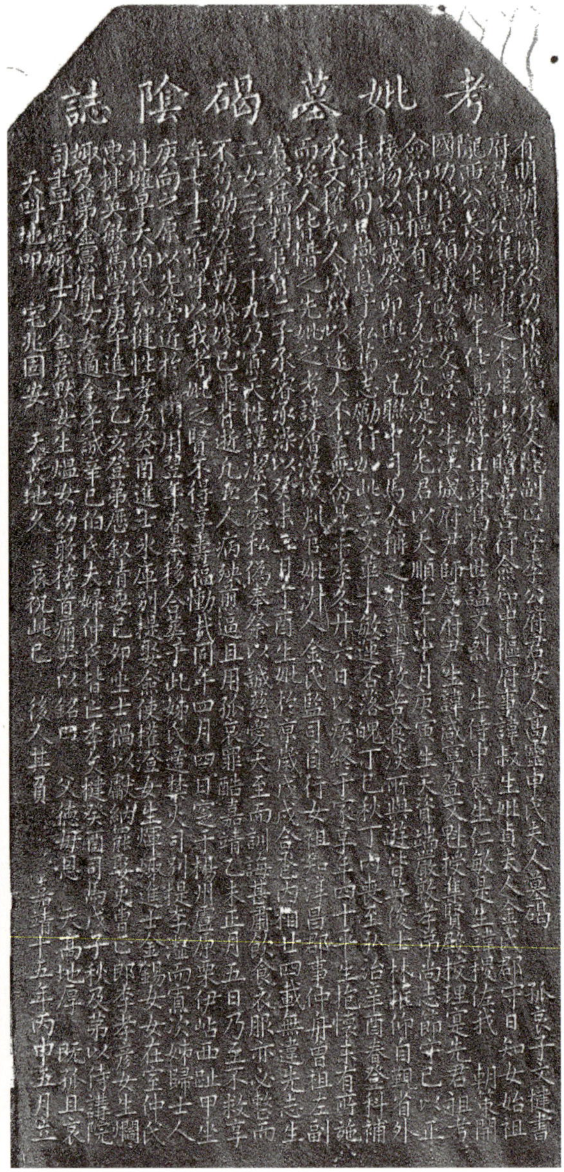

이윤탁 한글 영비 뒷면 탁본

考妣墓碣陰誌

(1) 有明朝鮮國啟功郎權知承文院副正字李公府君安人高靈申氏夫人墓碣□□孤哀子文楗書

(2) 府君諱允濯字濯之本星山考贈嘉善行僉知中樞府事諱叔生妣貞夫人金氏郡守日知女始祖

(3) 隴西公長庚生兆年任高麗好直諫鳴於世謚文烈∶生侍中褒生仁敏是生諱稷佐我□朝策開

(4) 國功官至領議政謚文景∶生漢城府尹師厚府尹生諱咸寧登文魁授集賢殿校理寔先君祖考

(5) 僉知中樞有三子允浣允湜次先君以天順壬午十月庚寅生天資端嚴敢孝弟尙志節守己以正

(6) 接物以誼歲癸卯與二兄聯中司馬人稱之好讀書攻苦食淡所與遊皆英俊士林推仰自觀省外

(7) 未嘗旬日燕息于私篤志勵行如此云文華才敏運否落魄丁巳秋丁內喪至弘治辛酉春登科補

(8) 承文權知人咸期以遠大不幸無命是年季冬廿六日以疾終于家享年四十平生抱懷未有所施

(9) 而歿人皆惜之先妣之考諱澮漢城判官妣淑人金氏監司自行女祖知淳昌郡事仲舟曾祖左副

(10) 賓客檣判官有二子承濬承澡以癸未三月丁酉生妣於京歲戊戌合巹內相廿四載無違先志生

(11) 二女三子三十九乃寡天性謹潔不容私僞奉祭以誠慈愛天至而訓誨甚肅飮食衣服亦必整而

(12) 不苟劬勞辛勤婚嫁已畢背逝凡五人病殃煎逼且用孤哀罪酷嘉靖乙未正月五日乃至不救享

(13) 年七十三嗚呼以我考妣之賢不得享壽福慟哉同年四月四日窆于楊州盧原栗伊岾西趾甲坐

(14) 庚向之原以先塋近於□國用翌年春奉移合葬于此妹氏適禁火司別提李瀣而寡次娣歸士人

(15) 朴壅早夭伯氏弘楗性孝友癸酉進士永庫別提娶僉使權澄女生輝娶進士金錫女女在室仲氏

(16) 忠楗英敏篤學庚午進士乙亥登第歷敘淸要己卯坐士禍以厭納羅娶吏曹正郎李孝彥女生爓

(17) 娶及第金獻胤女女適金孝誠辛巳伯氏夫婦仲氏皆亡李文楗癸酉司馬戊子秋及第以侍講院

(18) 司書丁憂娶士人金彥黙女生熅女幼敢稽首痛哭以銘曰□父德母恩□天高地厚□旣孤且哀

(19) □天呌地叩□宅兆固安□天長地久□哀祝此已□候人其負□□□嘉靖十五年丙申五月立

(□ 여백 부분 / ∶ 앞의 단어 반복 표시)

지 않으나, 행의 끝부분은 대부분 글자가 뚜렷하다.

다음은 국립문화재연구원이 소장한 탁본과 이문건의 13세손 이홍순李弘淳이 정리하여 그 아들 이상형李相衡이 엮은 《묵재집默齋集》에 수록된 내용을 참조하여 그 전문을 정리했다. 본문은 이윤탁의 가계 및 행장으로 된 산문과 그의 아들 이문건이 부모의 덕행을 찬미하고 살아남은 자의 슬픔을 표현한 운문체의 명銘으로 구성되어 있다. 필자가 뒷면의 각 행에 임의로 번호를 매겨 그 내용을 분석했다.

먼저 (1)~(2)는 묘주인 이윤탁과 그의 부인 고령 신씨의 기본적인 인적 사항을 언급하고, 아들 문건이 지었음을 밝혔다.

> 이 비는 명나라 조선국의 계공랑 권지 승문원 부정자를 지낸 이공 부군과 안인 고령 신씨 부인의 묘갈로 그 아들 문건이 썼다. 돌아가신 아버지의 휘諱는 윤탁이고, 자字는 탁지, 본관은 성산이다. 이윤탁의 아버지는 증직 가선대부 첨지중추부사이고, 휘는 숙생叔生이며, 그 부인은 정부인貞夫人 김씨로 군수를 지낸 일지의 따님이다.

(3)~(5)는 이윤탁 가계家系를 기술한 부분이다.

> 시조始祖는 고려 말 농서공隴西公, 휘는 장경長庚이다. 공의 아들은 다섯으로 백년, 천년, 만년, 억년, 조년이다. 막내아들 이조년李兆年은 고려의 유명한 문신이며, 학자이자 시인이었다. 시호는 문열文烈이다. 문열공이 검교시중을 역임한 포褒를 낳고, 포가 인민仁敏을 낳고, 인민이 직稷을 낳았다. 직은 조선조 개국공신에 책봉되고 영의정 벼슬에 이르렀으며, 시호는 문경文景이다. 문경공이 한성 부윤 사후師厚를 낳고, 사후는 함녕咸寧을 낳았다. 함녕은 문과에 급제하여 집현전 교리를 역임했는데, 바로 이윤탁의 할아버지이다. 함녕이 첨지인 숙생을 낳았다.

첨지중추부사 숙생은 아들 셋을 두었는데, 윤완允浣, 윤식允湜, 윤탁允濯이다.

이를 통해 이문건의 가계가 고려 말 조선 초의 벌열가閥閱家였고, 소위 사대부 명문 집안이었음을 알 수 있다.

(5)~(9)는 이윤탁의 생애를 기술한 부분이다.

이윤탁은 1462년(세조 8) 10월 경인庚寅일에 태어났다. 공은 천품이 단정하고 엄격했다. 부모에 대한 효도와 형제자매의 우애가 깊었다. 지조와 절개를 숭상했고, 바른 것으로 자기를 지키는 데 마음을 다했다. 사물에 접해서는 마땅함으로써 처리했다. 공이 22세 되던 1483년(성종 14)에 두 형과 나란히 사마시에 합격하니 세상 사람들이 칭송했다. 공은 글 읽기를 좋아했으며, 가난에 굴하지 않고 학문에 정진했다. 교유하는 이들이 모두 뛰어난 인물들로 사림士林의 추앙을 받았다. 부모님께 문안드리는 일 외에 몸이 불편해도 관에 등청하지 않고 쉬는 날이 열흘이 안 될 정도로 성실했다. 매사에 실천함이 이와 같았다. 공은 문재가 뛰어났고, 재주가 영민하여 가운이 불행하거나 쇠락하지 않았다. 1497년(연산군 3) 가을에 모친상을 당했다. 공은 1501년(연산군 7) 봄에 문과에 급제하여 승문원 권지가 되어 세상 사람들이 장래 큰 인물이 되리라 기대했다. 그러나 불행히도 운이 없어 문과 급제한 그해 겨울 12월 26일 병환으로 집에서 삶을 마감했다. 향년 40세에 품은 뜻을 펼치지도 못하고 돌아가시니 세상 사람들이 모두 안타까워했다.

(9)~(13)은 이윤탁의 부인 고령 신씨의 생애를 기술한 부분이다.

돌아가신 어머니先妣의 아버지는 휘가 회澮이고 한성 판관을 지냈다. 어머니는 숙인 김씨로 감사를 지낸 자행自行의 딸이다. 그 조부의 휘는 중주仲舟이고, 순창 군사를 지냈다. 중주는 신숙주申叔舟의 둘째 형이다. 증조부는 좌부빈

객을 지낸 장檣이다. 판관공은 두 아들 승준承濬과 승조承澡를 낳았고, 1463년(세조 9) 3월 정유丁酉일에 서울에서 고령 신씨를 낳았다. 고령 신씨는 16세 되던 해인 1478년(성종 9)에 이윤탁과 결혼하여 24년 동안 한결같이 웃어른의 뜻을 거스르지 않았으며, 3남 2녀를 낳았다. 어머니는 39세에 남편을 여의어 홀몸이 되었다. 천성이 부지런하고 고결하였으며, 추호도 거짓을 용납하지 않았다. 조상의 봉제사를 정성껏 모셨고, 자녀에게 자애로움이 극진했다. 그러나 자녀가 잘못을 범하면 엄하게 가르치셨고, 음식과 의복의 범절이 예를 다하여 정돈되었다. 홀몸으로 온갖 고난을 겪어내며 다섯 자녀를 모두 혼인시켰다. "나(문건)의 죄가 너무 크다. 어머니의 병환이 깊어 제대로 손도 못 썼다. 어머니는 향년 73세, 1535년(중종 30) 정월 5일에 돌아가셨다." 이문건의 어머니 고령 신씨 역시 명문가 집안의 따님이다.

(13)~(14)는 이윤탁과 고령 신씨를 합장하게 된 이유를 서술한 부분이다.

아! 나의 부모님이 어진 덕으로도 수복壽福을 다 누리지 못함이 애통하고 슬프다. 같은 해(1535) 4월 4일 양주楊州 노원蘆原 율이점栗伊岾에 어머니 묘를 정했다. 그런데 먼저 돌아가신 부친(이윤탁)의 묘소가 있던 양주 영동瑩洞이 왕실의 묘(태릉)로 수용되어 부득이 1536년(중종 31) 봄에 어머니 묘가 있는 이곳 노원으로 아버지 묘를 이장하여 합장하게 되었다.

(14)~(18)은 이윤탁의 자녀에 대한 서술 부분인데, 묘갈을 직접 새긴 막내아들 이문건의 입장에서 적은 것이다.

큰 누님은 수성금화사修城禁火司 별제別提 이해李瀣에게 시집을 갔으나 홀몸이 되었다. 둘째 누님은 귀사歸士 박옹朴壅에게 시집갔으나 일찍 죽었다. 큰형 홍건弘楗

은 성품이 어질고 효성스러웠다. 1513년(중종 8) 진사進士가 되고 빙고별제氷庫別提를 지냈다. 홍건은 첨사 권징權澄의 딸과 결혼하여 휘煇를 낳았다. 휘는 진사 김석金錫의 딸과 결혼하여 딸을 낳았는데, 아직 출가하지 않았다. 작은형 충건忠楗은 재주가 영특하고 민첩했으며 학문에 독실했다. 충건은 1510년에 진사가 되고 1515년에 문과에 급제하여 청백리 요직에 임했으나, 1519년 기묘사화 때 파직되고, 그 여파로 화를 입었다. 충건은 이조정랑吏曹正郞 이효언李孝彦의 딸과 결혼하여 염爓을 낳았다. 염은 과거 급제한 김헌윤金獻允의 딸과 결혼하여 딸을 얻었다. 그 딸은 김효성金孝誠과 결혼했다. 신사무옥辛巳誣獄에 큰형 부부와 작은형 충건이 모두 죽었다. 셋째인 문건文楗은 1513년에 사마시에 합격하고 1528년 가을에 문과 급제했다. 시강원侍講院 사서司書로 재직하던 중에 모친상을 당했다. 문건은 사인士人 김언묵金彦黙의 딸과 결혼하여 딸과 아들 온熅을 낳았다. 딸은 아직 어리다. 감히 머리를 조아리며 통곡하고 명銘을 짓는다.

(18)~(19)는 명銘 또는 명사銘辭라고도 하는데, 고인의 행적을 찬미하는 4언으로 된 운문체의 문장이다. 즉 명은 고인의 인품과 덕행에 대한 찬송에 해당하는 부분이다.

父德母恩	아버님의 크신 덕 어머님의 은혜
天高地厚	하늘보다 높고 땅보다 두텁도다
旣孤且哀	아버님을 잃고 또 어머님을 여의었으니
天呌地叩	하늘에 울부짖고 땅을 치며 통곡하노라
宅兆固安	이곳 묘지의 굳고 평안함
天長地久	하늘같이 끝없고 땅같이 영원하리라
哀祝此已	애달프게 축원하는 이 마음을
俟人其負	후세인들 어찌 저버리리오

유교 경전《예기禮記》에 명銘을 짓는 목적은 좋은 것을 언급하고 나쁜 것을 피하는 것이라고 했다. 부모의 안색을 살펴 몸과 마음을 편하게 봉양하는 것이 살아 생전의 효도라면, 명을 지어 부모의 공덕을 기리는 것은 돌아가신 부모에 대한 효도인 것이다. 또한 선조先祖가 지녔던 좋은 덕행, 찬란한 업적과 공훈, 가계, 상, 명성 등을 천하에 보이는 것, 즉 조상을 널리 드러내는 것이야말로 숭고한 효도라고 여겼다. 이문건이 묘갈문을 직접 짓고, 그것을 돌에 직접 새겨 비를 세운 일은 그의 효성이 지극했음을 보여주는 잣대라 할 수 있겠다.

비석의 동쪽 면, 불인갈

이윤탁 한글 영비의 동쪽 측면의 표제는 '불인갈不忍碣'이다. '불인不忍'은 《맹자》〈공손추장구〉 상上에 나오는 말로 '인개유불인인지심人皆有不忍人之心', 즉 "사람들은 모두 타인에게 차마 하지 못하는 마음을 갖고 있다."에서 온 '불인인지심不忍人之心'의 준말이다. '불인갈'은 묘비를 새기며 다시 한번 후세 사람이 혹시라도 이 비석과 묘를 해칠까 염려하여 차마 인간이라면 하지 못하는 마음에 간곡히 호소하는 문장을 덧붙인 글이라 할 수 있다. 그 내용은 다음과 같다.

> 부모님을 위하여 이 비석을 세운다. 누군들 부모 없는 사람이 있어서 차마 이 비석을 훼손할 수 있으리오. 이 비석을 훼손하지 않는다면 묘지 또한 능멸을 당하지 않을 것이 명백하도다. 만세를 지나도 그 화를 면하리라는 것을 알 수 있다.

不忍碣

爲父母立此誰無父母何忍毁之石不忍犯則墓不忍淩明矣萬世之下可知免夫

이윤탁 한글 영비 동쪽 면

유교의 핵심 윤리는 효 사상이다. 살아 계신 부모에 대한 봉양뿐만 아니라 돌아가신 부모에게 마찬가지로 효도를 다하는 것이야말로 자손 된 올바른 도리로 여겼다. 그래서 우리 조상들은 무덤의 조성을 중요하게 생각했다. 자손이 조상의 무덤을 관리하고 잘 보존하는 것, 돌아가신 분의 공덕을 기억하고 이를 후손에게 길이 전하기 위해 애쓰는 노력을 효도의 기본 덕목으로 삼았다. 따라서 자손으로서 돌아가신 부모님을 추모하고 그 공덕을 기리기 위해 묘비를 세우고 그 덕행을 구체적으로 기록하여 후손에게 전하는 것은 효도의 구체적인 행위에 해당한다. 이문건이 '불인갈'을 새긴 것은 부모의 무덤이 잊히지 않고 후손들에 의해 지속적인 관리가 이루어지길 바라는 살아남은 자식으로서 간절한 심정인 것이다.

비석의 서쪽 면, 영비

이윤탁 한글 영비 서쪽 면

靈碑

녕ᄒᆞᆫ비라거운사ᄅᆞᄆᆞᆫᄌᆡ화ᄅᆞᆯ니브리라

이ᄂᆞᆫ글모ᄅᆞᄂᆞᆫ사ᄅᆞᆷᄃᆞ려알위노라

앞에서 언급한바 이 비석은 처음엔 '한글 고비'로 명명돼 1974년 1월 15일 서울특별시 유형문화재 제27호에 지정되었다가 2007년 9월 18일 국가지정문화재 보물 제1524호로 승격되었고, 비의 정식 명칭도 '이윤탁 한글 영비'로 변경되었다.

이윤탁 한글 영비
서쪽 면 탁본

이윤탁 한글 영비가 국가지정문화유산인 보물로 승격된 가장 큰 이유가 바로 비석에 적힌 한글 때문이다. 훈민정음 창제(1443) 이후 90여 년이 흐른 뒤 1536년 사대부의 묘갈에 새긴 한글 영비는 16세기 우리말 쓰임의 실체를 알 수 있는 실증적 자료로서 국문학사적 가치가 높이 평가되어 문화유산으로 지정되었다. 묘비 건립은 조선시대의 유교 사상이 반영된 사대부 집안의 죽음에 임하는 일종의 문화 현상이라 할 수 있다. 조선시대 묘비문 짓기는 중국 후한後漢에서 유래한 것으로 한문으로만 작성되었다. 당시 한글 묘비문을 찾아볼 수 없는 이유이다.

이윤탁 한글 영비의 서쪽 면에 한자로 '영비靈碑'라는 두 자가 새겨져 있고, 한글로 두 줄짜리 글귀 30자가 새겨져 있다. "신령스러운 비이니 거스르는 사람은 재화를 입을 것이다. 이는 글 모르는 사람에게 알리노라."라고 비석에 새김으로써 당시 한자를 읽지 못하는 많은 일반 백성들에게 무덤 및 비석의 훼손을 경계하고 있다. 이를 통해 훈민정음 창제 후 90여 년 동안 일반 백성들에게 한글이 생활 속으로 깊숙이 들어왔음을 확인할 수 있다.

《묵재일기》에 기록된 묘비 제작 과정

《묵재일기》는 이문건의 친필 필사본으로 전하는 유일본이다. 이문건은

13세부터 74세로 작고할 때까지 30여 책을 일기로 묶어 엮었는데, 전승 과정에서 일부가 소실되어 현재는 10책이 전해진다.

《묵재일기》는 이문건이 42세인 1535년(중종 30) 11월 1일부터 시작하여 74세로 죽기 한 달 전인 1567년(명종 22) 2월 16일까지 총 17년 8개월 분량이다. 기간으로 따지면 1535~1567년까지 33년이지만 중간에 11년이 결락되어 실제는 약 20여 년간의 일기가 남아 있다. 현재 《묵재일기》 원본은 성주 이씨 가문에서 개인이 소장하고 있다. 앞선 연구에 따르면 "자손들의 말에 의하면 이문건은 13세부터 74세에 작고할 때까지 일기를 썼으며, 친필 일기가 현재까지 종손에게 대대로 전해져왔으며, 현재도 30책이 남아 있다."라고 했다. 그러나 2023년 성주 이씨 가문이 소장하고 있는 이문건 친필본은 국사편찬위원회가 소장하고 있는 영인본과 마찬가지로 10책만 전해진다. 《묵재일기》는 1998년 국사편찬위원회에서 공간되었다.

《묵재일기》 1535년(중종 30) 11월 27일, 이문건은 "묘갈 위에 몇 글자를 새겼더니 왼쪽 허벅지에 더욱 한기를 느낀다."라고 토로하고 있다. 겨울 초입에 그는 어머니 묘지 앞에 여묘살이를 하면서 묘갈에 글자 새기는 일을 시작했다. 일기에는 49일이 기록되었다. 1536년 4월 16일 "비갈을 다 새겼다."라고 종료 시점을 분명히 밝혔다. 기간으로 따지면 1535년 11월부터 시작하여 1536년 4월 16일 끝났다고 하니, 이 묘비문을 새기는 데 무려 5~6개월이 소요된 것이다.

그는 비석을 새기는 것으로 끝나지 않고 5월 4일 비석을 세우기 전까지 비갈의 뒷면에 새긴 글을 씻고 다듬어 2~3일에 한 번씩 탁본을 했다. 완성된 묘갈문은 몇몇 인척 및 동료들이 탁본을 해서 가지고 갔다. 당시 묘갈에 새긴 음기는 문인들이 탁본하여 서로 돌려가며 소장하고 개인 학습용으로 삼았음을 알 수 있다.

요컨대 이윤탁 한글 영비는 돌에 새긴 묘비문 가운데 찬자撰者, 서가書家,

각자刻字에 대한 기록이 남아 있는 유일무이한 국가지정문화유산 보물이라 할 수 있다.

이윤탁 한글 영비의 의의 및 가치

돌에 새긴 글이 영원을 보장해줄 것이라는 인간의 욕망은 이윤탁 한글 영비에도 그대로 반영되어 있다. 이 비를 세운 이문건의 목적은 명백하다. 죽음을 바라보는 산 자의 욕망은 영원히 기억되고 싶은 것이다. 부모님의 인품과 덕행을 추모하고 그 가계를 기술함으로써 자신의 뿌리와 정체성을 확인하는 일이다. 또한 후손으로서 선조의 빛나는 업적을 세상에 알림으로써 고인이 영원히 칭송되기를 간절히 바라는 것이다. 그가 명을 지어 고인의 공덕을 기리고 살아 있는 존재로 애도의 마음을 드러내는 것은 죽은 부모에게 효도를 다하려는 마음의 표현이다.

이윤탁, 고령 신씨 합장 묘역

會朱辟立

제6강

바위에 새긴 선비 정신, 증주벽립

증자와 주자가 우뚝 서 있다

동방의 주자, 송시열

혼란의 시대, 의리를 내세우다

중화와 오랑캐 그리고 조선

바위에 새겨진 송시열의 시대정신

제6강

바위에 새긴 선비 정신, 증주벽립

나종현 서울대학교 BK조교수

증자와 주자가 우뚝 서 있다

서울 종로구 명륜1가, 조선시대 성균관이 자리 잡고 있었던 산자락에는 현재 주택가가 들어서 있다. 이 주택가의 현재 모습을 통해 조선시대의 정취를 떠올리기란 그리 쉽지 않다. 세월의 변화와 시대적 발전 속에서 역사의 풍경이 바뀌고 사라지는 것은 흔한 일이다. 그런데 이곳의 골목을 거닐다 보면 주택들 한가운데에 조그마한 절벽과도 같은 바위가 마치 주택의 담장처럼 남아 있는 것이 눈에 띈다. 게다가 이 바위에는 '증주벽립曾朱壁立' 이라는 네 글자의 한자가 새겨져 있어, 21세기 서울의 치열한 삶의 현장 속에서 실로 이채로운 모습을 자아낸다.

'증주벽립'이란 '증자와 주자가 벽처럼 우뚝 서 있다.'는 의미이다. 이곳은 조선 후기를 대표하는 학자이자 정치가인 우암 송시열이 거주했던 곳으로, 그가 근처 바위 절벽에 '증주벽립' 네 글자를 새겨 넣었다고 전해진다. 송시열이 증자와 주자라는 인물을 마음 깊이 존경하였기 때문에 그들을 하

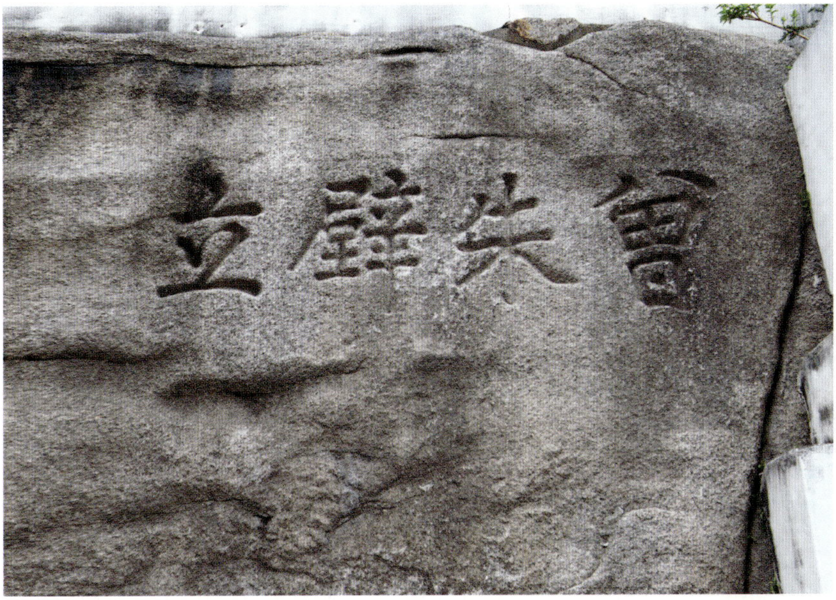

증주벽립 바위 글씨

나의 사표로 삼겠다는 마음을 담아 바위 절벽에 새겼던 것인 듯하다. 그런데 왜 하필 증자와 주자일까? 증자와 주자의 삶과 학문이 상징하는 바가 마치 우뚝 솟은 절벽과도 같은 면이 있었기에, 송시열은 이 글씨를 새긴 바위를 바라보며 이들이 절벽처럼 서 있는 모습을 연상하고 자신의 마음을 항상 가다듬었을 것이다.

증자는 공자의 제자 중 한 명으로, 이름은 삼參이다. 공자는 유학의 창시자로 꼽히는 인물로서, 동아시아의 정치·사상·문화 전반에 매우 큰 영향을 준 위대한 사상가이다. 그의 제자는 한때 3,000명에 이르렀다고 하며, 이름이 전하는 제자만 해도 70여 명에 이른다. 이렇게 많은 제자들 중에서 증자는 크게 눈에 띄지 않는 다소 평범한 축에 속했던 것 같다. 공자는 그를 '노둔하다'고 평가하기도 하였다. 그러나 후대 학자들에게 증자는 공자·안연·자사·맹자와 함께 다섯 명의 성인聖人으로까지 추앙되었다. 그 이유는 바로 증자가 공자의 도道가 끊이지 않고 계승될 수 있도록 하는 데 큰 공을 세웠기 때문이다. 그는 끊임없는 실천을 바탕으로 공자의 학문을 후대에 전해주었다. 증자는 공자의 손자인 자사에게 가르침을 주었고, 자사는 다시 맹자에게 공자의 학문을 전수하였다. 이와 같이 증자를 통해 공자의 도가 후대로 끊임없이 이어질 수 있었기에 그는 종성宗聖이라는 칭호를 얻기도 하였다. 특히 그의 학문적 태도와 역할은 절벽이 우뚝 솟은 모습에 비견되어, 1,500년 뒤의 학자인 주희는 증자의 학문을 "만 길 되는 높은 절벽처럼 우뚝했다[壁立萬仞]"라고 칭송하였다.

주자는 바로 증자를 절벽에 비유한 남송 대의 학자 주희朱熹이다. 주희는 성리학의 집대성자로 꼽히는 인물로, 동아시아 사상 전반에 지대한 영향을 주었다. 특히 조선은 주희의 학문에 입각하여 국가 제도를 기획하고 운영한 성리학 국가였다. 그러한 점에서 주희란 인물은 특히 조선시대에 많은 학자들의 추앙을 받았다. 주희는 유학의 진정한 도道가 맹자 이후에 끊겼다고 주장하며, 개인의 수양을 통한 도덕성의 회복과 사회적 실천을 강조하였다. 정치적으로도 권신權臣을 비판하고 '도학道學'을 추구하여 조정으로부터 탄핵당하기도 하였다. 그는 또한 여진족이 세운 금나라에 수도 개봉을 빼앗기고 황제 두 명이 사로잡힌 후 양자강 남쪽으로 밀려온 남송 왕조를 지탱했던 시대정신을 제시하기도 하였다. 주희 역시 정치·사상적으로 유학의 도를 지키기 위해 평생을 바쳐 헌신한 인물이었던 것이다. 주희는 조정으로부터 '위학僞學', 즉 거짓된 학문을 일삼는다고 탄핵을 당하자, 오히려 보란 듯이 후학을 양성하며 도학을 전파하는 데 매진하였다. 그러자 주변에서는 큰 화가 미칠 것을 우려하여 주희를 만류하였다고 한다. 그럼에도 불구하고 주희는 "내가 저 만 길 되는 높은 절벽처럼 꿋꿋하게 버틴다면 어찌 우리의 도를 밝히는 데에 도움이 되지 않겠는가?[然得某壁立萬仞, 豈不益爲吾道之光]"라고 반문하였다고 전해진다. 유학의 도를 후대에 전수한 증자를 칭송하였던 '만 길 되는 절벽'이라는 표현을 사용하여, 유학의 도를 지키고자 하는 자신의 마음을 드러내었던 것이다.

'만 길 되는 절벽'은 위기에 처한 유학의 도를 지켜내고 전수하였던 증자와 주자의 학문적 공적을 상징하는 표현이었다. 송시열은 절벽과 같이 우뚝 서서 유학의 도를 지탱하였던 증자와 주자의 공적을 높게 평가하면서, 이를 잘 나타내는 '증주벽립'이라는 문구를 자기가 거주하는 곳 근처의 바위 절벽에 새겼다. 송시열은 자신이 살고 있던 17세기 조선에서도 증자와 주자의 시대처럼 유학의 도가 위기에 처해 있다고 인식하였다. 위기의 시대에 증자와 주자의 학문을 하나의 사표로 삼겠다는 송시열의 시대정신이 바로 이 바위 절벽의 글귀에 잘 드러나 있는 것이다.

동방의 주자, 송시열

송시열은 조선 후기의 정치가이자 학자로, 생전에도 정치적 소용돌이의 한가운데 있었고 그에 따라 후대의 역사적 평가도 크게 엇갈리는 인물이다. 가장 극단적인 평가는 당쟁을 일삼으며 시대착오적인 사상을 바탕으로 조선의 망국을 앞당긴 사람으로 비판하기도 한다. 그러나 다음과 같은 조선시대 사람의 평가를 고려하면, 송시열의 사상을 단순히 시대착오적이라고 폄하하기에는 어려운 부분이 있다.

송시열 초상

> 조선에 우암 송 선생이 나와서 인륜이 밝아지고 천리가 바로 서게 되었다. 지킨 것은 주자의 대의大義였고 말한 것은 주자의 대도大道였다. 이는 주자가 돌아가신 뒤에 주자가 다

시 나온 것이다.

이 글에서는 송시열을 주자에 비견하며 높이 평가하고 있다. 앞서 살펴본 바와 같이, 주자는 성리학의 집대성자로서 위기에 처한 남송 왕조를 이념적으로 지탱했던 인물이다. 송시열에 대해 주자가 동쪽에 다시 태어난 인물이라고까지 평가하였다는 것은, 송시열이 아니었다면 조선이 무너질 수도 있었다는 엄청난 찬사에 가깝다. 특히 조선의 건국과 운영 이념이 성리학에 근간을 두었다는 점을 고려하면, 송시열을 주희에 비견한 것은 매우 큰 의미가 있다. 유학의 도에 근거하여 건국된 조선이 17세기 들어 위기에 처하였는데, 이를 구해낸 인물이 바로 송시열이었다는 것이다. 그러므로 송시열의 공적은 주희에 비견될 수 있다고 높이 평가하며 찬사를 아끼지 않았다.

송시열을 이렇듯 높게 평가한 사람은 과연 누구일까? 바로 조선 후기의 개혁을 이끌었던 명군名君 정조였다. 정조는《양현전심록兩賢傳心錄》서문에서 송시열에게 위와 같은 찬사를 바쳤다. 애초에 정조가《양현전심록》을 편찬하도록 한 것도 바로 송시열의 학술적·정치적 업적이 성리학의 집대성자 주자에 비교된다고 극찬하며, 두 학자의 사상을 함께 살펴볼 필요가 있다고 생각했기 때문이다. 그리고 이 책에 정조 스스로 서문을 써서 송시열을 동방의 주자로까지 추앙하였던 것이다.

《양현전심록》

정조가 조선 후기를 대표하는 뛰어난 군주로서 신해통공辛亥通共, 서얼허통庶孼許通 등 다양한 개혁 정책을 펼쳤다는 것은 널리 알려진 사실이다. 개혁 군주 정조가 송시열의 사상을 공공연히 흠모하였다는 사실은, 송시열을 단순히 당쟁과 시대착오적 사상의 주창자라고만 비판하기에는 적절치 않은 면이 있다는 점을 잘 보여준다. 송시열의 삶과 시대정신을 더욱 자세히 살펴보고, 당시 상황을 고려하여 평가할 필요가 있다는 것이다.

혼란의 시대, 의리를 내세우다

송시열은 1607년(선조 40) 충청북도 옥천 구룡촌의 외가에서 출생하였다. 그의 부친은 송갑조이고, 모친은 곽자방의 딸이다. 송시열이 태어났을 때, 송갑조는 공자가 여러 제자들을 거느리고 방문하는 꿈을 꾸었다고 한다. 이에 송시열의 어릴 적 이름을 '성인께서 내려주신 아이'라는 의미로 성뢰聖賚라고 지었다는 이야기가 전해진다.

송시열이 태어난 17세기 조선은 여러 면에서 매우 혼란스러운 시기를 보내고 있었다. 1592년 일본의 침공으로 발발한 임진왜란이 7년 동안이나 지속되어 조선 사회는 큰 피해를 입었다. 전란으로 인해 많은 사람이 세상을 떠나고 전국의 농토 또한 황폐해졌다. 조선을 둘러싼 국제 정세 또한 불안하기 그지없었다. 왜란 후 일본에서는 도쿠가와 이에야스가 정권을 잡으면서 조선과의 관계가 비교적 안정되었다. 그러나 조선과 명이 쇠약해진 틈을 타 북쪽의 여진족이 누르하치의 지도하에 급성장하여 후금을 건국한 뒤, 명과 후금이 대립하는 불안한 국제 정세가 계속되었다. 국내외 모든 면에서 조선의 대응이 매우 중요한 시기였던 것이다.

1608년 왕위에 오른 광해군은 외교적으로는 명과 후금 사이에서 적절히 대응하였다. 이러한 광해군의 외교 정책은 현대에 와서 '중립 외교'로 일컬어지며 긍정적인 평가를 받고 있다. 그러나 당시의 신료들에게는 외교 정책에서 임진왜란 당시 조선을 도와준 명과의 관계가 가장 우선적으로 고려되어야 할 사안이었고, 광해군의 외교적 방침에 대해서는 많은 비판이 있

남한산성

었다. 내부적으로 광해군은 무리한 궁궐 공사를 일으켜 과중한 세금으로 민심을 잃었는데, 특히 정적을 제거하기 위해 '폐모살제廢母殺弟'라는 패륜적 행위까지도 마다하지 않아 정계의 반발을 불러일으켰다. 광해군은 자신의 친형 임해군에 이어 이복동생인 영창대군을 살해하였으며, 영창대군의 친모이자 자신에게도 어머니뻘이었던 인목대비를 서궁에 유폐시켰다. 이는 결국 인조반정으로 이어져 1623년 광해군은 왕위에서 쫓겨나고 인조가 왕위에 오르게 되었다.

인조 정권은 광해군의 폐위 명분 중 하나로 후금과의 관계를 내세웠으므로, 그 외교 정책은 후금을 배척하고 명에 대한 사대를 강화하는 방향으로 전개되었다. 그런 가운데 조선에서 일어난 이괄의 난, 평안도 서해안에 주둔하고 있던 명 장수 모문룡의 문제, 후금 내에서의 권력 갈등 등 다양한 요인으로 인해 1627년(인조 5) 후금은 조선을 침공하였으니, 바로 정묘호란이다. 정묘호란이 발발하자 인조는 강화도로 피란을 갔다가, 후금 측의 요구를 받아들여 형제 관계를 맺고 그에 따른 공물을 제공하는 등의 조건으로 정묘화약丁卯和約을 체결하면서 전쟁을 종결하였다. 그러나 국제 정세는 더욱 변화하면서 1636년 후금은 청淸으로 이름을 바꾸고 칭제건원稱制建元하며 조선에는 군신 관계를 맺어 청을 섬길 것을 요구하였다. 조선이 이를 거부하자 결국 재차 조선을 침공하면서, 병자호란이 발발하였다. 이후 남한산성에서 항전하던 인조는 또 다른 방어 거점이던 강화도가 함락되고 왕실 가족과 조정 중신들이 사로잡히자 삼전도로 나아가 굴욕적인 항복 의례를 치렀다.

삼전도비

17세기 불안한 조선의 상황 속에서 송시열 가문의 행보는 '절의節義'로 상징되고 있었다. 송시열의 부친 송갑조는 어렸을 때 양친을 잃고 어렵게 생활하다 임진왜란이 발발하자 피란 생활 끝에 회덕에 이르렀다. 1594년(선조 27) 회덕에서 송갑조는 곽자방의 딸과 결혼하고 처가살이를 했는데, 곽자방은 1592년 금산전투에서 조헌과 함께 왜군과 싸우다 전사하였던 인물이라는 점에서 눈길을 끈다. 국가를 위해 목숨을 바치는 '절의'를 보여준 점이 혼인에서 큰 요인으로 작용하였던 것이다. '절의'를 강조하는 성향은 혼인뿐 아니라 송갑조 본인의 행보에서도 확연히 드러났다.

송갑조는 1617년(광해군 9) 사마시에 합격한 후 동료들의 반대에도 불구하고 홀로 서궁에 유폐되어 있던 인목대비를 찾아가 사례 인사를 올렸다. 그로 인해 송갑조의 이름은 합격자 명단에서 삭제되고 금고에 처해져 광해군 대에는 관직에 나아갈 수 없었다. 광해군과 대북 정권이 강한 주도권을 행사하던 시기, 송갑조가 목숨을 부지한 것도 다행이라고 할 수 있지만 이후 송갑조의 집은 매우 궁핍한 생활을 할 수밖에 없었다. 그럼에도 불구하고 송갑조는 이를 천명으로 받아들이며 학문에 힘을 기울였다고 한다. '폐모살제'의 불의不義에 저항하였던 모습을 잘 알 수 있다. 송갑조의 형 송방조 또한 대북 정권에 맞서다 북방으로 좌천되었다가 결국 독살되었다는 사실에서도 가문에서 강조하던 '절의'의 풍조를 잘 알 수 있다.

송시열의 형 송시희는 1627년(인조 5) 정묘호란 당시 후금의 기병에 의해 전사하였다. 이때 송시희는 윤염과 결혼한 큰누이를 만나기 위해 윤염의 부임지인 평안도 운산으로 찾아갔다. 때마침 후금이 침공하여 자형과 함께 출전하였는데, 정탐을 나갔다가 후금의 기병을 만나 살해당하였던 것이다. 이처럼 송시열의 집안은 광해군대의 폐모살제와 정묘호란 등을 겪으면서 절의를 표방하는 가문으로서의 입지를 다져가고 있었다. 송시열은 혼란스러운 시대에 이러한 절의의 가문에서 태어났던 것이다. 이는 향후 그의 정치적·사상적 행보를 예고하는 것이기도 했다.

어린 시절 송시열은 송이창으로부터 글을 배웠다. 송이창은 송갑조에게 부계로는 먼 숙부에 해당하고, 모계로는 이종형제에 해당하는 매우 가까운 사이였다. 송이창 또한 광해군 대에 북인 정권에 의해 정계로부터 축출되어 회덕에 은거하고 있던 상황이었다. 그러나 궁핍한 송갑조와는 달리 회덕에 경제적 기반을 갖춘 송이창은 살림이 넉넉한 편이어서, 송갑조의 아들 송시열을 자기 아들 송준길과 함께 가르치는 등 학문적으로 도움을 주었으며, 경제적으로도 송갑조의 집안에 큰 보탬이 되었던 것으로 보인다. 송준길은 송시열과 한 살 터울의 동년배로, 향후에도 동문수학하며 막역한 사이를 유지하였다. 그는 이후 송시열과 함께 '두 명의 유명한 송씨'라는 의미의 양송兩宋이라 불리며 조선의 정계와 사상계에서 큰 역할을 하게 된다.

1628년(인조 6) 부친 송갑조가 세상을 떠났다. 1630년 만 2년간의 상기喪期를 마친 송시열은 사계 김장생의 문하에 들어가 본격적인 학업을 시작하였다. 김장생은 율곡 이이의 제자로, 특히 예학禮學에 조예가 깊었다. 송시열은 그 문하에서 이이로부터 이어진 학통을 계승하였다. 이듬해 김장생이 세상을 떠나자, 그 아들인 신독재 김집에게서 학문을 배웠다. 이 시기 송시열은 주자의 글을 주로 읽으면서 행동거지를 한결같이 주자가 제시한 대로 준행하였다고 한다. 특히 송시열에게 큰 도움을 주었던 사람이 바로 평생의 지기인 송준길이었는데, 그의 권유로 송시열은 회덕의 송촌松村으로 이주하여 아침저녁으로 함께 학업에 매진하였다.

송시열은 주자의 글을 바탕으로 성리학 연구에 매진하였고, 과거를 통한 입신양명에는 큰 관심을 두지 않았다. 그러나 계속되는 궁핍한 생활 속에 둘째 형 송시묵이 권유하자 그 권유를 받아들여 과거 공부에 전념한 결과, 1633년(인조 11) 생원시에서 장원을 차지하였다. 이때의 시험관이 병자호란 당시 주화파로 유명한 최명길이었는데, 송시열의 답안을 매우 높게 평가하였다는 이야기가 전해진다. 학문의 깊이를 인정받은 송시열은 나중에 효종이 되는 봉림대군의 사부로 임명되었다. 그는 1636년 4월부터 8개월 여를 스승으로서 봉림대군을 가르쳤으나, 12월 병자호란이 발발했을 때 강화도로 피란한 봉림대군을 수행하지 못하고 남한산성으로 피신하였다. 결국 삼전도의 굴욕으로 병자호란이 막을 내리자, 송시열은 현재의 영동 지역에서 은거를 시작하였다.

송시열이 머물던 영동 한천정사

병자호란 이후 송시열은 세상일에 크게 관심을 두지 않은 채 성리학 연구에만 몰두한 것처럼 보였다. 1645년(인조 23) 오랫동안 청에서 인질 생활을 하던 소현세자가 귀국한 후 의심스러운 죽음을 맞이하자, 여러 신하들의 반대에도 불구하고 인조는 소현세자의 아들이 아닌, 자신의 둘째 아들 봉림대군을 왕세자로 책봉하였다. 송시열은 봉림대군의 왕자 시절 사부로서 다시 한번 시강원의 벼슬을 제수받았으나, 이를 사양하고 학문에 더욱 매진하였다. 이렇듯 학문에 깊이 빠져 세상사에 관심을 끊은 듯 보였지만, 그 속에서는 의리론義理論에 기반한 시대정신이 점차 무르익고 있었다. 1644년 명나라 수도가 이자성의 반란군에게 점거당하고 명의 황제 숭정제가 자결하였다는 이야기를 듣고는 그에 대해 예를 표하였다. 이듬해에는 병자호란 당시 척화파로서 절의를 지킨 것으로 유명했던 청음 김상헌이 청의 억류에서 풀려나 양주 석실에 머물자, 송시열은 그를 찾아가 학문에 관하여 논하였다. 이때 송시열은 김상헌을 대의大義를 대표하는 학자로 존경하여 그를 스승으로 모셨다. 이러한 일화들을 통해 송시열이 완전히 세상일로부터 떠나 은둔하기로 한 것이 아니라, 세상을 새롭게 바꾸고자 하는 뜻을 품고 의리에 기반한 시대정신을 가다듬고 있었음을 확인할 수 있다.

중화와 오랑캐 그리고 조선

송시열이 본격적으로 정계에 입문하여 활약한 것은 인조가 세상을 떠나고 왕자 시절 그가 모셨던 봉림대군(효종)이 왕위에 오르면서부터이다. 병자호란 이후 조선의 조야에서는 청에 대한 적개심이 팽배하였지만, 청의 간섭이 강하게 유지되는 가운데 오히려 친청파로 분류되는 김자점과 같은 인물이 정국을 주도하고 있었다. 김자점은 특히 소현세자의 죽음 이후 세자빈인 강빈姜嬪의 옥사를 독단적으로 처리하면서 정국을 좌우하는 영향력을 지니게 되었다. 이러한 인조대 후반의 정국 속에서 의리론을 근본으로 하는 송시열의 시대정신이 실질적으로 정계에서 영향력을 발휘하기란 쉽지 않았다. 그러나 효종이 왕위에 오르면서 분위기는 크게 바뀌었다.

효종은 형 소현세자와 함께 청의 수도 심양에서 오랫동안 인질 생활을 한 인물로, 청에 대해 강한 적개심을 키우고 있었다. 효종이 인질 생활을 할 당시 요동에서 지었다는 시는 청에 대한 복수의 의지를 잘 보여준다.

我願長驅十萬兵	원컨대 내 멀리 10만 군사 몰고 가서
秋風雄陣九連城	가을바람처럼 구연성에 웅진雄陣을 치고
一麾掃盡天驕子	오랑캐를 한 번에 쓸어버린 뒤
歌舞歸來奏泰平	노래 부르고 춤추며 돌아와 태평을 아뢰리라.

왕위에 오른 효종은 '산림山林'이라 불리는 인물들을 조정에 불러 정계를 일신一新하고 이를 바탕으로 청에 대한 복수, 즉 북벌을 추진하고자 하였다. '산림'이란 학문적 권위를 인정받아 국가의 부름을 받은 인물들을 지칭한다. 효종은 왕자 시절 사부였던 송시열을 비롯하여 김상헌, 김집, 송준길 등을 초청하였다. 이들은 모두 학문적 성취가 뛰어나 학자들의 추앙을 받으면서도, 의리론에 바탕을 두어 청에 대한 강경한 입장을 가지고 있었다는 점에서 공통점이 있다. 효종은 이들의 학문적 권위를 바탕으로 조정의 친청파를 몰아내고 북벌의 당위성을 인정받고자 하였던 것이다.

친청파가 득세하던 인조대에 정계에 별 관심을 보이지 않았던 것과 달리, 송시열 또한 효종이 가지고 있던 복수설치復讐雪恥의 의지에 기대를 품고 조정에 출사하였다. 이때 송시열은 자신이 품고 있던 뜻을 글로 작성하여 국왕 효종에게 올렸다. 그 글이 바로 〈기축봉사己丑封事〉이다. 그는 특히 '봉사封事'라는 형식으로 효종에게 글을 올렸는데, 이는 주자가 남송의 효종에게 올렸다는 글의 형식을 따른 것이다. 여기에서도 이미 주자를 모범으로 삼고자 하는 송시열의 의지가 잘 드러나 있다. 송시열의 〈기축봉사〉는 크게 13개 조항으로 구성되었다.

① 슬픔을 절제하여 몸을 보전할 것

② 예법에 따라 장례를 치를 것

③ 학문에 힘써 마음을 바로잡을 것

④ 몸을 닦아 집안을 다스릴 것

⑤ 아첨하는 자를 멀리하고 충직한 자를 가까이할 것

⑥ 사사로운 은혜를 억제하고 공도公道를 넓힐 것

⑦ 인사人事를 면밀하게 하여 체통을 밝힐 것

⑧ 기강을 진작시켜 풍속을 바로잡을 것

⑨ 재정을 절약하여 나라의 기반을 튼실히 할 것

⑩ 공안貢案을 바로잡아 백성들의 부담을 덜 것

⑪ 검소함을 숭상하고 사치를 없앨 것

⑫ 사부를 가려 뽑아 세자를 보도保導하게 할 것

⑬ 정사政事를 가다듬어 오랑캐를 물리칠 것

〈기축봉사〉는 유학자가 국왕에게 당부하는 평이한 항목들로 구성되어 있다. 그러나 항목 순서를 자세히 살펴보면, 일반적인 주자학의 수양론으로 시작하여 국가의 중대사를 해결하고 분위기를 일신한 끝에 유학의 이상적 정치인 왕도 정치王道政治를 구현할 것을 주장하였다. 그리고 왕도 정치의 최종적인 목적을 오랑캐를 물리치는 데 두었다. 이러한 점에서 의리론에 입각한 송시열의 사상과 청에 대한 복수 의지를 명확히 확인할 수 있다. 송시열은 공자가 밝힌 존주尊周의 의리를 통해 중국을 존숭하고 오랑캐를 배척해야 하며, 주자가 언급한 복수설치의 원리에 입각하여 국왕의 원수인 오랑캐에 대한 복수는 곧 하늘의 이치를 구현하는 것과 같다고 주장하였다. 의리론을 바탕으로 공자에서 주자로 내려오는 유학의 기본 정신을 재해석하고, 이를 통해 청에 대한 복수를 이념적으로 정당화하였던 것이다.

송시열의 사상에서 주자가 중요한 위치를 차지했던 것은, 단순히 주자가 성리학의 집대성자로서 많은 이들의 존경을 받는 학자여서만은 아니었다. 송시열은 주자의 시대정신으로부터 17세기 조선이 사상적으로 지향해야 할 전범을 구하고자 하였다. 금이라는 오랑캐의 침공으로 위기에 처한 남송을 구해내고자 노력하였던 주자의 시대정신을 바탕으로, 청이라는 오랑캐에게 굴복한 끝에 정치적·사회적 위기에 처한 조선이 위기를 극복할 수 있는 사표師表를 얻고자 하였던 것이다. 따라서 송시열은 주자의 사상을 의리론에 입각하여 새롭게 해석함으로써 청에 대한 복수를 유학의 전통 속에서 정당화하고, 조선왕조의 유교적 정체성을 재확립하고자 하였다. 그는 예의와 인륜을 바탕으로 한 유교 문명을 기준으로 중화와 오랑캐를 구분하면서, 유교적 문명국가인 조선이 청에 대한 복수를 통해 중화 질서를 회복해야 한다고 주장하였던 것이다.

효종의 북벌책을 이념적으로 뒷받침하였지만, 송시열이 단순히 군사력 증강을 통해 청을 정벌하는 데에만 급급한 것은 아니었다. 오히려 그는 군비 확충에만 치중한 효종의 북벌책을 비판하며, 내수內修를 바탕으로 국가

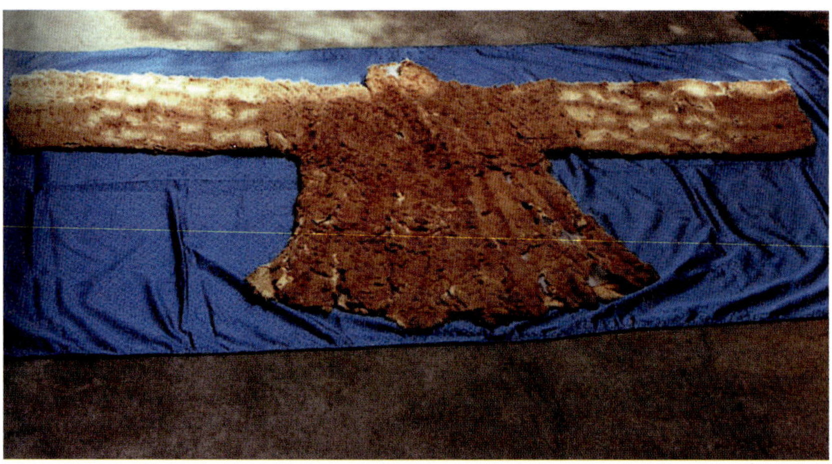

효종이 송시열에게 내려준 가죽옷

의 시급한 문제를 해결하면서 청에 대한 복수에 이르러야 한다는 점을 강조하였다. 그러나 1659년(효종 10) 효종의 갑작스러운 죽음으로 인해 북벌 정책은 큰 동력을 잃었다. 생전 효종은 송시열에게 북벌이 실현되었을 때 청의 혹독한 추위를 이겨내라는 의미로 가죽옷을 하사하였는데, 송시열은 때때로 이 옷을 보면서 효종의 뜻을 되새기고 통곡하였다고 한다.

효종의 죽음과 남명 왕조의 멸망은 청의 중원 지배가 더욱 공고해지고 북벌이 현실적으로 불가능해진다는 것을 의미하였다. 이후 송시열의 의리론은 청에 대한 복수보다는 명에 대한 의리를 지키고 유교 문명의 부흥을 강조하는 방향으로 전개되었다. 조선이 유교 문명을 부흥시킬 수 있는 적임자가 되기 위해서는 조선의 역사 또한 의리론에 비추어볼 때 부끄러움이 없어야만 했다. 따라서 송시열은 조선이 범하였던 역사적 과오들을 바로잡는 일에도 몰두하였다. 대표적인 것이 신덕왕후 부묘祔廟 그리고 단종의 추숭이었다. 송시열은 신덕왕후에 대한 제향을 폐지한 태종의 과오를 바로잡아 신덕왕후를 종묘에 배향함으로써 부자의 의리를 밝히고자 하였으며, 단종과 사육신을 추숭함으로써 세조가 저버린 군신의 의리를 바로잡으려 하였다. 이를 바탕으로 조선을 의리론에 입각한 국가로서의 정체성을 확고히 하고자 하였던 것이다.

의리론에 입각한 송시열의 사상은 대외적으로도 존주와 복수에 바탕을 둔 의리론을 주창하는 것으로 이어졌다. 송시열은 병자호란 당시 청에 저항하다 죽임을 당하였던 홍익한, 윤집, 오달제 등 삼학사의 행적과 언론을 모아 《삼학사전三學士傳》을 저술하여 그들의 죽음을 존주대의尊周大義의 차원에서 높게 평가하였다. 또한 송시열은 임진왜란 당시 조선에 도움을 주었던 명 신종 만력제와 명의 마지막 황제 의종 숭정제의 사당인 환장암煥章庵을 건립하였다. 이는 명의 멸망 후 유교 문명이 조선으로 이어졌다는 그의 사상을 잘 보여준다. 조선왕조가 중화 문명의 유일한 계승자라는 조선

《삼학사전》

중화주의 이념이 상징적으로 잘 드러난다.

현종대 이후 송시열은 정치적으로 부침을 겪게 되었다. 효종이 승하한 뒤 그에 대한 복제 문제를 두고 남인의 비판을 받았으며, 1674년에는 효종 비 인선왕후의 승하로 인해 복제 논쟁이 다시 재연되었다. 현종은 이때 송시열의 예론을 비판했는데 얼마 되지 않아 세상을 떠났다. 현종의 뒤를 이어 숙종이 왕위에 오른 뒤, 송시열은 잘못된 예법에 대한 책임을 지고 유배에 처해졌다. 게다가 이 시기 남인이 송시열의 처형을 주장하여 위기를 겪었다. 평생의 지기였던 송준길이 1672년(현종 13) 세상을 떠난 바 있고, 1677년(숙종 3) 유배생활 중에는 부인 이씨, 이듬해에는 맏딸이 사망하는 등 개인적 비극도 겪었다.

1680년 숙종이 경신환국을 일으켜 남인이 축출되고 서인이 정권을 잡자, 송시열 또한 영중추부사에 제수되어 정계에 복귀하였다. 그는 다양한 개혁안을 주장하는 한편, 서인 계열의 학통을 확고히 인정받기 위해 이이와 성혼의 문묘 종사를 추진하였다. 또한 조선왕조의 정통성을 의리론에서 찾고자 하던 역사적 작업을 지속하여, 태조 이성계의 위화도 회군과 효종의 북벌 정책을 재평가하고자 하였다. 이는 결국 조선이 의리론을 중시해왔던 유교 문명의 국가로서, 명이 멸망한 후에는 중화 문명의 유일한 계승자임을 강조하는 조선중화주의를 지속적으로 실현해가던 과정이었다.

17세기는 조선 특유의 붕당 정치가 전개된 시기이기도 했다. 그러나 현종대 이후로 예송을 거치면서 서인과 남인의 붕당 간 갈등이 격화되었고, 서인 또한 여러 요인으로 인해 노론과 소론으로 갈라지면서 정치적 갈등이 고조되었다. 서인 노론 계열을 대표하는 중심인물이었던 송시열 또한 그러한 정치적 갈등으로부터 자유로울 수 없었다. 송시열은 존주대의 이념의 수호를 서인 노론 계열의 정치적·사상적 정체성으로 확고하게 자리매김시키고, 이를 바탕으로 노론의 정통성을 주장하고자 하였다.

1689년(숙종 15) 송시열은 희빈 장씨 소생의 왕자에게 원자元子 칭호를 내리려는 숙종에게 반대하다가 결국 기사환국이 일어나 제주도로 유배되었다. 이어 다시 서울로 압송되던 중 전라도 정읍에서 사사당하였다. 송시열은 죄인으로 죽음을 맞았지만, 사후 5년이 흐른 1694년 관작이 회복되었으며, 이듬해에는 숙종의 특명으로 문정文正이라는 시호가 내려졌다. 조선이 중화를 계승하였다는 조선중화주의는 송시열의 사후 숙종, 영조, 정조 등 국왕들에 의하여 국가 이념으로 인정되었다. 그러한 가운데 송시열은 병자호란의 패배 후 위기에 처한 조선을 구해냈던 동방의 주자로까지 추앙받았다.

바위에 새겨진 송시열의 시대정신

송시열의 대명의리 강조는 망해버린 명이라는 왕조 자체에 대한 맹목적이고 시대착오적인 집착은 아니었다. 오히려 그는 명 왕조의 정치와 사상에 대해서는 여러 차례 부정적인 평가를 내린 바 있다. 송시열에게 명 왕조의 정치는 황제의 전제 정치, 환관의 권력 농단 등 오히려 조선이 따르지 말아야 할 부정적 요소들로 가득하였다. 그가 주창한 조선중화주의는 중국 왕조에 대한 맹목적 충성이 아니라 유교 문명을 통해 위기의 조선이 나아가야 할 바를 모색하던 시대정신 속에서 등장한 것이었다. 송시열이 '증주벽립', 증자와 주자가 절벽처럼 우뚝 서 있다는 글귀를 바위에 새겨 넣었던 것은 유학으로 대표되는 중화 사상을 후대에 전수한 증자와 주자를 본받아, 자신도 의리로 대표되는 중화의 정신을 후대로 계승하겠다는 결연한

화양구곡 제4곡 금사담

의지의 표명이었다.

송시열은 자신의 사상을 담은 글자들을 전국의 바위에 새겨 넣었다. 여기에는 '증주벽립'과 같이 자신의 글자는 물론, 다른 중요한 인물의 글자를 새겨 넣은 경우도 있다. 중요한 인물의 글자를 새김으로써 그로 대표되는 사상이 잊히지 않고 영세토록 전해지기를 바랐던 것이다. 대표적인 경우가 바로 화양구곡에 새겨진 만력제의 글씨이다.

송시열은 이른 시기부터 명의 마지막 황제 숭정제의 글씨를 얻고자 노력하였다. 결국 1670년(현종 11) 연경에 사신으로 다녀온 민정중을 통하여 숭정제의 어필 '비례부동非禮不動' 네 글자를 얻었다. '비례부동'은 '예가 아니면 움직이지 말라.'는 의미로, 공자가 '극기복례克己復禮'를 이야기하면서 강조하였다고 하는, "예가 아니면 보지 말고, 예가 아니면 듣지 말며, 예가 아

괴산 만동묘정비

니면 말하지 말며, 예가 아니면 행동하지 말라."는 문구에서 유래하였다. 송시열은 이 글씨를 얻은 뒤, 1674년 자신이 강학하던 화양계곡 안의 바위에 새기고 이를 환장암이라 하였다. 환장암이라는 명칭 또한 공자의 어록인 《논어》의 "찬란하구나, 그 문장이여![煥乎其有文章]"라는 문구에서 따온 것이다.

송시열은 생전에 화양계곡을 자신의 사상을 담아낸 공간으로 기획하고자 하는 뜻을 가지고 있었다. 그러한 까닭에 이곳에 숭정제의 글씨를 새긴 후, 만력제와 숭정제를 위한 제향 시설을 만들고자 하였다. 그러나 이를 이루지 못하고 1689년(숙종 15) 세상을 떠나게 되었던 것이다. 죽음을 앞둔 송시열은 자신의 적전 제자嫡傳弟子인 권상하에게 주자의 글에 대한 해설서인 《주자대전차의》의 완성과 만력제와 숭정제를 위한 제단의 건립을 부탁하

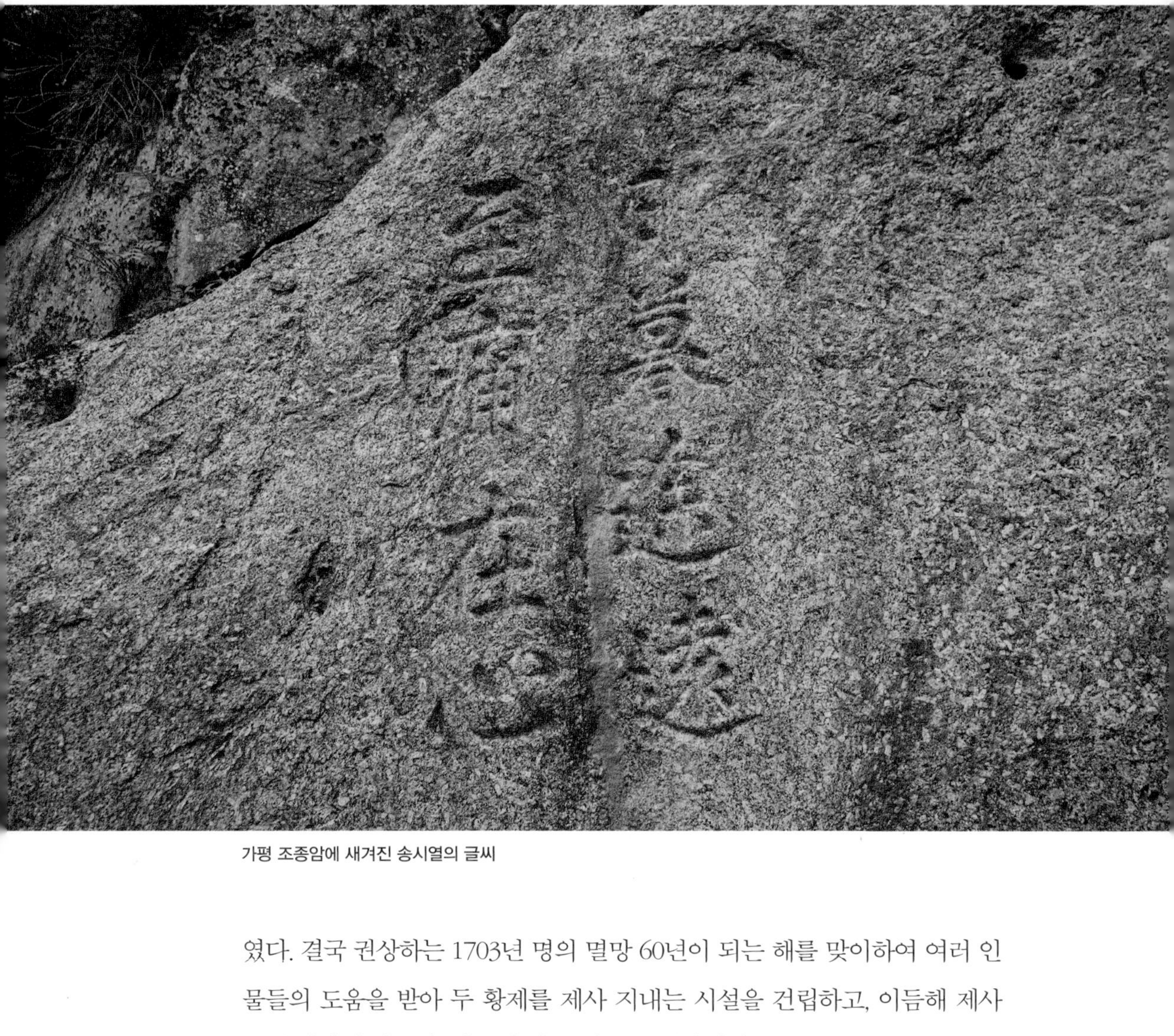

가평 조종암에 새겨진 송시열의 글씨

였다. 결국 권상하는 1703년 명의 멸망 60년이 되는 해를 맞이하여 여러 인물들의 도움을 받아 두 황제를 제사 지내는 시설을 건립하고, 이듬해 제사를 올리기에 이른다. 이곳이 바로 만동묘萬東廟이다.

만동묘의 명칭은 선조의 어필 '만절필동萬折必東'에서 따온 것이다. '만절필동'은 '황하의 물결이 만 번을 굽이쳐도 결국 동쪽으로 흐른다.'는 의미로, 명 황제의 은혜가 동쪽 조선에까지 이르렀음을 상징한다. 선조는 임진

제주도의 증주벽립

왜란 때 조선을 도와준 일에 보답하고자 명군을 위한 시설인 선무사宣武祠에 이 문구를 직접 써서 걸어두었다. 만동묘는 송시열의 사상과 조선중화주의를 상징하는 시설로, 송시열을 기념하여 건립한 주변의 화양서원과 함께 유림의 높은 추앙을 받았다. 또한 만동묘에 이어 1704년 숙종의 명으로 창덕궁 후원에 명 황제에게 제사를 지내는 국가 시설인 대보단이 만들어지면서 송시열의 위상은 더욱 높아졌다.

서울과학고등학교 교정에 남겨진 송시열의 글씨

존주대의를 대표하는 송시열의 위상으로 인해, 송시열의 글씨가 조선중화주의와 관련된 다른 시설에 새겨지기도 했다. 1684년(숙종 10)에는 가평군수 이제두, 처사 허격, 백해명 등이 주도하여 가평에 조종암朝宗巖이 조성되었다. 여기에는 또 다른 숭정제의 어필 '사무사思無邪'와 선조의 '만절필동萬折必東, 재조번방再造藩邦', 그리고 효종의 '일모도원日暮途遠, 지통재심至痛在心' 등의 글씨가 새겨졌다. '일모도원, 지통재심'은 '날이 저물고 갈 길은 먼데, 지극한 아픔이 가슴속에 남아 있다.'는 의미로 효종이 이경여에게 내린 비답批答에 등장하는 문구이다. 이제두 등은 이 문구를 송시열의 글씨로 바위에 새겼다고 한다. 이는 그만큼 효종의 북벌책을 이념적으로 뒷받침하였던 송시열의 위상을 잘 보여주는 것이다.

서울 명륜1가에도 '증주벽립'이 새겨져 있지만, 제주도에도 같은 글씨가 남아 있다. 제주도에는 조선시대에 제주도로 유배되거나 방어사로 부임하였던 다섯 명의 현인들, 충암 김정, 규암 송인수, 동계 정온, 청음 김상헌, 우암 송시열을 기리기 위해 귤림서원이 건립되었다. 1856년(철종 7) 송시열을 기념하고자 귤림서원 서쪽 바위에 서울에 있는 '증주벽립' 네 글자를 탁본하여 새겨 넣으면서, 제주도에도 서울과 같은 글씨가 새겨지게 되었던 것이다. 이는 그만큼 '증주벽립'이 송시열의 시대정신을 대표하는 글씨라는 점을 알려준다.

송시열이 세상을 떠난 지 300년이 넘게 흐른 지금, 21세기 한국에서 송시열을 동방의 주자로 추앙하는 긍정적인 평가를 찾아보기는 쉽지 않다. 오히려 명의 멸망 후에도 시대착오적 사대주의로부터 벗어나지 못한 망국의 사상이라는 부정적인 평가가 주를 이룬다. 조선 후기의 명군 정조에게 높은 평가를 받았던 송시열의 시대정신은 세월의 변화 속에 빛이 바랬고, 사회의 변화에 따라 퇴영적 사상으로 비판의 대상으로 변모하였다. 명륜1가의 주택가 속에서 주변의 현대적 풍경과 어울리지 않는 다소 생뚱맞은 모습으로 남아 있는 '증주벽립' 네 글자는 어쩌면 송시열 사상의 역사적 부침浮沈을 보여주는 것일지도 모른다. 세월의 풍파에도 불구하고 바위에 새겨져 현재까지 내려온 '증주벽립' 네 글자는, 모진 위기 속에서도 그가 지키려 했던 조선중화주의의 사상을 잘 보여주고 있다. 서울과학고등학교 교정에는 송시열의 또 다른 글씨로 알려진 '금고일반今古一般' 네 글자도 바위에 새겨져 전해진다. '금고일반'은 '예나 지금이나 변하지 않는다.'는 의미이다. 선비의 시대정신은 예나 지금이나 변하지 않는다. 그것을 대하는 우리의 자세가 변할 뿐이다.

제7강

삼궤구고두례의 치욕을 새기다, 삼전도비

외로이 서 있는 당당한 비석

병자호란, 삼전도 그리고 수항단

치욕의 현장에 공덕비 건립을 추진한 배경

조선이 '자발'적으로 지은 삼전도비문

비문에 새겨진 황제의 공덕, 국왕의 치욕

삼전도비를 기억하는 방법

제7강

삼궤구고두례의 치욕을 새기다, 삼전도비

장정수 동북아역사재단 연구위원

외로이 서 있는 당당한 비석

서울시 송파구 잠실동 석촌호수 인근에는 마치 몸을 숨기듯 외로이 서 있는 비석이 있다. 높이 3.95m, 폭 1.4m의 상당히 큰 비석으로 거북 모양 받침돌 위에 몸돌을 세우고 그 위에는 용 모양의 머릿돌을 올려둔 꽤 화려한 생김새를 하고 있다. 좌우 측에는 만주 문자와 몽골 문자, 뒷면은 한문으로 글자를 새겨 넣었다. 크기로나 형태 면에서 범상치 않지만, 이 비석의 정체는 잘 알려져 있지 않다.

이 비석은 현재 사적으로 지정된 '서울 삼전도비三田渡碑'이다. 비석에 새겨진 '대청황제공덕비大淸皇帝功德碑'를 공식 명칭으로 보기도 하지만, 조선시대에도 그냥 삼전도비라고 불렀다. '대청'은 청나라의 국호이므로 대청황제는 곧 청나라를 건립한 만주족 황제를 뜻한다. 그는 바로 명나라와 청나라를 통틀어 유일하게 조선을 방문한 황제, 청 태종淸太宗 홍타이지[皇太極]이다. 대청황제공덕비는 홍타이지의 공덕을 대대손손 기리기 위해 건립된

삼전도비 전경

비석인 것이다. 그의 '공덕'은 도대체 무엇이고, 왜 이곳에 그의 공덕을 기리는 비석을 세웠던 것일까. 화려한 모습과 거창한 이름에도 불구하고 어째서 이처럼 외로운 모습일까?

병자호란, 삼전도 그리고 수항단

삼전도는 '삼전도의 항복', '삼전도의 치욕'으로 잘 알려진 곳이다. 병자호란 때 조선 국왕 인조가 청나라 태종 홍타이지에게 '삼궤구고두三跪九叩頭'를 행하고 항복한 사실 때문이다. 삼전도에서 청 태종과 인조는 군신君臣 관계를 맺었는데, 이는 만주족을 오랑캐로 여기던 조선인들에게 씻기 힘든 수치였다. 광복 이후 '사대事大'나 '모화慕華'라는 용어를 자주自主·독자獨自와 배치되는 개념으로 여겨 노골적으로 거부감을 드러낸 것도 이를 '치욕'으로 여기게 된 배경으로 이해할 수 있다. 그러다 보니 정작 '삼전도'라는 명칭이 붙은 곳은 잘 알지 못하는 경우가 많다.

삼전도의 본래 명칭은 '마전포麻田浦'이고, 조선시대에는 경기도 광주廣州에 속했다. 도성에서 동남쪽으로 30리 정도 거리에 있던 마전포는 태종대부터 강무講武와 능행陵幸을 목적으로 국왕이 한강을 건널 때 사용한 포구였다. 세종 연간인 1439년 이곳에 나루[津渡]를 설치하고 '삼전도'라는 이름을 붙였다. 이곳에 삼을 심었기 때문에 한자로는 '마麻'로 표기하지만, 그 발음을 살리면 '삼'이 된다. 마전은 곧 삼전이었던 것이다.

삼전도는 국가에서 관리하는 나루였다. 세조대에는 삼전도를 관리할 도승渡丞이 임명되었고, 조선의 법전인 《경국대전經國大典》에 수록, 법제화되었다. 나루의 기능을 수행하기 위한 나룻배[津船]와 뱃사공[津夫]이 배치되었고, 이를 유지할 경제적인 기반도 마련되었다. 삼전도의 운영은 16세기 초 연산군대에 이르러 폐지 위기를 맞았다가 중종반정 이후 복구되어 임진왜란 이전까지 꽤 안정적으로 운영되었다. 임진왜란 이후 붕괴 위기에 놓였고, 병자호란 이후에도 한참을 지나 효종대에 이르러서야 복구의 기회를 맞게 된다.

이처럼 삼전도는 도성에서 광주로 갈 때 한강을 건너기 위해 마련된 나

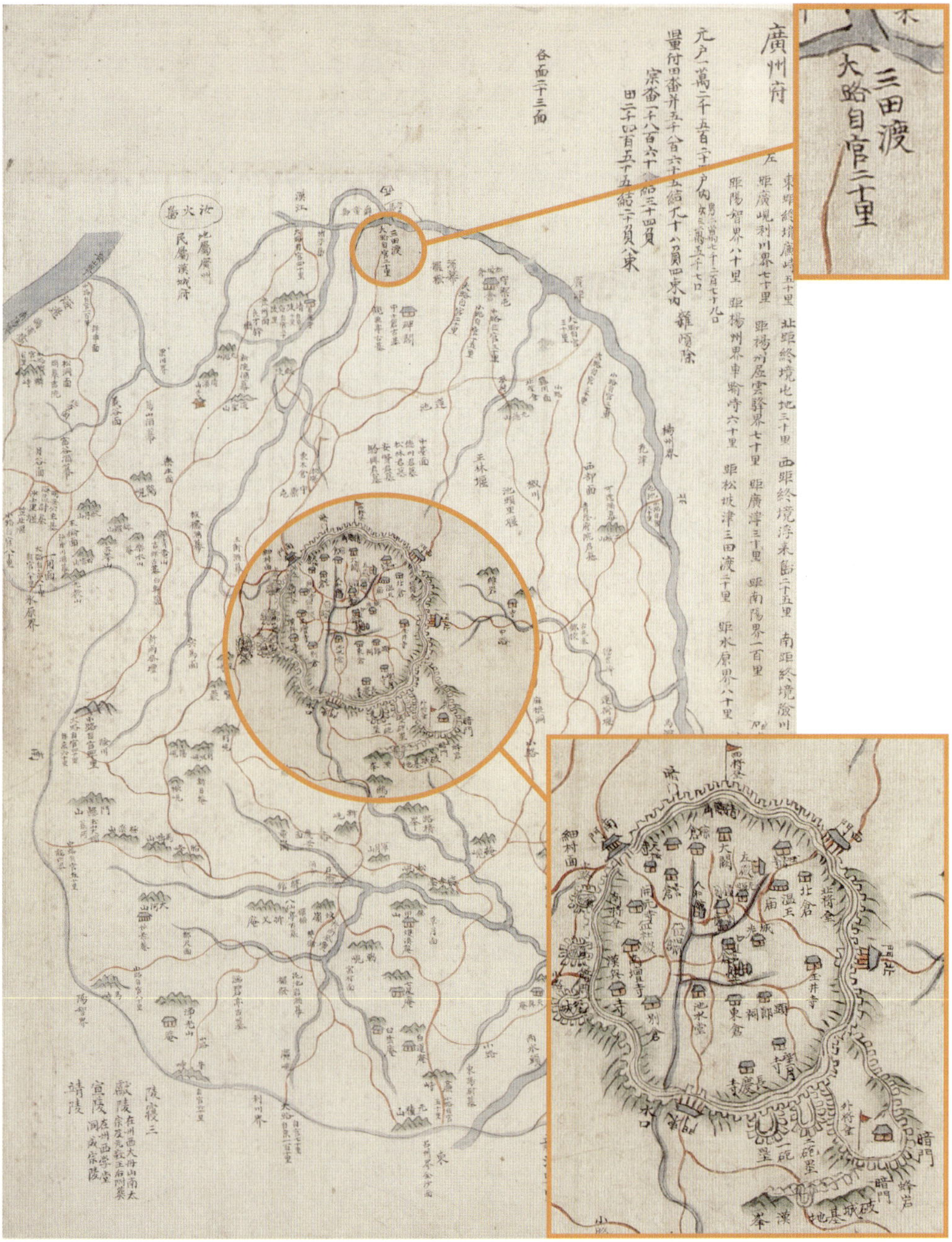

〈해동지도〉에 표시된 남한산성과 삼전도

루였다. 삼전도 외에도 양화도楊花渡, 노량도露梁渡, 한강도漢江渡 광진도廣津渡 등 총 5개의 나루가 운영되어 한강의 남북을 연결했는데 그중에서도 광주로 가려면 주로 삼전도를 통하였다. 인근의 송파진松坡津도 있었지만, 도성을 통해 광주에 위치한 남한산성으로 가려면 보다 규모가 큰 삼전도를 이용하였다. 병자호란 당시 홍타이지도 도성인 한양을 점령한 뒤, 삼전도를 통해 남한산성으로 향하였다.

삼전도는 홍타이지가 높은 단을 설치하여 인조의 항복을 받은 장소로 더 잘 알려져 있다. 당시로서는 오랑캐에게 항례降禮를 치른 충격적인 사건이었고, 치욕을 공덕으로 받아들여 두고두고 기려야 하는 굴욕의 현장이기도 했다. 조선의 항복은 삼전도에서 인조가 세 번 무릎을 꿇고 아홉 번 머리를 조아리는 삼궤구고두를 행한 음력 1637년 1월 30일로 설명된다. 하지만 조선의 항복 과정은 그렇게 간단하지 않았다. 잠시 삼전도의 항복이 이루어지기까지의 과정을 살펴보자.

병자호란 당시 청의 '전봉군前鋒軍'을 이끌던 마푸타[馬福塔]의 기병 300명이 한양에 출현한 것은 1636년(인조 14) 12월 14일이었다. 같은 달 8일, 압록강을 건넌 지 불과 6일 만이었다. 당황한 인조는 즉시 남한산성으로 피했다. 당시 마푸타는 세자의 입조入朝를 조건으로 철병할 것처럼 조선을 속였고, 조선은 세자 대신 봉림대군을 보내는 조건으로 교섭하고자 했으나 실패했다. 이때까지 조선은 이 전쟁이 홍타이지의 친정親征이라는 사실을 몰랐고, 사실 삼전도의 항복 직전까지도 의혹을 거두지 않았다. 그 사이 청의 후속 부대가 속속 모여들면서 남한산성의 인조도 항전 의지를 다졌다.

한편 홍타이지는 우익군右翼軍을 거느리고 의주대로를 통해 조선으로 진입했고, 좌익군左翼軍을 거느린 호쇼[和碩] 예친왕睿親王 도르곤[多爾袞]은 창성을 통해 압록강을 건넜다. 이들이 청의 본진이었다고 할 수 있다. 평안도와 함경도, 강원도 일대를 우회하여 진격한 좌익군과 달리 우익군은 평안도에서 바로 황해도를 지났다. 1636년 12월 29일 우익군은 한양을 점령했다. 그러는 사이 후속 부대인 도로[多羅] 안평安平 버일러[貝勒] 두두[杜度]의 군대 역시 1637년(인조 15) 1월 10일 남한산성에 도착하여 포위망을 조였다. 이 기간 동안 남한산성의 인조 일행은 외방의 근왕군勤王軍이 포위를 풀어줄 것이라고 기대하면서도 화친을 위한 교섭을 이어갔다.

청 태종 홍타이지

화친을 위한 교섭은 지속되었으나, 청은 초지일관 항복을 요구했다. 1637년 1월 3일부터 출성 하루 전인 같은 달 29일까지 조선 국왕의 공식적인 국서國書는 총 7차례에 걸쳐 발송되었다. 첫 번째 국서에서부터 조선은 홍타이지를 '대청국관온인성황제大淸國寬溫仁聖皇帝'라면서 기존의 치서致書나 봉서奉書와 달리 상서上書라는 표현을 사용했다. 치서 등은 대등한 군주 간의 관계를 상징했지만, 상서는 인조가 청 황제의 아래에 있음을 인정한 것이었다. 즉 홍타이지가 도착한 순간부터 조선은 불리한 조건으로라도 화친을 성사시키고자 했다.

하지만 이때까지만 해도 '항복'이 아니었다. 19일에 발송된 3차 국서에는 명나라의 숭정崇禎 연호 대신 청나라의 숭덕崇德 연호를 기입하면서 점차 격식을 높여가더니 21일에 발송된 4차 국서에서는 마침내 '신臣'이라는 글자를 '조선 국왕' 뒤에 붙였다. 청 황제에게 스스로를 신하라고 지칭한 이른바 '칭신稱臣'이었다. 이때는 대청국관온인성황제 뒤에 '폐하陛下'를 덧붙임으로써 사실상 홍타이지를 황제로 인정할 의사가 있음을 밝혔다. 13일과

남한산성 서문

19일 그리고 21일 사이에 무슨 일이 있었던 것일까.

홍타이지가 공식적으로 항복을 처음 요구한 것은 1637년 1월 16일이었다. 이날 청군은 깃발에 '항복하라[招降]'는 글자를 써서 흔들었고, 이는 곧 화친이 아닌 항복을 받아야겠다는 의지의 표현이었다. 17일에는 홍타이지가 남한산성에 서신을 보내 '성을 나오라[出城]'고 요구했다. 이때부터 인조가 남한산성에서 나와 항례를 치를 것을 강요했다고 할 수 있다. 조선은 21일에 국서(4차)를 보내 칭신하는 대신 출성만큼은 면하고자 했던 것인데, 홍타이지는 끝까지 이를 거부했다. 그러나 청 측은 이를 조선의 공식적인 항복으로 인식했다. 이 사실은 "이날 이종李倧은 처음으로 신하라고 칭하며 자신의 출성만큼은 면제해달라고 빌었다."는《청사고淸史稿》의 기사를 통해 재확인된다. 다시 말해, 청은 조선의 4차 국서를 항복으로 공식 인정한 것이다.

1월 20일부터 실제 출성이 이루어지는 30일까지의 열흘간, 조선은 출성이라는 조건 그리고 척화신斥和臣의 압송이라는 또 하나의 조건을 면제받기 위한 교섭에 들어갔다. 이때부터는 홍타이지를 황제로 인정한다는 전제가 이미 들어가 있었고, 다만 위의 두 가지 조건을 면제받는 데 주력했다. 5차(24일), 6차(27일) 국서에 바로 이러한 내용이 담겼다. 그 직후 28일에 수신된 홍타이지의 '조유詔諭'에는 대략 다음과 같은 내용이 들어가 있었다.

① 명나라에서 받은 고명誥命·옥책玉冊·인장[大寶]을 반납하고 청의 연호를 받든다.
② 첫째와 둘째 아들, 대신의 아들이나 동생을 인질로 삼는다.
③ 명나라를 공격할 때, 군대를 파견하여 돕는다.
④ 청군이 철군할 때 배불리 먹이라.
⑤ 각종 외교 의례에 있어 명나라를 대하던 옛 방식[明朝舊例]을 그대로 사용한다.
⑥ 포로들이 도주하면 다시 돌려보내거나 비용을 지불하고 데려가라.
⑦ 조선과 청의 신하들은 서로 혼인을 통해 우호를 굳게 하라.
⑧ 성채를 수선하지 말라.
⑨ 조선에 있는 여진인(와르카)을 모두 찾아내서 보내라.
⑩ 일본과의 관계는 유지하되, 청 사신을 파견하거든 중재하라.

이처럼 열 가지 조건 뒤에는 망해가는 조선을 온전히 해주고 다시 일으킬 수 있게 해준 은혜를 마음에 새겨 자자손손 신의를 어기지 말라는 말을 덧붙이며, 향후 지불할 세폐歲幣의 항목별 수량을 정해주었다. 참고로 '망해가는 나라를 구해준 은혜'라는 홍타이지의 말은 훗날 삼전도비에 새겨진 글의 골자가 되기도 한다. 조선이 보낸 마지막 7차(29일) 국서는 척화신을 압송한다는 내용이었지만 사실상 항복 요구를 수용한다는 의미였다. 남한산성에서는 열 가지 조항에 대해서 마지막까지 갑론을박이 펼쳐졌지만, 어찌할 도리가 없음을 모두가 알고 있었다.

인조의 출성 항복이 결정되자, 홍타이지는 삼전도에 단을 축조하고 황색 천으로 둘러 위엄을 더하였다. 자신이 머무르던 삼전도에 설치한 이 단의 이름은 '항복을 받는 단'이라는 의미의 '수항단受降壇'이었다. 1월 30일, 인조는 미복 차림으로 소현세자 등 50명 남짓의 인원만 대동하고 삼전도로 향했다. 그리고 수항단 앞에서 삼궤구고두의 예를 행하였다. 조선이 명과의 관계를 공식적으로 단절하고, 청과 군신에 입각한 관계를 수립하는 순간이었다. 병자호란 이후 삼전도보다는 송파진을 주로 사용했다는 이야기는 삼전도의 항복이 얼마나 굴욕적이었는지를 단적으로 보여준다.

치욕의 현장에 공덕비 건립을 추진한 배경

흔히 삼전도비의 건립을 두고 "승전을 기념하려는 청나라의 강요에 의해 세워졌다."라고 한다. 국왕이 무릎을 꿇고 항례를 치른 치욕의 현장에 황제의 공과 덕을 칭송하는 비석을 세우게 했으니, 차마 하지 못할 일을 한 셈이다. 자신들의 패배를 공덕으로 기록한 비석을 마주한 조선인들이 느꼈을 굴욕감은 헤아리기 어려운 것이다.

《청사고》에 따르면, 삼전도비는 청 태종의 공덕을 기린 조선의 신민臣民들이 건립했다고 한다. 이를 액면 그대로 믿을 수는 없지만, 완전한 날조로만 보기도 어렵다. 병자호란 이후 삼전도비의 건립을 제안한 것은 조선의 사정에 밝은 마푸타로 알려져 있으나 조선 역시 이를 적극 이행하고자 했던 정황이 여러 사료에서 확인되기 때문이다. 조선이 홍타이지의 '공덕'을 기리는 데 큰 거부감이 없었던 이유는 무엇일까.

역사상 여느 패전국이 그러하듯, 조선 역시 병자호란 이후 승자인 청나라의 강압에 시달려야 했다. 스스로 신하라고 칭하여 청나라 황제의 '관용'을 받았으니 오죽했겠는가. 조선은 내부의 반발을 무마하면서 전쟁으로 피폐해진 국가를 재건해야 하는 난제에 직면했고, 그와 동시에 청나라의 집요한 요구 조건을 맞추어야 했다. '오랑캐'로 치부했던 만주족이 명과의 의리를 끊도록 종용하는 데 그치지 않고 자신들을 동일한 방식으로 섬기라고 한 요구에 참을 수 없는 수치와 울분을 느껴야 했다.

그러나 몸소 청나라 황제에게 항례를 치른 인조에게 삼전도비의 건립은 극구 거부할 정도의 치욕은 아니었다. 굴욕적이긴 했지만, 항복과 칭신稱臣은 이미 '과거지사'였다. 삼궤구고두례도 알고 보면 군신 간에 사용되는 만주족의 조현례朝見禮였다. 굴욕을 안기겠다는 의지보다는 조선이 청나라의 아래에 있음을 분명히 하는 의례였다. 삼궤구고두를 시행한 인조로서는 분명 참기 힘든 굴욕이었겠지만, 칭신하고 항례까지 치른 마당에 삼전도비의 건립을 '굴욕적'이라는 이유로 부정할 필요는 없었던 것이다. 오히려 인조의 걱정은 장차 풀어야 할 당면 과제의 해결에 있었다.

실제로 삼전도비 건립은 상대적으로 수월한 일이었을 뿐만 아니라, 오히려 보다 난처한 사안들을 해결할 카드로 여겨졌다. 삼전도비가 처음 등장하는 1637년(인조 15) 3월 12일 《승정원일기承政院日記》의 기사에 의하면, "삼전도의 비석은 이미 장만하였으니, 사신이 들어갈 때 비문을 구하여 (글을) 새겨 넣는다면 우리가 사고 있는 의심을 해명할 수 있을 것입니다."라는 것이 비변사의 입장이었다. 인조는 보류할 것을 지시했지만, 비변사는 다시 "이런 일들은 대단한 이해관계가 걸린 것도 아니면서 오히려 생색을 내기

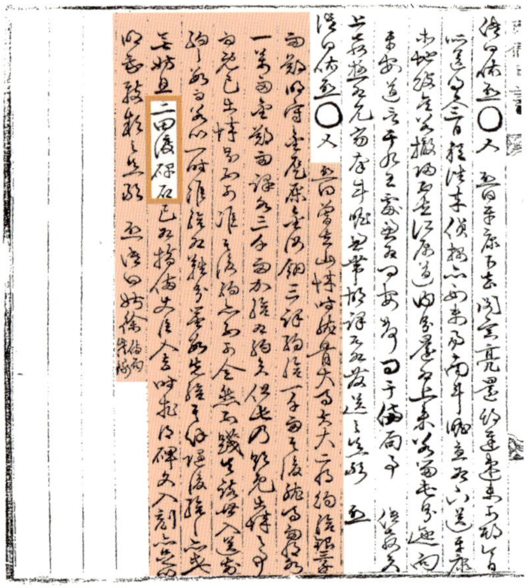

삼전도비가 처음 등장하는 1637년 3월 12일 《승정원일기》 기사

좋은 일입니다."라고 아뢰었다. 그러면서 마푸타의 발언이 있었던 만큼, 그가 다시 말하기 전에 적극적으로 추진할 것을 제안했다.

같은 달 20일, 인조와 세 명의 정승이 모인 자리에서 이조판서 최명길崔鳴吉은 "들어주기 어려운 요청은 비록 들어줄 수 없더라도 어렵지 않은 일은 우선적으로 시행하여 그들의 마음을 기쁘게 해야 마땅합니다."라고 했다. 인조 등은 이 자리에서 명나라를 공격하기 위한 군대의 동원 요구를 논의하고 있었는데, 의리상 이는 가장 따르기 힘든 사안[難從之事]으로 여겨졌다. 따라서 이를 무마하려면 비교적 덜 까다로운 사안은 적극적으로 추진하자는 취지였다고 할 수 있다.

이를 입증하기라도 하듯, 같은 날 영의정 김류金瑬는 "삼전도에 비를 세우는 일은 저들의 말이 있었던 만큼 그냥 둘 수 없습니다. 이처럼 어렵지 않은 일은 우선 거행하여 성의를 보이는 것이 어떻겠습니까?"라고 말하여 인조의 동의를 얻는다. 삼전도비의 건립을 서둘러 진행함으로써, 승전 이후에도 여전히 조선의 진심을 의심하던 청의 신뢰를 얻고 이를 토대로 보다 까다로운 사안들을 풀어가자는 분위기였던 것이다. 다만, 항례를 치른 당사자인 인조로서는 그것이 다소 불편했던 것은 사실이다.

어쨌든 조선은 대청 황제의 공덕을 기리는 비문 건립 외에도 청나라의 온갖 요구에 직면해 있었다. 따라서 삼전도비 건립도 이러한 사안들의 교섭 상황을 염두에 두고 이해할 필요가 있다. 청나라가 요구한 사안들은 어떤 것이었고, 조선이 따르기 어려운 일에는 어떤 것이 있었을까.

첫 번째는 두말할 필요 없이 조병助兵 문제였다. 병자호란 직후 청은 수군을 동원하여 조선의 가도假島에 설치된 명의 동강진東江鎭을 공격할 것을 천명하고 조선의 군사 원조를 요구했다. 삼전도의 항복으로 명과의 관계를 단절한 조선이지만, 군사력을 동원하여 명의 군진을 정벌하는 문제는 결이 전혀 다른 것이었다. 항복이야 형세에 따른 임기응변이었다고 변명할 수 있지만, 군대를 동원하여 명과 전투를 벌이는 것은 진정성을 의심케 하는 행위가 될 수밖에 없었다. 1637년 4월, 조선과 청의 연합군은 가도를 함락하고 명군 도독 심세괴沈世魁를 죽였으며, 이후 조선군은 청군의 금주錦州 공격에도 동참한다. 이 문제는 1644년(인조 22) 청나라가 산해관으로 들어가 북경을 장악할 때까지 지속적으로 조선을 난처하게 했다.

두 번째는 피로인被擄人의 쇄환 문제였다. 피로인은 전쟁 과정에서 청군의 포로가 된 사람을 이른다. 피로인은 조선인과 명나라의 한인漢人 그리고 조선에 귀화한 여진인까지 총 세 부류로 나뉘었다. 조선인 포로는 다시 청군이 전투 과정에서 사로잡은 경우와 점령 지역의 인민으로 구분되었다. 특히 전자는 되찾아 오기 위해 비싼 값을 치러야 했는데, 이마저 포로의 주인이 허용한 경우에 한정되었다. 특히 청군 진영에서 도주한 경우에는 강한 쇄환 압박을 받아야 했다. 한인의 쇄환은 명나라와의 의리가 걸린 사안이었고, 귀화 여진인은 이미 조선인과 혼인하여 뿌리를 내린 경우가 많아서 또 다른 사회 문제를 일으켰다. 피로인 쇄환은 조병과 함께 가장 처리하기 어려운 사안이었다.

위의 두 가지 외에도 어려운 사안은 여럿 있었다. 대표적으로 소현세자를 비롯한 인질 문제가 있었다. 인질은 소현세자·봉림대군 외에도 삼공육경三公六卿의 아들과 조카를 보내는 문제도 있었는데, 이 과정에서 다양한 변칙적 방식이 성행하여 청과 마찰을 일으켰다. 청나라에서는 왕실·대신들과의 혼인도 요구했는데, 이는 혼인을 동맹의 중요한 수단으로 여기는 여진, 만주족의 방식이었다. 또 원나라와 명나라의 전례를 이용하여 시녀侍女를 요구하기도 했는데, 이들은 공녀貢女였다고 보아도 무방하다. 시녀 요구는 조병·피로인 문제와 더불어 따르기 어려운 사안이었다.

그런가 하면 상대적으로 들어주기 쉬운 사안도 꽤 있었다. 대표적인 것이 청나라의 연호를 사용하는 문제였다. 병자호란 이후에도 조선은 명나라의 연호인 숭정을 사용하는 일로 여러 차례 곤욕을 치렀으나 이때마다 청의 연호인 숭덕을 사용하라는 지시를 내리곤 했다. 세폐歲幣나 개시開市 등의 경제적인 요구들도 꽤 부담이 큰 문제였지만 어느 정도 조율이 가능한 사안들이었다. 청나라의 사적인 요구도 있었다. 배와 감 등의 과일을 다량 요구한 것이 대표적이었다. 그 밖에 대추·호두·은행·잣·생강·귤을 보내는 경우도 있었다. 과일 외에도 약재나 대나무, 곡식 종자, 다양한 종류의 매, 일본산 무기, 한문 서적 등을 요구받았는데 조선은 이러한 요구들은 최대한 따라주려고 노력했다.

조병 문제 역시 명나라가 대상이 아닌 경우, 적극성을 보였다. 대표적인 예가 1639년(인조 17) 웅도熊島 부락의 경하창慶河昌을 정벌하는 일이었다. 동원한 군사력이 1,000명 미만인 소규모 작전이었지만, 가도·금주 정벌과는 달리 조선은 적극적인 자세로 임하여 전공을 거둔다. 이렇듯 비교적 수용하기 쉬운 사안들은 적극적으로 호응하여 좀 더 까다로운 사안에서 가급적 많은 양보를 얻어낸다는 것이 조선의 기본 전략이었다. 같은 맥락에서 정명수鄭命壽 등 이른바 조선인 출신의 청역淸譯을 잘 대우했는데 이와 같은 조치들은 모두 청나라와의 교섭에서 최대한의 여지를 확보하려는 것이었다.

전후 복구의 일환으로 전개된 국내 문제도 조선을 괴롭혔다. 대표적인 것이 병자호란 당시의 공과 죄를 따지는 문제였다. 특히 척화론을 주장한 인물들에 대한 처리, 군사 지휘관의 행적에 대한 조사가 집중적으로 이루어졌다. 군사력의 재건에 대한 전방위적 조치도 있었는데 특히 인조에 대한 청나라의 입조 요구가 비공식적으로 전달되었을 때 절정에 달하였다. 다만, 남한산성의 수리에 대한 청 측의 강한 압박으로 군사적 조치는 대부분 시도에 그치고 말았다. 사회적으로 치안 문제가 대두되었고, 백성들에 대한 진휼賑恤도 급박한 사안이었다. 이때 도독 진홍범陳洪範 등이 이끄는 명의 수군이 서북 해안 일대에 접근하여 교섭을 시도하는 일도 조선과 청의 관계를 불안정하게 했다. 게다가 일본의 정세도 불안정해지면서 '재침설'이 나돌기도 했다.

이상에서 본 바와 같이 삼전도비 건립이 추진될 무렵, 조선은 온갖 국내외적인 난제에 직면해 있었다. 홍타이지의 공덕을 기리는 비석을 세운다는 것이 물론 달가운 일은 아니었겠지만, 당시 조선은 이를 두고 갑론을박을 펼칠 여력이 없었다. 삼전도비 건립은 마푸타의 제안이었다. 물론 이는 홍타이지의 심중을 읽은 선제적 조치였을 수도 있다. 조선 역시 공덕비 건립이 홍타이지의 환심을 사는 데 유용할 것이라고 판단했다. 후대에 "강요를 받았다."라고 주장하면 될 일이었다. 조선은 나름의 셈법으로 삼전도비 건립을 추진했고, 당사자인 인조야 불편했겠지만 큰 거부감을 느끼지 않았다. 적어도 마푸타가 비문碑文 작성까지 조선 측에 요구하기 전까지는 말이다.

조선이 '자발'적으로 지은 삼전도비문

삼전도비, 그러니까 조선에 큰 치욕을 안겨준 홍타이지의 공적을 새겨넣은 비석의 건립은 난제가 산적한 당시 상황에서 아주 따르기 어려운 일은 아니었다. 이미 항복했고, 그러한 사실이 항례를 통해 만천하에 공개된

《경전하이킹코스》 제3집에 수록된 일제강점기 삼전도비 경관 삽화

마당에 비석의 건립을 두고 왈가왈부할 이유는 없었다. 차라리 적극적으로 추진하여 홍타이지의 환심을 산 뒤, 이를 토대로 조병이나 쇄환 문제에서 최대한의 양해를 얻어내는 것이 낫다는 셈법이었다. 따라서 비석의 건립 자체는 가부를 논할 단계는 지났다고 할 수 있다.

실제로 1637년(인조 15) 6월 공역을 주관한 공조판서 이시백李時白이 제기한 삼전도비 건립 문제는 수해로 인한 훼손이 우려된다는 것이었다. 이에 삼전도의 수항단을 고쳐 쌓고 벽돌을 깐 뒤 비각을 세우는 일이 진행되었다. 인조는 공역을 거창하게 진행하지 않기를 바라는 기색이 역력했지만 공조와 호조·병조가 각각 공역과 재원을 담당하면서 건립을 위한 사전 작업이 착착 진행되었다.

조선이 삼전도비 건립에 생각보다 적극적이었던 데에는 또 다른 이유도 있었다. 청의 간섭이 본격화되기 전에 공역을 마치려는 것이었다. 특히 두려운 것은 글에 밝은 한인漢人이 칙사로 와서 비문의 작성을 감독하는 일이었다. 1637년 초겨울까지만 해도 인조를 위시한 조선 조정의 분위기는 서둘러 공역을 마치고자 하는 분위기였다. 이해 10월에는 비각 지붕을 덮을 기와를 마련하는 문제가 논의되었는데, 이때 도승지 이경직李景稷은 "이 적賊을 진심으로 사모하는 것은 아니지만 이와 같은 일은 기왕 시작한 이상 보기에 아름답게 하여 그들의 마음을 만족시켜야 합니다."라고 말하기도 했다. 홍타이지의 공덕비 건립에 부정적인 태도를 보이지 못할 바에야 차라리 최선을 다하자는 취지였다. 그해 11월, 비각 주변에 담장을 사면으로 두르고 정문과 협문으로 구성된 세 칸의 문을 조성하는 데까지 공역이 진척되었다. 이로써 공역은 일단락되고, 비석에 새겨 넣을 비문을 청의 칙사가 가져오기를 기다리는 일만 남았으므로 역군들을 해산하는 조치까지 이루어졌다.

하지만 이때 청나라의 칙사들이 오면서 사태가 일변한다. 당시만 해도 조선은 청나라에서 비문을 작성해오면 이를 새겨 넣을 요량이었다. 1637년 11월 잉굴다이·마푸타·다이윤 등 세 명의 칙사는 인조의 책봉 칙서, 국새[大寶], 고명을 가지고 들어왔다. 이들은 이어서 조선인·한인·여진인의 쇄환을 위시한 다섯 가지 사안을 논의했고, 비공식적으로는 혼인·시녀의 일을 거론했다. 이때 칙사들이 삼전도비와 남한산성을 방문하겠다고 통보하자, 조선은 삼전도비 건립에 상당한 기대를 걸었다. 아마도 완성된 삼전도비를 살펴보면 교섭상의 여지를 만들 수 있다고 기대한 듯싶다. 하지만 의외의 추가 지시가 내려온다.

1637년 11월 25일, 인조는 삼전도 비각 현장을 다녀온 청나라 칙사들을 접견했다. 다례茶禮를 진행하던 인조는 "삼전도에 비를 세우는 곳은 황제가

일제강점기 삼전도비 사진

친림하였던 땅이니 비를 세우고 비각을 짓는 데 정성을 다해야 하건만 전쟁 이후라서 물력이 부족하여 뜻에 맞게 할 수 없으니 미안한 마음을 금치 못하겠다."고 하며 넌지시 그들의 생각을 물었다. 칙사들은 석축이 정교하지 않다는 지적을 한 뒤, 자신들이 귀국하기 전까지 비문을 지어서 보여 달라고 요구했다. 조선은 이들이 비문을 가져오지 않았을 때부터 의아해하고 있다가, 이 요구에 크게 당황했다. 인조는 조선이 감당할 수 있는 일이 아니라며 손사래를 쳤다. 마푸타는 이를 거듭 요구하다가 마침내 공덕비 건립이 홍타이지의 의중에서 나온 것이라고 밝히기도 했다. 이후에도 여러 차례 설왕설래하였으나, 인조는 청나라 칙사의 체류 기간이 늘어날 것을 우려하여 승낙하고 말았다. 비문 작성은 장유張維·이경전李慶全·조희일趙希逸·이경석李景奭에게 맡겨졌다.

그동안 조선이 삼전도비 건립을 적극적으로 추진해온 목적은 복잡한 외교 사안에 대한 양해를 이끌어내는 데 있었다. 조선을 침략하고 억지로 복속시킨 홍타이지의 공덕을 기리는 비석은 치욕적이었지만, 당면 과제의 해결을 위해서 감수할 수 있었다. 게다가 청나라에서 비문을 작성한다면 훗날 강요받아 건립한 것으로 어느 정도 비난을 피할 여지가 있었다. 그러나 조선이 비문을 작성할 경우, 작성자는 두고두고 비판받을 것이 자명했고, 또 자발적으로 청 황제의 공덕을 기린 행위가 될 것이었다. 인조 역시 이를 염두에 두고 여러 차례 마푸타에게 비문 작성을 맡기 어렵다며 난색을 표했지만, 끝까지 거부할 수는 없었다.

비문 작성을 지시받은 인물들의 입장은 더욱 난처했다. 신하로서 그 누가 자신이 섬기는 국왕의 치부를 낱낱이 '공적'으로 써낼 수 있을까. 또 대의명분에 밝은 조선의 관료들 가운데 누가 그 책임을 떠맡을 것인가. 장유 등은 모두 비문 작성을 '사양'했지만, 인조는 듣지 않았다. 이경석과 장유는 상소를 올려 상을 치르는 중인 데다 재능이 모자라다며 임무에서 배제해줄 것을 요청했고, 이경전도 상소를 올려 80세라는 고령과 병을 이유로 비문 작성을 거부했으며, 조희일은 의도적으로 거칠게 글을 작성하였다.

이들과 달리 조정의 기본 입장은 신속히 비석 건립을 마쳐야 한다는 분위기였고, 인조 역시 단호했다. 결국 이경석·장유·조희일이 비문을 지어 올렸고 그 가운데 조희일의 것을 제외한 이경석·장유의 글을 마푸타 등에게 보내 검토하게 했다. 마푸타 등은 문자를 아는 한인을 통해 글의 내용을 살펴보고 몇 가지 지적을 한 뒤, 다음에 사신을 파견할 때 가져오라는 지침을 남겼다. 청의 사신들은 이튿날 바로 귀국길에 올랐다.

이경석과 장유의 글은 1637년(인조 15) 12월 18일, 내관內官을 통해 청나라에 전해질 계획이었다. 하지만 청나라에서는 이듬해 2월에야 두 편의 글을 확인했고, 범문정范文程의 검토를 거쳐 최종적으로 이경석의 글이 채택되었다. 앞으로 비석에 비문을 새기고 최종적으로 확인을 받아야 하는 절차가 있었지만 기초 작업은 일단락된 셈이다.

1638년 7월에는 비문의 서식을 정돈하는 절차가 이루어졌고, 비문 위에는 전자篆字를 쓰기로 했다. 전자는 한자의 서체 가운데 하나인 전서篆書를 뜻하는데, 비문 위에 '대청황제공덕비'라는 글자를 전자로 쓰게 된다. 전자의 작성은 신익성申翊聖에게 맡겨졌으나 그가 끝내 거부하여 결국 여이징呂爾徵이 작성한다. 비문의 본문은 당대의 명필이었던 오준吳竣이 해서楷書로 썼다.

1639년(인조 17) 6월, 최종적으로 삼전도비에 새긴 글을 탁본하였고 7월에는 내관을 통해 청나라에 인쇄본을 발송했다. 이해 11월에는 청나라의 요구로 삼전도비에 만주 문자와 몽골 문자를 한문과 함께 새겨 넣었고 다시 이를 탁본하여 조선에 체류 중이던 청나라 사신의 검토를 받았다. 이때 사료에 청나라 사신들이 검토하고 귀국 일정을 앞당겼다는 내용이 확인되는 것으로 보아, 꽤 만족스러웠던 모양이다. 이들은 남한산성을 방문한 뒤, 비각을 둘러보았는데 별다른 평가를 내리지는 않았다. 어쨌든 조선은 같은 달 5일 삼전도비의 공역을 최종적으로 완료하고 담당자들을 포상하였다. 포상이라고 하지만, 다음과 같은 사신史臣의 평가가 있었다. "상을 받은 사람이 만일 사대부의 마음을 지녔다면 어찌 수치로 여기지 않겠는가."

삼전도비의 건립은 조선이 바라던 효과를 가져오지는 못했다. 조병·쇄환·인질·시녀·혼인 등의 굵직한 사안을 처리하면서 조선은 그야말로 고전을 면치 못했다. 그나마 양해를 얻은 부분은 혼인과 세폐 문제였고, 시녀의 경우 끝내 10여 명의 여성을 선발하여 청나라에 보낼 수밖에 없었다. 혼인 사안은 훗날 의순공주義順公主를 도르곤에게 시집보내는 것으로 귀결되지만, 왕실이나 대신들이 청의 만주족과 겹사돈을 맺는 사태는 면할 수 있었다. 세폐 문제는 부담을 다소나마 경감하는 형태로 진행되었다. 그럼에도 가장 곤란한 조병·쇄환·인질 사안에서의 양해는 끝내 얻어내지 못했는데, 특히 조병을 면제받으려는 자세는 도리어 홍타이지의 강한 질책을 받는 결과로 이어졌다.

비문에 새겨진 황제의 공덕, 국왕의 치욕

삼전도비의 건립은 마푸타가 제안했지만, 조선의 적극적인 추진으로 공역이 완료될 수 있었다. 우여곡절이 없는 것은 아니었으나, 대체로 삼전도비 건립을 불가피한 것으로 이해하고 있었다. 그럼에도 불구하고 청나라 황제의 공덕을, 그것도 병자호란 전후의 행동을 스스로 짓고 새기고 또 기억해야 하는 조선인들에게 굴욕적이었음은 분명하다. 특히 항례를 치른 당사자인 인조나 비문을 지어 올린 이경석의 마음은 복잡했을 것이다. 비문을 작성하고 오래지 않아 세상을 떠난 장유의 졸기卒記에는 그의 문장文章을 한껏 치켜세우면서도 "산성에 있을 때는 힘껏 화의를 주장했고, 또 상을 치르는 와중에 삼전도의 비문을 지었으니 선비들이 그 점을 단점으로 여겼다."는 세평이 더해졌다. 채택된 비문이 이경석의 것이었음을 고려할 때, 비문 작성이 조선 선비들에게 어떤 의미였을지 짐작이 간다.

삼전도비의 내용은 말 그대로 청나라 황제 홍타이지의 공덕으로 구성되어 있다. 만주 문자와 몽골 문자가 한문과 함께 새겨져 있지만, 결국 내용은 같다. 소소한 차이는 각 언어의 어법에 관계된 것이며, 한문을 저본으로 작성된 것이다. 조선에서 비문을 작성했으므로 화자 역시 조선이다. 비문은 몇 가지 국면으로 나뉘어 있는데, 편의상 다섯 부분으로 구분해보았다. 미사여구를 제외하고 의미만 살려 각각의 내용을 요약하면 다음과 같다.

첫 번째는 병자호란의 전개 과정을 요약한 것이다. 화친을 깨뜨린 주체는 조선이었지만 관온인성황제가 정벌에 나서자 남한산성에 들어가 50일간 두려움에 떨었다. 지방의 근왕병들은 모두 패퇴하거나 위축되어 움직이지 않았다. 성의 군량이 떨어지고 청군의 공격이 드세질 무렵 홍타이지는 "항복하면 온전히 해주겠다."는 무덕武德을 보였다. 인조는 신하들을 모아 전쟁의 단서가 자신의 우매함에서 비롯되었음을 인정하고 종사와 백성의 보전을 위해 항복을 결정했으며 신하들도 일제히 동조하였다. 성을 나와 죄를 받아야 할 처지였지만 도리어 황제의 예우와 은전을 받았다. 인조는 도성으로 돌아가고, 청군은 즉시 회군하였으며, 백성들도 평안을 찾을 수 있었다.

두 번째는 조선이 지은 죄와 후금·청이 용서한 과거지사에 대한 것이었다. 심하전역深河戰役 때 명나라를 도왔으나 무황제武皇帝 누르하치는 원수 강홍립과 몇몇을 제외한 전원을 방면하는 은혜를 베풀었다는 점, 정묘호란 때 강토를 온전히 하고 형제의 나라로 대한 점, 화친 이후에는 늘 예우한 점 등 소국小國 조선이 상국上國 후금·청에 지은 죄를 용서한 내용이다. 여기에 더하여 병자호란 당시 강화도를 함락하여 빈궁과 왕자를 비롯한 수많은 포로를 잡았지만 해치지 않고 보호한 점을 기록했다. 그 결과 조선은 온전히 예전으로 돌아왔다는 것이었다.

세 번째는 대체로 미사여구로서 골자는 "망한 나라를 다시 살려주고, 끊어진 종사를 다시 이어주었다. 동쪽 나라 수천 리를 보전케 하셨다."는 것이었다. 네 번째는 홍타이지가 주둔했던 삼전도에 본 비석을 세우게 된 경위를 적은 것이다. 비각과 비석의 건립 과정을 아름답게 표현한 뒤, 황제의 공덕을 하늘·땅과 함께 기리고 영구히 의지하겠다는 다짐을 담았다. 마지막 다섯 번째는 비명碑銘으로서 앞과 동일한 내용이다. 말미에 1639년(숭덕 4) 12월 8일에 본 비석을 세웠음을 기록했다.

비문 내용은 병자호란의 발발 책임이 조선에 있음에도, 홍타이지가 살려주고 보전케 한 은혜를 기린 것이라고 할 수 있다. 흥미로운 사실은 비문이 전반적으로 홍타이지의 위무威武보다는 은덕恩德에 초점을 두고 있다는 점이다. 그 근본적인 이유는 비문 내용이 병자호란 이후부터 비석의 건립이 이루어지기까지 4년가량에 걸쳐 조선의 국서 및 주본奏本, 청의 칙서 내용을 저본으로 삼은 흔적이 역력하기 때문이다. 비문의 골자는 "조선을 점령하고 복속했다."가 아니라 "조선을 용서하고 보전시켰다."는 것이었다. 이는 조선을 회유하는 과정에서 혹은 조선이 홍타이지의 '용서'를 구하는 과정에서 수도 없이 등장한 내용이다. 갑자기 비문의 찬술을 떠맡아야 했던

1735년 당빌의 〈조선왕국도〉에 표시된 삼전도비

이경석으로서는 이들을 저본으로 활용한 것이 아닌가 싶다. 홍타이지로서도 위업 이상으로 자신의 덕업을 강조한 이 비문의 내용이 싫었을 리 없다. 말 위에서 천하를 얻더라도, 말 위에서 천하를 다스릴 수는 없기 때문이다.

어쨌든 삼전도비에 새겨진 글은 홍타이지의 일방적인 침략을 미화하고, 그에 대항한 조선의 자세는 죄악으로 묘사했다. 홍타이지에게는 공덕일지 몰라도 인조에게는 치욕이었을 것이다. 아울러 비문을 직접 찬술한 이경석 그리고 채택되지는 않았지만 청나라의 검토를 받은 또 하나의 비문을 찬술한 장유 등은 후대의 세평에서 자유로울 수 없었다. 그럼에도 당시로서는 삼전도비 건립이 청의 일방적인 강요에 의한 것이라기보다 외교적인 카드로 사용된 점도 기억해둘 필요가 있다.

삼전도비를 기억하는 방법

조선으로서는 삼전도비 건립이 달갑지 않았으나, 이미 국왕이 항복 의례를 치른 상황이었으므로 거부감만 보인 것은 아니었다. 수치스러운 감정은 어쩔 수 없었지만, 더 중요한 것은 여론이었다. 삼전도의 항복으로 인해 선비들이 조정에 출사出仕하는 일도 꺼리는 와중에 비석까지 세워 이를 '기념'하게 되었으니 여론을 무마하는 것도 큰일이었다. 1640년(인조 18) 2월에는 삼전도의 비각을 지키기 위해 근무자를 배치했는데, 누군가 몰래 비각을 훼손할 우려가 있다고 여겼기 때문일 것이다. 그해 5월에는 전라도와 경상도의 선비가 청의 조병 요구에 항의하다가 무산되자, 삼전도비를 깨뜨렸다는 유언비어가 나돌아 청나라의 칙사가 이를 조사하는 일도 있었다.

1641~1642년 청의 칙사가 연달아 방문한 이후 입관을 전후하여 잠시 중단되었지만, 삼전도비는 조선을 방문한 청 사신들이 으레 들르는 '코스'가

되었다. 숙종대에는 필수 코스로 자리 잡아 청의 중원 장악과 지배가 관철되는 17세기 말까지 이어졌다. 이후 조선에 대한 청의 태도는 눈에 띄게 부드럽게 변했고, 좀 더 정확히 말하자면 양국 간에 첨예한 외교적 갈등은 더 이상 생기지 않았다. 백두산의 정계定界나 월경越境 등이 간혹 발생했지만, 그것이 양국의 외교 관계를 해치는 선까지 나아갈 사안들은 아니었고 충분히 절충이 가능했다.

그런데 삼전도비 건립 직후, 청의 사신이 연달아 이를 방문한 목적은 승전을 재확인하려는 것이 아니었다. 이 같은 설명은 다소 과장된 것인데, 비각과 비석의 훼손 여부를 확인하는 동시에 인근의 남한산성을 살펴보는 것이 좀 더 중요한 이유였다. 관계가 여전히 불안정하던 시기여서 조선의 군비 강화를 경계했기 때문이다. 17세기 말 이후에는 조선의 반청 정서가 존재했겠지만 사실상 양국이 전쟁을 치를 이유는 없었다. 게다가 조선의 부담을 경감해주자는 분위기였으므로 삼전도비를 굳이 방문할 필요도 없게 되었다.

18세기에 접어들면서 청나라 사신의 방문 빈도가 현저히 줄어들고, 삼전도비를 방문하는 대신 조선으로부터 탁본을 받아 가는 것이 점차 관례로 자리 잡게 되었다. 1737년(영조 13)에는 청나라의 칙사가 '돌발적'으로 삼전도 방문을 통보했다가 취소한 일을 두고 영조가 "근래 칙사들이 대부분 가서 보지 않았으니 저들도 근본을 잊은 것이다."라고 말하기도 하였다. 분명한 사실은 1737년 이후 적어도 삼전도비 방문이 칙사의 필수 코스에는 포함되지 않았다는 것이다.

여기에는 강희제 이후 도래한 청의 성세盛世도 한몫했다. 정복보다는 통치에 좀 더 힘을 기울이면서 굳이 조선의 치부를 들출 이유는 없었다. 게다가 조선은 적어도 의례적인 면에서 충실히 사대의 예를 시행하고 있었다. 어찌 보면 인조가 삼전도비를 건립하면서 그토록 원했던 '자소字小(작은 나라

독립문 앞에 자리한 영은문 기둥 초석

를 어루만져줌)'를 이때에 와서야 확실히 받게 된 셈이다. 조선인들에게는 여전히 치욕의 상징이었지만, 오히려 삼전도비는 점차 조선·청 양국의 관심사에서 멀어졌다고 보는 편이 자연스럽다.

19세기 말에 이르러 삼전도비는 여러 차례 훼손된다. 그 이전까지 아무런 훼손이 없었는지 확인할 길은 없으나, 1895년 청일전쟁으로 조선이 '독립'하면서 삼전도비는 땅속에 파묻히는 운명에 처해졌다. 칙사를 맞이하는 모화관 앞의 상징적인 조형물인 영은문迎恩門과 함께 제거 대상이 된 것이다. 삼전도비는 1917년 일제의 조선총독부에 의해 다시 세워졌다가 광복 후인 1956년에 도로 파묻히는 등 큰 수난을 겪었다. 심지어 1957년에는 삼전도비가 제거된 상태에서 '청태종공덕비지淸太宗功德碑址'라는 이름의 사적

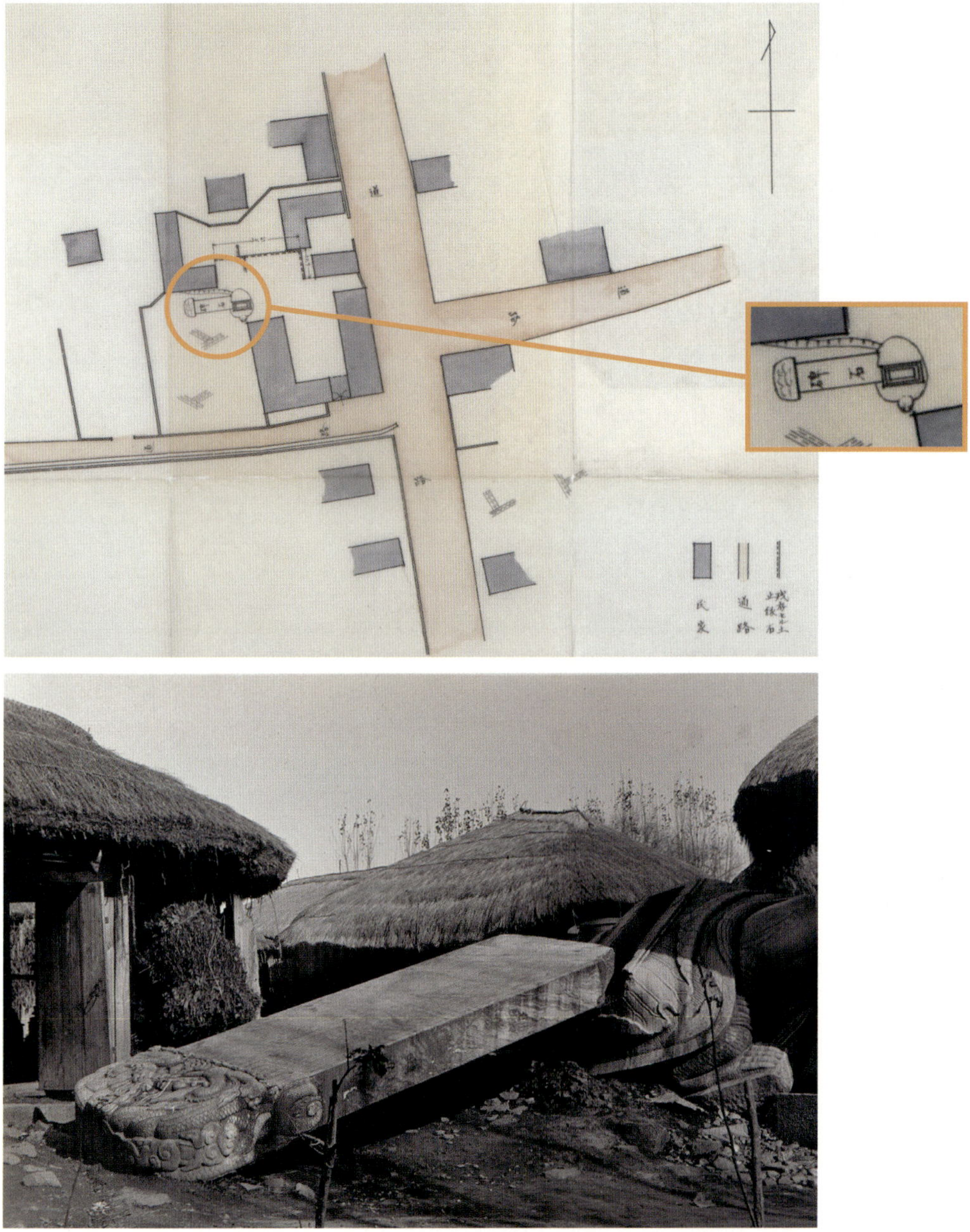

1915년 삼전도비 상황을 기록한 평면배치도와 사진

삼전도비 이전 안내문

으로 지정되기까지 했다. 일제는 조선이 타국의 속국이었음을 강조함으로써 자신들의 지배를 정당화하려 했고, 광복 이후 정국에서는 한국의 자주성을 해친다는 이유로 내쳐진 것이다.

1962년 파묻힌 삼전도비가 홍수로 다시 모습을 드러내자, 이를 회수한 뒤 수해를 피해 석촌동에 세웠다. 1980년대 초반에는 역사의 교훈으로 삼자는 취지에서 공원까지 조성되었지만 2000년대 이후 문제제기가 있었다. 삼전도비를 원래 위치로 옮기고자 했으나, 지지부진하여 방치되었다가 2007년에는 스프레이로 '철거 370 병자'라는 글자를 적은 훼손도 일어났다. 이후 위치 복원 작업이 진행되고, 2010년에 이르러 현재의 위치에 자리를 잡고 민간에 개방되었다.

이처럼 삼전도의 치욕을 상징하는 조형물은 아이러니하게도 조선왕조가 무너지던 시기 혹은 그 이후에야 심각한 훼손의 위기를 맞이했다. 지금까지도 삼전도비는 치욕의 상징으로 여겨지며 곧잘 '삼궤구고두례'와 함께 거론된다. 실제로 병자호란 이후 조선인들은 삼전도비를 보면서 수치스러움을 느꼈을 것이다.

그러나 여기서 한 가지 기억할 것이 있다. 삼전도비는 조선이 청의 속국임을 상징하는 조형물이 아니라는 점이다. 애당초 이 비석에 새겨진 홍타이지의 공덕은 "조선의 과오를 용서하여 원래대로 보전시켰다."는 것이 골자였다. 다시 말해 전쟁 이전으로 복구시켰다는 의미이다. 병자호란을 계기로 조선이 청과 군신의 형식으로 외교 관계를 새롭게 한 것은 사실이지만, 그렇다고 해서 정치적인 독자성을 상실한 것은 아니었다.

홍타이지의 공덕은 조선을 멸망시키고 흡수한 것이 아니라, 망할 뻔한 나라를 다시 일으켜 세운 것이었다는 점을 고려하지 않고 현대적 관점에서 주권·자주 등의 개념을 적용할 이유는 없다. 삼전도의 항복은 인조와 이경석을 비롯한 지배층에게 분명 치욕의 상징이었고, 삼전도비는 이를 끊임없이 되새김질하게 하는 조형물이었다. 하지만 지금까지 이를 '굴욕'으로 여길 필요는 없다. 수많은 역사의 한 장면이기 때문이다.

百世淸風

제8강

조선 문화의 르네상스가 일어나다, 인왕산 백세청풍

겸재가 사랑한 인왕산과 청풍계

선원 김상용의 청풍계 경영

겸재 그림을 따라 돌아보는 청풍계 답사

청풍계를 방문한 사람들

청풍계는 사라지고 오직 '백세청풍'만

제8강

조선 문화의 르네상스가 일어나다, 인왕산 백세청풍

이경구 한림대학교 한림과학원 교수

겸재가 사랑한 인왕산과 청풍계

우리나라의 18세기는 영조의 52년 통치(1724~1776)와 정조의 24년 통치(1776~1800)가 4분의 3을 차지한다. 영조와 정조의 시기는 흔히 '왕조의 중흥기'로 불린다. 안정된 왕권, 잘 작동하는 통치 시스템, 도시의 성장, 수공업과 상업의 확대, 학문과 문화의 진흥 등이 뒤에 따라오는 설명이다. 그런데 이런 설명은 너무 교과서스럽다. 문화가 생동하던 현장을 생생하게 전해주는 것은 역시 그림이 아닐까. 아니나 다를까, 이때는 그림도 크게 변했다. 김홍도와 신윤복 같은 대표 화가들은 서민들과 도시 풍정으로 눈을 돌렸다. 덕분에 농부, 대장장이, 양반, 아낙, 별감, 아이, 기생, 엿장수, 술판 등등 각양각색 인물들의 일상이 생생하게 전해졌다.

일부 화가들은 산수화의 개념도 바꾸고 있었다. 조선의 산천을 실감 나게 그리는 우리식 산수화를 발전시킨 것이다. 이른바 '진경眞景 산수화'가 그것이다. 그런데 '진경'이란 말이 쉽지는 않다. 사실대로 참[眞]되게 그리는

〈인왕제색도〉에 나타난 청풍계

것이지만, 참이라는 게 꼭 눈에 보이는 것에만 있지 않기 때문이다. 본질은 현실 너머에 숨어 있기도 하다. 그런 이유로 진경을 그리는 화가는 사실에 기초하지만 때론 사실을 비틀고 재구성해서 그린다. 이러한 화법의 정점에는 우리가 잘 아는 겸재謙齋 정선鄭敾이 있다. 그의 대표작 〈금강전도金剛全圖〉를 보면 금강산 봉우리 하나하나는 사실적이지만 거리를 무시하고 원형으로 모여 앉았다. 금강산을 재조립해 그림 한 폭에 모두 담아낸 것이다.

겸재의 걸작으로 〈금강전도〉를 뽑는 분들이 많은데, 그와 비견하게 많은 사람들이 〈인왕제색도仁王霽色圖〉를 꼽기도 한다. 제霽는 '비가 갰다'는 뜻이

《장동팔경첩》 중 〈청풍계〉

니, 비 갠 후 아직 안개가 자욱한 인왕산의 모습이다. 이 작품의 백미는 꼭대기에 웅장하게 자리 잡은 치마바위를 무겁고 대담한 붓칠로 검게 표현한 것이다. 하얀 바위 절벽이 비에 젖어 오히려 검게 보이는 듯한, 현실이면서 현실이 아닌 듯한 진경을 잘 표현했다. 그런데 겸재는 인왕산의 한 계곡을 또한 유난히 사랑해서 이곳을 여러 차례 그림의 소재로 삼았다. 인왕산 북쪽의 청풍계淸風溪라는 골짜기이다.

겸재는 한성 북부 유란동에서 태어났다. 유란동은 인왕산과 북악산 사이에 있고 지금은 종로구 청운동에 속한다. 그는 이웃 장동에 살았던 김창협, 김창흡 형제에게 학문을 배웠다. 김창협, 김창흡은 안동 김씨 출신으로 당시 문단과 학계에서 명성이 높았다. 겸재의 관직 진출에는 스승들의 형 김창집의 추천이 있었다. 평생의 친구 이병연도 김창흡에게 배웠고 북악산 아래 살았다. 겸재 본인은 물론 스승, 후원자, 친구가 모두 인왕산과 북악산 사이에서 학문과 문예 활동을 전개했던 것이다. 이곳은 겸재의 생각과 심미안을 길러낸 진경 산수의 요람이라 해도 과언이 아니다.

인왕산 골짝 중에서 최고의 풍경을 자랑하는 곳은 청풍계였다. 일찍부터 "물과 바위가 좋기로 서울에서 으뜸이다."라는 세평이 있었으니, 이곳은 한양에서도 손꼽히는 경치였다. 겸재는 청풍계를 유독 사랑했다. 그가 청풍계를 소재로 그린 그림만도 현재 6점이 전하고 있다.

선원 김상용의 청풍계 경영

청풍계는 처음에 청풍계靑楓溪라고 불렸다. 풍楓은 단풍나무이니, 단풍나무가 우거진 계곡이란 뜻이다. 그런데 선조가 이곳에 '청풍계淸風溪'라는 현판을 내리면서 그 이름으로 알려졌다. 맑은 바람의 계곡이란 뜻이다. 물론 이름이 바뀐다고 단풍나무가 없어지진 않았을 터, 이후에도 청풍靑楓은 종종 쓰였다.

경치 좋은 청풍계는 일찍부터 명소로 알려졌다. 중종대에 동부승지와 강원도 감찰사를 지낸 김영金瑛이란 분이 관직에서 물러나 이곳에서 은거하였다. 그는 청풍계에 풀로 지붕을 이은 모정茅亭을 세우고, 연못 세 개를 팠다. 이곳을 얼마나 사랑했던지 자신의 호를 '세 연못'이란 뜻의 삼당三塘이라고 했다. 김영의 아우 김번은 북악산 아래 장의동에 터를 잡았다. 이후 청풍계에서 장의동에 이르는 공간은 주로 김번의 후손들이 대를 이어 살았다. 특히 김번의 증손자인 선원仙源 김상용金尙容과 청음淸陰 김상헌金尙憲 형제가 모두 유명해지면서 이 집안은 큰 명망을 누리게 되었다. 이들이 세칭 '신新 안동 김씨' 또는 장의동에 기반했다 하여 '장동 김씨'로 불리는 가문이다. 19세기 세도 가문으로 유명한 안동 김씨가 바로 이 집안이다. 다만 세도 가문은 안동 김씨 전체가 아니라 김상용과 김상헌의 후손에 국한된다. 여기서는 편의상 '안동 김씨'로 쓴다.

김상용은 큰 증조할아버지[伯曾祖]인 김영의 청풍계를 본격적으로 경영하였다. 그는 1608년(선조 41) 무렵 이곳을 새로 꾸몄는데, 이때 모정인 태고정太古亭이 정비되었다. '태고'는 송나라 당경唐庚이란 사람의 시 "산은 고요하여 태고와 같다[山靜似太古]."라는 뜻이다. 연못에는 계곡물이 흘러들어 위부터 차는데 각각 조심지照心池, 함벽지涵碧池, 척금지滌襟池였다. 마음을 비추고, 푸른 물빛을 머금고, 마음을 풀어낸다는 뜻이다.

중심 건물인 청풍각淸風閣도 정비하였다. 편액은 명필 한호韓濩가 썼고, 선조가 내린 '청풍계'라는 어찰이 비단에 싸여 벽에 걸렸다.

청풍각 동쪽은 소오헌嘯傲軒이다. 소오헌에는 와유암臥遊庵이란 온돌방도 놓았다. 김상용은 와유암에 명화名畫와 고적古蹟을 소장하고 즐겼다. 와유암에는 훗날 소현세자가 방문하고 쓴 "창밖에 깊은 계곡 물소리 들리고, 벗 찾아온 외로운 봉우리 구름을 쓸어내네[窓臨絶磵聞流水, 客到孤峰掃白雲]."라는 글귀가 걸렸다.

건물 위로 조금 올라가면 큰 바위가 있는데 이름을 청풍대淸風臺라고 했다. 김상용은 마침표를 찍듯 여기에 '백세청풍百世淸風'이란 글자를 새겼다.

이쯤에서 질문이 생겨날 법하다. 도대체 청풍淸風이 무슨 뜻이기에 '청풍

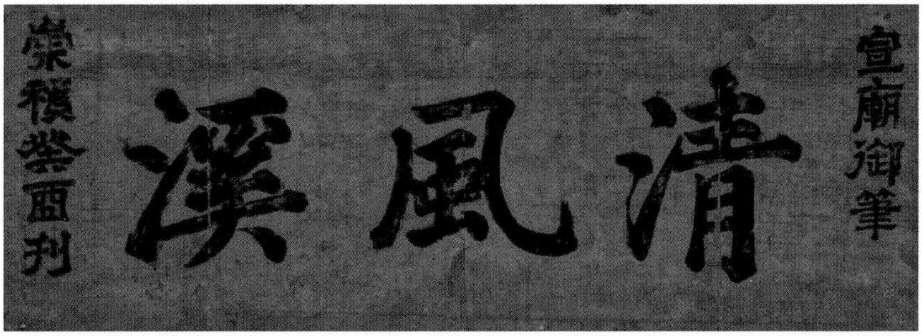

선조가 쓴 청풍계

靑楓'이 '청풍淸風'으로 변하고, 선조가 글을 내리고, 바위에 백세청풍을 새긴 것일까. 청풍이란 말에는 유명한 고사가 있다. 옛날 중국에서 주周나라의 무왕武王이 은殷나라를 무찌르려 하자, 백이와 숙제가 이를 말렸다. 그러나 백이와 숙제는 뜻을 이루지 못했고 세상을 부끄러워하며 수양산에 들어가 고사리로 연명하다 굶어 죽었다. 맹자는 이들을 두고 "백세의 스승이다[百世之師也]."라고 하면서 "성인 가운데 맑은 자이다[聖之淸者也]."라고 했다. 여기서 백세청풍이 생겼으니, 영원토록 변치 않는 깨끗하고 곧은 지조라는 뜻이다.

한편 훗날 주자朱子는 백이와 숙제를 기린 수양산 이제묘夷齊廟에 '백세청풍'이란 글자를 썼다. 그리고 선조 때 정윤목이란 선비가 명나라에 사신으로 갔다가 그 글자를 탁본하여 조선에 전했다. 김상용이 청풍계를 새로 조성할 때 아마 이 글자를 얻어 새긴 듯하다.

뒤에 다시 설명하겠지만 김상용의 청풍계는 지금은 모두 사라졌다. 유일한 흔적이라곤 축대 일부에 삐죽 튀어나온 청풍대 바위 일부와 그 위에 새겨진 백세청풍 네 글자뿐이다.

김상용이 조성한 청풍계는 이내 장안의 명소가 되었다. 이름처럼 맑은 아름다움에서 속세를 떠난 정취가 풍겨났다. 김상용의 사위이자 당대의 문

백세청풍이 새겨진 청풍대 일부

장가였던 장유는 청풍계를 이렇게 노래했다.

咫尺連闤闠	저잣거리 지척이건만
風煙自不通	속세의 내음을 맡을 수 없어
因人地始勝	사람 따라 장소가 승경勝景이 되니
造物意偏工	만드신 이의 뜻이 참으로 교묘해
嶽影當軒外	산 그림자 마루 밖에 드리우고
溪雲入戶中	시냇가 운무雲霧 방 안에 들어오네
秋光更點綴	가을 햇볕은 들었다가 사라지고
緗菊間丹楓	연노랑 국화 사이 빠알간 단풍

〈청풍계〉

시내에서 그리 떨어져 있는 곳은 아니지만 마치 속세를 등진 깊은 산 같았다. 시의 후반부는 가을 정취가 물씬 풍겨난다. 산 그림자, 계곡에서 피어나는 물안개, 가을 햇빛은 강렬하지 않아 뉘엿뉘엿한데 연노랑 국화와 빨갛게 물든 단풍이 뒤덮고 있다. 청풍계의 단풍은 여전히 왕성했다. 겸재가 그린 〈청풍계〉 중에도 마침 단풍이 강조된 게 있다.

청풍계는 가문 사람들이 모여 화합하는 공간이기도 했다. 김상용의 부친 김극효를 비롯해 아우 김상헌 등이 중심인물이었고, 자손들과 절친한 벗들이 모였다. 김상용과 친했던 문장가 신흠 또한 이 자리에 자주 참석했다. 신흠이 전하는 잔치 장면이다.

매양 좋은 시절을 만나면 여러 자손들이 반드시 음식을 푸짐하게 장만하고 어버이가 바라는 선물[志物]을 준비하고는 평소에 공(김극효-필자)과 친숙하던 손님들을 맞이해 음식을 대접해 공을 즐겁게 했다. 나도 그 자리에 매번 참석했다. 화려한 수레와 가마가 반짝반짝 빛을 내며 왕래하는데, 산과 시내를 안석案席으로 삼고 풍악을 연주하며 이리저리 배회하니, 공은 술에 취한 채 그 사이에 드러누워 가끔 담론을 늘어놓으면 사람들이 모두 듣기 좋아하였다. 주위를 돌아보면 여러 자손들이 그의 곁에 죽 늘어서서 시립하고 있었고, 관복[袍笏] 입은 이가 가득하고, 훌륭한 풍채가 서로 빛났다. 생각건대 공의 복록福祿이 오래갈수록 더욱 끝이 없는 것이다. 아, 성대하고도 복되도다.

세상사 모두 그렇듯 청풍계의 성대한 모임 또한 영원하지는 못했다. 떠들썩했던 연회의 주인공 김극효는 1618년(광해군 10)에 별세했고, 기록자였던 신흠도 1628년(인조 6)에 세상을 떠났다. 그리고 다시 10여 년이 되었을 1636년 겨울 병자호란이 터졌다.

병자호란 당시 김상용은 종묘의 신주를 모시고 소현세자빈 강씨와 원손 등과 함께 강화도로 피란하였다. 이듬해인 1637년 1월에 청나라 군대가 강화도를 함락할 즈음 그는 강화 도성 남문南門에서 화약을 터뜨려 폭사爆死하였다. 이때 손자를 비롯해 몇몇 이들이 함께 운명했다. 그의 죽음을 두고 실화失火에 의한 사고사라는 주장과 스스로 죽음을 택해 절개를 지켰다는 주장이 잠시 맞섰다. 그러나 곧 순절殉節로 공인되었다. 1638년 청풍계에는 그의 충절을 기리는 정려旌閭가 세워졌고, 다시 4년 후에는 강화도에 충렬사忠烈祠가 세워졌다. 이후 김상용은 삼학사三學士와 더불어 병자호란을 대표하는 순절자로 추앙받았다.

김상용의 집안도 파란에 휩싸였다. 아우 김상헌은 잘 알려졌다시피 병자호란 때 척화파를 이끌었다. 그는 남한산성이 함락되자 안동으로 귀향했다

충렬사와 김상용 순절비

가 몇 년 후 청나라의 심양瀋陽으로 잡혀갔다. 이국땅에서 그는 꼿꼿한 처신으로 기개를 보였다. 그러나 울적함이 없진 않았을 터, 그는 자신이 살았던 장동 일대를 그리워하며 장편 시를 지었다. 돌아가신 형 김상용 등과 청풍계에서 즐거웠던 그 시절에 대한 회상 또한 절절했다.

청풍계의 태고정 清風溪上太古亭
우리 큰형님 일구고 살던 곳 吾家伯氏此經營
숲과 골짝은 언제나 수묵화 같고 林壑依然水墨圖
바위 절벽은 저절로 푸르른 병풍 巖崖自成蒼玉屛
우리 부자 형제들이 오손도손 앉아서 父子兄弟一堂席
노래하고 거문고 타며 사시사철 즐겼지 風月琴樽四時樂
좋은 시절 다시 돌아갈 수 없어 勝事如今不可追
지금의 이 심정을 누가 알아줄거나 此時此情何人識

겸재 그림을 따라 돌아보는 청풍계 답사

1636년(인조 14) 병자호란에서 시작한 동아시아의 격변은 1644년 청나라가 중국을 차지하며 끝이 났다. 이 시절에 안동 김씨들은 큰 고초를 겪었다. 청풍계의 주인 김상용이 순절했고, 김상헌은 심양에 억류되었다가 5년 후에야 귀환했다. 풍파를 반영하듯 청풍계에 대한 기록도 잠시 사라졌다.

청풍계가 다시 등장한 것은 한 세대 정도 지나서였다. 기록의 당사자는 뜻밖에도 남인의 지도자였던 허목이다. 현종 초에서 숙종 초에 두 차례에 걸쳐 예송禮訟, 즉 왕실의 상복례를 두고 큰 논쟁이 벌어졌다. 연립 정부를 구성했던 서인과 남인은 이 논쟁으로 상당한 갈등을 빚었다. 안동 김씨들은 애당초 서인의 핵심 가문이었고 송시열의 예론禮論을 지지하였다. 허목과 윤휴가 남인의 예론을 이끌며 서인과 맞섰다. 허목의 기록이 뜻밖인 것은 그래서이다.

2차 예송에서 남인이 승리한 직후인 1676년(숙종 2)에 허목이 청풍계를 방문했다.

> 이어서 청풍계에서 노닐었다. 시내를 내려다보는 곳에 소오당嘯傲堂이 있고, 시냇가에 돌로 축대를 쌓은 세 개의 연못이 있으며, 연못가에 태고정이 있다. 태고정 서쪽에 축대가 있는데 그 밑의 산 중턱에는 자갈밭[石田] 두어 이랑이 있으며, 밭 가의 암벽은 시내를 굽어보고 있다. 이곳은 선원 김 상국相國의 별장이다. 지금 그가 별세한 지도 이미 40년이 지났으니 나무 하나, 돌 하나도 모두 옛 자취가 되었다.

김상용의 손자 가운데 김수홍이 있었는데, 그는 남인의 예설을 지지했던 까닭에 남인과 친했다. 허목의 방문도 그가 인도해서였다. 다만 김수홍은 가문의 예설과 다른 주장을 했기 때문에 가문과 절연하게 되었다. 사연이야 어쨌건 허목은 17세기 후반 청풍계의 모습을 전해준다. 연못들과 태고정, 소오헌 등은 여전하지만, 나무 하나 돌 하나가 모두 옛 자취가 되었다는 평에서 쓸쓸함이 느껴진다.

청풍계는 김상용의 증손자들인 김시걸, 김시보 형제가 다시 정비하였다. 그들은 1683년(숙종 9)에 청풍계에 지각池閣을 다시 세웠다. 그리고 또 한 세대가 지난 1708년에는 김상용의 충절을 기리는 늠연사凜然祠가 청풍대 아래에 세워졌다. 늠연사는 김상용의 초상을 모신 영당이다. 숙종이 김상용을 기리며 쓴 "충절의 늠름함 천지가 알고 있네[忠節凜然天地知]."에서 이름을 땄다. 늠연사 앞 돌에는 송시열의 글씨 '대명일월大明日月'을 새겨 넣었다. 입구 밖에는 김상용의 정려문 말고도 김성우와 김수민의 효행을 기리는 정려문이 1657년(효종 8)과 1674년에 이미 세워졌다.

새로운 정비의 상징은 늠연사와 송시열의 글자를 새긴 대명일월이었다. 대명일월은 '대명천지 숭정일월大明天地 崇禎日月'을 줄인 말이다. 숭정은 명나라의 마지막 황제이고 일월은 세월이니, 글자 그대로는 '명나라의 천지요, 숭정의 세월'이란 뜻이다. 비록 명나라는 망했지만 조선이 명나라의 정통성을 이어받아 유교를 지키고 있으며, 김상용의 충절이 바로 그 정신에서 비롯했다는 뜻이다.

겸재가 보고 그린 〈청풍계〉가 바로 이때였다. 지금은 모두 사라졌지만 우리는 겸재의 그림들을 따라 가상으로나마 답사할 수 있다. 청풍계에 들어서면 입구 앞에서 김상용, 김성우, 김수민의 정려문을 만난다. 입구로 들어가면 왼편 자락에 태고정과 조심지·함벽지·척금지의 세 연못이 있다. 오른편에는 청풍각이 크게 자리 잡았다. 청풍각 위에 늠연사가 있고, 늠연사 뒤에 청풍대가 있다.

이제 청풍계를 겸재의 걸작 두 점을 통해 전체적으로 감상해보자. 가장

입구와 정려문

청풍각

태고정, 조심지,
함벽지, 척금지

늠연사와 청풍대

간송미술관 소장 〈청풍계〉

고려대학교박물관 소장 〈청풍계〉

잘 알려진 그림은 간송미술관 소장본(이하 간송본)과 고려대학교 박물관 소장본(이하 고려대본)이다. 두 그림은 한눈에 봐도 분위기가 다르다. 간송본은 짙푸르고 안개가 가시지 않아 아스라하다. 검게 칠한 바위들은 가파르다. 그에 비해 고려대본은 전체적으로 밝고 트인 느낌이다. 하단에 연녹색과 연노랑으로 채색된 나무들이 밝은 느낌을 주고 상단에 하늘까지 조망하여 그린 듯하다.

더 찬찬히 살펴보자. 간송본은 주로 바위와 나무가 강조되었다. 건물을 보면 아래 정려문은 생략되었고, 중심 건물인 청풍각은 보일락 말락 일부만 그려졌다. 태고정과 늠연사도 그리 부각되지 않았다. 대신 하단 중앙에 우뚝한 검푸른 소나무와 늠연사 뒷바위 청풍대가 인상적이다. 특히 그림 중앙에 거칠고 위태로운 듯 튀어나온 청풍대가 압권이다. 그에 비해 고려대본은 나무, 건물, 바위, 하늘이 모두 적절하다. 생략된 건물도 없고 비례

두 그림에 나타난 청풍대

도 잘 맞는다. 그러니까 고려대본이 대체로 안정적이고 사실적이다. 무엇보다 간송본에 비해 완만하게 그려진 청풍대가 증거이다. 실제 청풍대 바위가 그렇게 생겼기 때문이다.

그러면 질문은 '왜 겸재는 간송본에서 청풍대를 실제와 다르게 그렸을까?'가 되어야 한다. 필자는 겸재가 이 그림의 주제를 청풍계에 깃든 꼿꼿한 충절의 분위기를 부각하려 했다고 생각한다. 그 의도를 정려문이나 늠연사를 부각하여 직접 표현한다면 너무 하수下手이다. 고수高手는 상관없는 듯한 것들을 빌려와 암묵적으로 주제를 표현한다. 짙고 위태롭고 꼿꼿하게 강조된 나무와 바위를 통해 청풍계의 비장함을 그려내는 것, 그것이 진경의 수법이다. 청풍계를 파격적으로 그린 간송본이 진경 산수화의 대표 작품 가운데 하나로 꼽히는 이유이다.

청풍계를 방문한 사람들

면모를 일신한 청풍계는 내로라하는 선비들이 방문하는 명소가 되었다. 문 앞을 지나는 사람들이 정려문을 가리켜 "김씨 집안은 어찌해 이렇게 충절과 효성을 지닌 군자들이 많은가." 하며 감탄했다고들 한다. 절경과 탈속의 풍치에 더하여 충절과 의리의 정신이 겹쳐진 것이다. 1760년(영조 36)에는 김귀주가 이곳을 방문했다.

> 다시 말을 타고 청풍계를 들렀다. 계곡물은 잔잔히 흐르고 있었고 계곡 가에는 태고정이 있었다. 태고정 아래는 세 연못이 있는데 삼연三淵 옹(김창흡을 말함-필자)의 형제들이 예전에 놀던 곳이다. 암벽 위에는 백세청풍 네 글자가 새겨져 있다. 우옹(송시열-필자)이 쓴 것이다. 옛 자취가 처량하여 말없이 슬픔에 잠겼다. 선

원 선생의 영당에 절하였다. 그의 초상이 늠름하여 마치 살아 있는 듯했고 묘목은 아름드리가 되었다. 오랫동안 감개가 가시지 않았다.

방문 전해인 1759년에 여동생 김씨가 영조의 계비(정순왕후)에 봉해지면서 김귀주는 국모의 오빠라는 귀한 신분이 되었다. 그는 북한산 일대를 탐방하는 와중에 이곳을 들렀다. 그런데 '백세청풍'을 송시열이 썼다고 오인하기도 했다. 서울 사정에는 아직 익숙하지 않았던 듯하다.

정파가 다른 이들의 방문도 있었고 국왕들의 방문도 이어졌는데 1790년(정조 14) 정조의 행차가 흥미롭다.

청풍계에 이르러 태고정에 앉아 잠깐 쉬었다. 내가 춘저春邸에 있을 때에 어가를 모시고 여기에 왔을 때에도 혼자 이 정자에 온 적이 있었는데, 10여 년 사이에 바위와 시내와 나무들을 알아볼 수가 없게 되었다. 정자의 주인 김도순을 소견하였다. 그는 고 상신相臣 문충공 김상용의 7대손으로 나이가 69세였다. 그의 아들을 등용시키라고 이조에 명하고, 정자 지붕의 무너진 곳은 호조가 수리하게 하였다.

정조의 회상에 의하면, 그는 세손 시절에도 영조를 모시고 온 적이 있었다고 한다. 영조 또한 이곳을 방문했던 것이다. 또 정조는 태고정을 수리하고 청풍계 주인 김도순의 아들을 등용했다. 파격적인 은전이다.

정조의 행보는 영조 이래로 왕실과 안동 김씨의 친연한 관계 때문이었다. 숙종의 후궁 중에서 영빈 김씨는 안동 김씨 가운데 김상헌 가문 출신이었다. 영조는 어릴 적부터 그녀를 어머니처럼 따랐다. 영조가 왕자 시절 머물던 곳이 경복궁 옆 창의궁이었으니, 안동 김씨의 본거지였던 장동과 거리도 가까웠다. 또 영조가 왕세제로 책봉되는 데 안동 김씨 출신의 영의정 김창집의 공로가 컸다. 정조는 김창집을 특별히 영조의 묘정에 배향하기도 했다.

숙종 이래로 왕실과 안동 김씨의 관계는 정조가 세자(순조)의 배필로 안동 김씨 김조순의 딸(순원왕후)을 점찍으며 새로운 단계에 접어들었다. 순조와 순원왕후의 국혼은 안동 김씨가 사대부 명가에서 외척 세도가로 변하는 계기가 되었다. 이후 순조, 헌종, 철종대에 안동 김씨의 영화가 절정에 달했음은 잘 알려져 있다. 이때도 순조와 효명세자(익종)가 청풍계를 들렀다.

왕실의 청풍계 행차는 1906년 고종의 아들 의친왕이 피서를 위해 이곳에서 묵었다는 기록이 마지막이다. 당시 신문의 보도이다.

> 의친왕 전하께서 그제 청풍계의 김 판서 가진 씨의 정자에 행차하시어 갑갑함을 푸시고자 1주일을 그 정자에서 계실 터이다. 책임자[權任] 1인, 보좌[補佐] 2인, 경호[巡檢] 4인이 보호한다.

의친왕이 피서 명목으로 일주일을 머무른 일은 청풍계에 대한 왕실의 지대한 관심을 보여주는 듯한데, 실제로 고종은 몇 년 후 청풍계를 접수한다.

청풍계는 사라지고 오직 '백세청풍'만

하늘을 찌를 듯했던 안동 김씨의 세도는 1863년 고종의 즉위와 흥선대원군의 10년 권세로 풀이 꺾였다. 19세기 후반에는 더 거대한 물결이 밀려왔다. 서양 문물은 조선의 정치·경제·사회는 물론 시간과 공간, 의식주와 일상 전부를 바꾸어놓았다. 청풍계도 그 바람을 피할 수 없었다. 이미 19세기 후반에 이곳의 경영은 축소되고 있었다. 청풍계 상류에는 원심암遠心庵

이란 암자가 있었는데 이 암자가 1880년대에 팔렸다. 암자의 주인은 이후 5~6번이나 바뀌게 된다. 1907년의 보도에 의하면, 원래 주인과 이를 사들인 사람 사이에 소유권 분쟁이 크게 빚어지기도 했다.

1900년대 이후 청풍계 인근에 근대 기관이 세워졌다. 1906년에는 장동과 청풍계 사이에 보명의숙普明義塾이 설립되었다. 이 학교는 '청풍계 보명학교'로 불렸고 이내 '청풍학교'로 개명하였다. 1910년까지는 기록을 확인할 수 있으나 이후는 알 수 없다. 이 일대의 교육 기관은 1923년에 청운공립보통학교(지금의 서울청운초등학교)의 설립으로 이어진다. 청풍계에서 조금 내려온 곳에는 사도세자의 생모를 제사 지내는 선희궁宣禧宮이 있었다. 선희궁은 1908년에 육상궁으로 옮겨지고, 1912년에 제생원 산하의 고아원인 양육부가 이전해온다. 1914년에는 청풍계를 포함한 서울 북부 일대의 행정 변화가 있었다. 청풍계와 백운동, 신교동 등이 합쳐 지금의 청운동이 되었다.

청풍계에서 안동 김씨들의 활동 기록은 1908년이 마지막이다. 1908년 7월과 8월에 청풍계 태고정에서 잇달아 문중 모임인 화수회花樹會가 개최되었다. 안동 김씨의 화수회 공고가 신문에 난 것은 처음이었고, 《대한매일신보》와 《황성신문》에 여러 차례 실렸다는 점에서도 이채롭다. 매우 중요한 행사였던 듯한데 자세한 내막은 알 수 없다.

이후 청풍계는 한동안 기록을 찾을 수 없다. 그러다가 1924년이 되면 크게 달라진 정황을 알려주는 기사가 나온다. 청운동 2번지에 사는 박봉대라는 분의 진술이다.

> 효자동 큰길로 한참 올라가면 맑은 냇물이 시원한 소리를 내고 북산으로부터 불어 내려오는 바람이 흐르는 물과 같이 맑습니다. 청풍계라는 이름이 참으로 부끄럽지 않지요.

그러나 맑은 바람, 맑은 물이야 그리 귀할 것이 있습니까. 청풍계가 명물 되기는 물이나 바람보다도 냇가 위에 있는 옛집 하나 까닭에 명물이랍니다. 옛집인들 다 명물이겠습니까. 이 집은 정축년 강화 난리에 절사節死한 선원 김상용 씨 구택舊宅입니다. 이 집이야 명물에 빠질 수 있습니까. 농암農巖의 '청풍노수금상재淸風老嫂今尙在(청풍계의 늙은 형수님 지금도 계시네-필자)'라는 글귀가 있습니다. 농암이 이 집에 오면 과부로 계셨던 나이 많은 형수께서 술을 내드렸답니다. 혈혈단신한 부인 한 분이라도 이 집을 지켜나가기에 조금도 부족함이 없었던 것을 보면 고금의 느낌이 자연히 일어납니다.

1924년 7월 19일 《동아일보》에 실린 청풍대 사진

이 집이 지금은 일본 사람의 집이랍니다. 태황제 계실 때 이 집이 궁중 소속이 되게 된 것을 특별히 도로 내어주셨었지요. 그 뒤 일이야 말할 것이 있습니까. 맑은 바람 맑은 물까지도 고금이 달랐으면 오히려 우리의 느낌이 덜할 것 같습니다.

청풍계를 흐르는 물과 김상용의 옛집은 비교적 그대로였다. 기사에는 청풍대를 찍은 사진도 실렸는데, 흐릿해서 잘 보이지는 않지만 청풍대는 여전하고 다만 아래쪽에 축대가 조성되어 있다.

큰 변화는 그새 주인이 두 번이나 바뀌었다는 사실이었다. 기사 말미에 고종이 왕실로 귀속시켰고, 다시 일본인에게 내주었다고 한다. 최근 연구에 의하면, 1912년의 토지조사부에 청풍계는 안동 김씨 김종한의 소유로 되어 있었다. 그런데 1917년의 기록에는 왕실이 소유자였고, 인근 지역은 일본의 미쓰이[三井] 재벌 소유라고 했다. 그러니까 1912년과 1917년 사이에 청풍계는 왕실 소속으로 바뀐 것이다. 고종은 1919년에 승하하였으므로, 그가 청풍계를 미쓰이 재벌에 넘겼다면 그 시점은 1917년에서 1919년 사이이다.

왕실에 청풍계를 넘긴 안동 김씨 측의 인사, 즉 안동 김씨의 마지막 청풍계 주인은 누구였을까. 정조가 방문했을 때 만난 김도순은 김상용의 8세손이다. 1906년에 의친왕이 머물렀을 때 이곳을 김가진金嘉鎭 댁이라고 했는데, 김가진은 김도순의 고손자이다. 그런데 김가진이 태어난 곳은 신교동이다. 현재 종로구 체부동 45번지에 그의 집터를 알리는 표석이 있다. 1890년대 이후 김가진은 청풍계 위쪽 백운동에 있는 백운장 등에서 살았다. 백운장은 지금은 사라졌는데 뒷바위에 김가진이 쓴 '백운동천白雲洞天'이 남아 있다. 현재 자하문 터널 위이다. 대체로 김가진과 청풍계는 직접적인 관련이 없는 듯하다. 참고로 김가진은 조선 말기와 대한제국 때 고위직을 역임했으나 을사조약에 반대했다. 일제 강점 후에는 남작 칭호를 받았지만 바로 반납하고 독립운동에 투신했다. 그는 대동단을 이끌었고, 말년에 상해 임시정부의 고문을 지냈다. 아들 김의한과 며느리 정정화도 독립운동가로 유명하다.

여러 기록을 종합하면 안동 김씨 쪽의 마지막 청풍계 주인은 김종한金宗漢이다. 그의 소유는 1879년(고종 16) 그가 고종과 나눈 대화와 1912년의 공문서에서 확인된다. 하지만 그는 김도순의 후손은 아니었다. 그러니까 어느 시기엔가 김상용의 후손들 사이에 청풍계의 소유가 바뀌었던 듯하다. 김종한은 조선 말기와 대한제국 시기에 고위직을 역임했으며, 최초의 근대 은행인 조선은행 창립을 주도하였다. 그리고 강점 후에는 일제에 협력하여 친일파가 되었다. 그도 남작 칭호를 받았는데, 세간에 '청풍계 남작'으로 불렸다고 한다.

1920년대 중반까지 그럭저럭 모습을 유지하던 청풍계는 1920년대부터 모습 자체가 크게 변했다. 1935년 문일평이 《조선일보》에 쓴 기사는 10년 사이에 변해버린 청풍계와 그 일대를 알려준다.

> 자하문에서 소나무 숲 사이 큰길로 청계를 끼고 한참 내려오느라면 오른편에 백운장白雲莊이란 일본 요정이 있는데 이것은 본디 동농 김가진의 옛집이었다. … (청운교를 건너면 유명한 청풍계로서) … 이 집은 선원으로부터 그 종손이 세거하여 김종한 노장의 대까지 이르렀고 순조, 헌종 및 철종의 역대 상감께서 임어의 영광을 주시었던 태고정이라 … 지금으로부터 5~6년 전만 해도 이 동리의 풍기는 아주 근엄하고 자지自持하여 북촌 중에서도 특색이 있었다고 하거니와 미쓰이[三井] 회사의 소유가 된 오늘날에 와서는 시내[溪磵]를 메꿨으며 암석을 때려내고 가옥의 터를 닦을 새에 자연의 풍치가 모두 훼손하게 되니 문명의 작난作亂도 이에 이르러서는 어지간하다. 선원 옛집의 태고정은 꼭 1칸만 남아 있어 인부의 숙소가 되었으며 백세청풍이 각자된 암석도 일면만 남아 있어 겨우 옛날 자취를 짐작하게 되었거니와

김가진의 백운장은 일본 요정으로 변했다. 미쓰이 기업의 소유가 된 청풍계 또한 크게 변했다. 아름다웠던 계곡은 복개되었고 암석들도 많이 사라져 경관이 크게 훼손되었다. 태고정이 인부의 숙소가 되었다 하니 다른 건물들의 처지야 미루어 알 수 있다.

이곳은 1930년대 이후 경치에 반한 일본인들이 더욱 찾아들었고 광복 후부터는 주택이 급속도로 늘어나 완연한 주택지로 변모하였다. 1972년 《조선일보》 기사는 다시 한 세대 이상이 흘러 완전히 바뀐 청풍계를 전한다. 제목을 보면 다음과 같다.

1970년대 청운동 일대 경관

물 맑고 바람 시원해 즐겨 찾던 소풍지
지금은 억대 양옥 즐비한 고급 주택가
백세청풍 네 글자는 남의 집 축대 밑에 흔적만

기사를 요약하면 "한옥에서부터 억대를 넘는 2~3층짜리 양옥이 빕지 않게 꽉 들어차 있고 서북쪽으로는 11개 동의 청운시민아파트까지 우뚝 솟아 옛 풍치를 찾아볼 수 없다."고 했다.

1970년대에 청풍계 자리에 살았던 이들은 현대건설 사장 정주영, 외무부 차관 윤석헌, 경기중학교 교장을 지낸 맹주천, 한국생사韓國生絲 사장 김지태 등 당대에 쟁쟁한 인사들이었다. 백세청풍이 새겨진 청풍대 바위는 당시 김지태의 집 울타리 안에 있었다. 그리고 1994년에 '서울 명소'로 지정되어 표석이 세워졌다.

지금 청풍계 500년의 자취는 사라졌지만 400년을 넘긴 백세청풍 바위만 홀로 여전하다. 청풍계에 대한 감회의 끝자락은 백세청풍이 말뜻 그대로 100세에 남아 있기를 바라는 것일 듯하다.

제9강

무상한 권력의 흔적, 공덕리 금표

공덕오거리, 비석의 주인을 찾아서

흥선대원군의 별장, 아소당

흥선대원군 권력의 약점

몰락 그리고 아들과의 투쟁

흥선대원군의 마지막 무대, 아소당

제9강

무상한 권력의 흔적, 공덕리 금표

홍문기 총신대학교 역사교육과 조교수

공덕오거리, 비석의 주인을 찾아서

공덕오거리는 마포구 인근 교통의 요지다. 백범로와 마포대로 그리고 만리재로까지 교차하는 데다 지하철 5호선과 6호선이 교차하는 공덕역이 있다. 조선시대에는 세종 때의 문신 최만리가 살았던 것으로 알려진 만리재길(지금의 만리재로)이 지나는 것으로 더 유명했다. 숭례문에서 마포나루까지를 곧바로 연결하는 만리재 고갯길과 돈의문에서 마포나루로 이어지는 마포길이 만나는 이곳은 한양 서남부에서 가장 활발한 교통의 요지였을 것이다. 지금도 공덕오거리에서 사방을 둘러보면 마천루 아닌 건물을 찾기 힘들 정도로 번화한 곳이다.

그 한복판, 공덕역 3번 출구와 2번 출구 사이에는 자그마한 공원이 있다. 뒤로는 2009년 세워진 마포롯데캐슬 주상복합아파트, 비스듬히 맞은편에는 유엔산업개발기구 빌딩이 있다. 빌딩 숲 사이에 파묻힌 듯한 이 공원 입구에는 높이가 1m도 채 되지 않는 작은 비석이 하나 서 있다. 비석에 새겨

공덕리 금표

진 문구는 다음과 같다.

限一百二十步	120보에 한하여
孔德里禁標	(토지의 이용을) 금함. 공덕리 금표
同治庚午八月日	1870년 8월

아무런 설명도 경계도 없이 세월의 풍상에 마모되어가는 비석의 문구치고는 위세가 당당하다. 조선시대부터 지금까지 교통의 요지이자 번화의 중심인 이곳에 도대체 누가 이런 비석을 세웠을까. 금표란 조선시대에 왕실이 특정 지역을 통제하기 위해 만든 표지이고 주로 왕족의 무덤, 즉 능원陵

園을 보호하는 것이 목적이다. 1870년(고종 7) 8월 조선 왕실의 누군가가 이곳에 무덤을 쓰려고 했음을 알 수 있다.

보통 이런 능원은 성역聖域으로서의 권위를 갖추기 위해, 또 백성들의 삶에 어려움을 끼치지 않기 위해 백성들의 생활 구역과는 어느 정도 떨어진 곳에 만드는 것이 보통이다. 그런데 이곳은 한양과 마포나루를 잇는 큰 도로의 바로 옆이다. 조선시대 마포나루가 지금의 인천공항이나 김포공항 같은 역할을 했음을 감안하면, 이 금표의 위치가 얼마나 부자연스러운지 알 수 있다. 도대체 이 비석이 여기에 세워진 경위는 무엇일까?

《고종실록》과 《승정원일기》를 보면 그 답을 알 수 있다. 1870년 8월 25일, 궁중의 정기 회의 자리에서 영의정 김병학, 우의정 홍순목이 고종에게 보고한 내용을 잠깐 살펴보자.

> 김병학: 대원군이 공덕리로 행차할 때에 저희들이 아뢰고 나갔는데 사방으로 100보를 넘지 않도록 경계를 정해 푯말을 세우고 백성들이 계속 살아가도록 허락했습니다. 이렇게 좋은 뜻을 알리니 모두가 기뻐했습니다. 이로써 수풀 지역을 넓게 차지하는 폐단이 없어질 것입니다.
>
> 홍순목: 공덕리에 경계를 정할 때 되도록 작은 면적으로 하려고 했기에 그 근처에 사는 백성들이 살 수 있게 되었습니다. 이것은 신의를 지키고 순리를 따라서 사람들 간의 화합을 중요하게 여겼기 때문입니다. 대원군이 멀리 내다보고 취한 조치가 매우 훌륭합니다.

이 기록에서 알 수 있듯이, 공덕리 금표 비석을 세운 주인공은 흥선대원군이었다. 여러 야사에 따르면, 흥선대원군은 풍수지리에 깊이 빠져 자기 아버지인 남연군의 묫자리를 알아보는 데 많은 공을 들였다. 그리고 1870년에는 자신의 묫자리를 공덕리에 만든 것이다.

원래 공덕동 지역은 이름난 명당이었다. 헌종대부터 고종대까지 활약한 유명한 관료였던 이유원은, 이곳에 대해 "여러 봉우리가 궁전처럼 펼쳐져 있어 큰 강을 감싸고 있고 맑은 기운이 막힘없이 두루 통하여 만 년 동안 이름을 떨칠 영묘하고 뛰어난 형세[殿疊巘呑大江 淑氣圓融 有萬年靈長之勢]"로 평하기도 했다. 풍수지리에 관심이 많았던 흥선대원군의 이목을 끌 만한 곳이었다.

그런데 당시 조선에서는 왕족이나 양반들이 무덤 자리를 크게 만들어 백성들의 삶이 어려워지는 것이 심각한 사회 문제였다. 위 기록에서도 언급된 "수풀 지역을 넓게 차지하는 폐단"이 바로 그것이다. 더욱이 공덕동은 큰 도로가 지나는 곳이어서 많은 백성들이 거주하고 있었다. 대원군의 주목을 받았다는 것이 공덕동 주민들에게는 불행이고 사회적으로도 큰 논란거리일 수 있었던 것이다.

이러한 배경을 알고 보면 위 기록의 행간을 읽을 수 있다. 사회적 물의를 야기할 수 있는 지역에 흥선대원군은 자기 묫자리를 정하는 대신, 크기를 사방 100보(지금의 150m)로 제한하여 상대적으로 작게 만들었다. 그리고 묫자리를 정할 때 정승들이 함께 따라가 '백성들을 안심시켰음'을 정승들의 입을 통해 기록으로 남겼다. 좋은 묫자리를 차지하여 자신의 위세를 드러내고 싶었던 욕망과, 한편으로는 개혁적 권력자로 자신을 선전하여 백성들의 신망과 지지를 얻고 싶은 의지가 절충된 결과가 바로 공덕리 금표였다.

흥선대원군의 별장, 아소당

그렇다면 그 묫자리의 정확한 위치는 어디였을까? 금표 뒤편으로 백범로를 따라 대흥역 방면으로 걸어가면 서울디자인고등학교가 나온다. 이곳

공덕리 금표와 아소당 터 표석 위치

서울디자인고등학교에 있는 아소당 터 표석

이 흥선대원군의 묫자리와 그 옆에 지은 별장, 아소당我笑堂의 터다.

옛사람들이 살아생전에 미리 만들어놓은 묫자리를 수장壽藏이라고 한다. 수장 옆에는 보통 묫자리를 관리하는 한편 그 주인이 임시로 기거할 수 있는 집을 만들어놓는 경우가 많았다. 흥선대원군도 이곳에 자신의 묫자리를 만들면서 따로 별장을 지어놓았다. 흥선대원군은 본가인 운현궁 외에 두 곳에 별장을 갖고 있었다. 하나는 본

아소당 현판과 묫자리

래 안동 김씨 세도였던 김흥근의 별장이었으나 고종 즉위 이후 흥선대원군이 차지한 것으로 유명한, 종로구 부암동에 있는 석파정石坡亭이다. 그리고 다른 하나가 바로 이곳 아소당이다.

아소당이 세워진 것은 1870년이었다. 그즈음 흥선대원군은 경복궁을 다시 세워 왕실의 권위를 확립하고, 특권을 누리던 서원을 철폐하고, 양반들에게도 호포세를 징수하도록 하여 백성들의 세금 부담을 덜어주었으며, 병인양요 때 침입해온 프랑스군을 격퇴했다. 말 그대로 하늘 아래 거칠 것이 없던 시절이었다. 그리고 흥선대원군은 아흔아홉 칸의 대저택이었다고 전해지는 새로 지은 건물에 '내가 웃는 집'이라는 의미의 '아소당我笑堂', 그 옆의 묫자리에는 '더욱 웃는 곳'이라는 의미의 '우소처尤笑處'라는 이름을 붙였다.

서울역사박물관에 남아 있는 아소당기我笑堂記 현판에서 아소당이라는

아소당기 현판

이름의 내력을 확인할 수 있다. "기쁘면 즐거워지고 즐거우면 웃는다. 즐거움이란 기쁨이 확대된 것이며 웃음이란 그것이 외부로 나타난 것이다[喜而樂樂而笑 樂者喜之廣而笑則其發也]."로 시작되는 이 글에서, 흥선대원군은 "무릇 이 당에서 만나는 자 중 누가 나의 웃는 뜻을 알 자가 있겠는가?"라며 호방한 감성을 드러내고 있다. 게다가 흥선대원군의 본가인 운현궁에는 '내가 있는 곳'이라는 의미의 아재당我在堂이 있고, '나의 법', 아법我法이라는 도장圖章도 가지고 있었다고 하니 참으로 자신만만한 자의식이다.

한편 흥선대원군은 아소당이라는 이름을 짓고 여러 선비들에게 그에 대한 글을 짓게 했다. 좌의정을 역임했던 판중추부사 이유원은 《논어》를 인용하여 "옛 성현들은 즐거운 때가 된 후에야 웃었는데 지금 대원군 합하의 정치로 세상이 즐겁게 되어 함께 웃을 만하다."라는 취지의 글을 지어 바쳤다. 지금의 서울대학교 총장에 해당하는 성균관 대사성이었던 신좌모는 "웃음에는 대인의 웃음과 소인의 웃음이 있는데 대원군 합하閤下의 웃음은 진정 대동大同과 탕평蕩平을 이룬다."라는 글을 썼다. 권력도 학문도 그 발아래 꿇렸던 그의 위세가 참으로 위풍당당했다.

흥선대원군 권력의 약점

이처럼 강대한 흥선대원군의 권력도 결국 쇠락의 때를 맞을 수밖에 없었다. 1863년 그의 아들 이명복(이후의 고종)이 조선의 26대 왕으로 즉위하고 나는 새도 떨어뜨릴 권세를 휘두르기 시작한 지 정확히 10년 뒤, 권불십년이라는 말이 공교로운 1873년에 흥선대원군의 몰락이 시작되었다. 워낙에 위세당당한 명성과는 달리, 흥선대원군은 위태로운 정치적 타협을 통해 권력을 장악한 인물이었다. 고종이 즉위하기 전까지 19세기 전반기 동안 조선은 안동 김씨, 풍양 조씨 등 세도 가문들에 의해 좌우되고 있었다. 특히 안동 김씨 세력은 연이어 왕비를 배출하고 헌종과 철종 집권 초반의 수렴청정을 통해 왕을 허수아비로 만들면서 권력을 독점했다.

원래 흥선대원군은 1849년 헌종이 자식 없이 사망했을 때 왕위 계승 후보자 중 한 명으로 거론될 정도로 명민한 사람이었다. 그러나 안동 김씨 세력은 몰락 왕족이자 죽은 헌종의 삼촌뻘이었던 강화도령 이원범을, 헌종이 아닌 순조의 양자로 입양하는 무리수를 두면서까지 왕으로 만들었다. 이런 상황에서 흥선대원군 같은 뛰어난 왕족은 권력을 누릴 가능성보다 역모에 휘말려 사형당할 가능성이 훨씬 높았다. 그가 철종대까지 소위 '상갓집 개'라는 오명을 감수하며 안동 김씨 정권 앞에 납작 엎드린 이유였다.

흥선대원군

그리고 철종이 다시 후계 없이 사망한 1863년, 흥선대원군은 일생일대의 도박을 단행했다. 자신의 둘째 아들인 이명복을, 철종이 아닌 효명세자, 즉 익종의 아들로 입양시킨 것이다. 헌종 사망 당시 안동

홍선대원군 초상

김씨 세력이 철종을 순조의 양자로 입양시킨 이유는 순조의 왕비이자 안동 김씨 출신이었던 순원왕후 김씨가 수렴청정을 하도록 만들기 위함이었다. 흥선대원군은 이 방법을 그대로 이용한 것이다. 다만 효명세자의 부인은 안동 김씨가 아닌 풍양 조씨였던 신정왕후였다. 즉 흥선대원군은 철종 재위 동안 안동 김씨에 의해 권력에서 소외되었던 풍양 조씨 세력과 협력하여, 신정왕후가 수렴청정을 담당하고 풍양 조씨들을 중용하는 것을 조건으로 자기 아들을 왕으로 만들려 한 것이다. 이처럼 특정인의 수렴청정을 위해 사망한 선왕에게 거슬러 입양시키는 것은 왕실의 법도를 어그러뜨리는 것이라는 비판이 없지 않았지만, 이 방법을 먼저 사용한 이들이 바로 안동 김씨 세력이었기에 심각한 저항에는 부딪히지 않았다.

한편 흥선대원군의 집권, 즉 고종의 즉위에는 또 하나 큰 걸림돌이 있었다. 본래 대원군이란 왕의 아들이 아닌 사람이 사정이 있어 즉위하게 되었을 때 그 아버지에게 내리는 관직이었다. 즉 대원군은 왕이 아니기에 조선의 관직 체계상 신하 중 하나로서 왕에게 충성을 바쳐야 했다. 그러나 한편으로 대원군은 왕의 아버지이기 때문에 왕은 대원군에게 효도를 행해야 한다. 유교의 가장 중요한 덕목인 충忠과 효孝가, 대원군과 왕 사이에서는 서로 상충되는 것이다. 그래서 조선은 아버지가 왕이 아닌 사람을 왕으로 세울 때에는 관례적으로 이미 아버지가 죽은 사람만을 대상으로 하여, 왕과 대원군 사이의 위계 충돌 문제를 피해갔다. 그런데 고종이 즉위하던 당시 흥선대원군은 엄연히 살아 있었고 심지어 한창 왕성하게 활동할 40대 초반이었다. 당연히 사람들의 반발을 살 만한 상황이었다.

그럼에도 불구하고 고종이 즉위할 수 있었던 이유는 무엇보다도 이전까지의 집권 세력이었던 안동 김씨가 심각한 정치적 위기에 몰렸기 때문이다. 철종이 사망하기 직전인 1862년 한 해에만 조선 전국에서 70회가 넘는 농민 반란이 일어났다. 탐관오리들의 부정부패로 인해 농민들의 분노가 폭발한 것이었다. 게다가 북쪽에서는 러시아가 조선 영토에 접근하여 통상을 요구했다. 하지만 안동 김씨 세력은 이러한 문제에 제대로 대응하지 못했다. 이렇게 집권 세력의 무능에 대한 비판이 극에 달한 상황에서 흥선대원군이 대안 세력으로 떠오른 것이다. 그렇기에 본래 심각한 결격 사유였던 '살아 있는 대원군' 문제도 큰 논란 없이 종결될 수 있었다.

이처럼 흥선대원군의 집권은 애초에 조선의 관례와 예법상 불가능했다. 그러나 그의 정치적 수완과 경쟁 세력의 실책에 힘입어 간신히 이뤄졌던 것이다. 게다가 조선의 법에는 '대원군의 권한과 책임'을 규정하는 조항이 처음부터 없었다. 흥선대원군은 오직 '왕의 아버지'라는 권위만을 이용하여 권력을 장악해갔던 것이다. 연이은 개혁 정책들이 성공하고 나라의 재산이 충실해졌으며 서양의 침략을 막아내는 등 큰 성과를 거뒀음에도 불구하고, 흥선대원군의 권력은 계속 불안할 수밖에 없었다.

몰락 그리고 아들과의 투쟁

흥선대원군 권력의 원천이 왕의 아버지로서의 권위라는 사실은 그대로 그 권력의 약점이었다. 고종과의 관계가 어떻게 변화되느냐에 따라 그의 권력도 급격히 취약해질 수밖에 없었다. 1863년 왕위에 오를 당시 열두 살이었던 고종은 즉위 초에는 한동안 아버지의 말에 철저히 순종했다. 그러나 20대가 되면서 직접 권력을 장악하여 정치를 주도하고 싶어 했다. 특히 병인양요와 신미양요를 거치면서 철저한 쇄국론을 고수했던 흥선대원군과는 달리 고종은 근대화된 일본 및 서구와의 교류에 개방적인 입장이었다.

결국 1873년 고종은 최익현 등 보수 유생들로 하여금 흥선대원군을 공격하게 하여 결국 자신의 아버지를 실각시키는 데 성공했다. 아들에 의해 권력에서 밀려난 흥선대원군은 한동안 양주군에 칩거하며 고종을 압박했다. 그러나 고종이 끝내 복귀시키지 않자, 흥선대원군은 1874년 운현궁으로 돌아온 이래 줄곧 아들을 몰아내고 권력을 다시 장악하기에 골몰했다. 고종을 몰아내고 자신의 서자인 이재선이나 장자인 이재면의 아들이자 자신의 손자인 이준용을 대신 왕위에 세우는 것이 그가 추구한 권력 장악 계책이었다. 그렇게 아버지와 아들의 관계는 돌이킬 수 없이 틀어졌고, 이는 1898년 그가 사망할 때까지 계속되었다.

흥선대원군이 다시 권력을 장악할 기회도 있었다. 1882년 일어난 임오군란이 그것이다. 고종과 개화 세력이 추진한 개화 정책의 일환으로 별기군이라는 신식 군대가 만들어졌고, 그 결과 한양의 안보와 치안을 담당하던 구식 군인들에 대한 처우가 급격히 악화되었다. 원래 조선 정부는 19세기에 들어서면서 만성적인 재정 문제 때문에 한양을 지키는 군인들에게 월급을 제때 주지 못하는 경우가 다반사였다. 대신 군인들에게 한양의 치안을 맡김으로써 온갖 뇌물을 얻게 한다든가 혹은 장사할 수 있는 권한을 주어 생계를 유지하도록 했다. 별기군을 설치하고 구식 군인들의 특권을 박탈한 고종의 개화 정책은 당시 조선 사회 입장에서는 필요한 개혁이었다. 그러나 구식 군인들에게, 또 군인들과 관련된 한성 주민들에게는 생계 수단을 빼앗는 조치였다.

그 결과 1882년 6월 5일 군인들이 선혜청 창고를 급습하면서 군란이 시작되었다. 흥분한 군인들과 군중들은 창고, 군대, 세도가의 집, 궁궐을 습격했다. 이들을 통제할 방법이 없었던 고종은 결국 흥선대원군에게 다시 권력을 맡길 수밖에 없었다. 흥선대원군은 흥분한 군인들을 진정시키는 한편 이 상황을 이용해 고종이 추진해왔던 개화 정책을 무위로 돌리면서 정부를 장악했다. 고종의 정치적 실책을 이용하여 재기의 발판을 마련한 것이다.

리훙장

그러나 아버지와 아들 사이의 충돌은 조선에 뜻하지 않은 불운을 가져왔다. 고종은 군란을 진압하기 위해 청나라에 군대를 요청했는데, 당시 청나라 외교 정책을 주도하고 있던 리훙장[李鴻章]은 예부터 중국의 형식적인 조공국이었던 조선을 실질적인 속국으로 만들어 청의 외교적 입지를 강화하고자 했다. 이를 위해 조선의 내정에 개입하지 않는다는 관례를 깨고 3,000명의 군대를 파견하여 임오군란을 진압하는 한편 흥선대원군을 무단으로 청나라로 납치해갔다. 조선 정부는 흥선대원군의 처리를 청나라에 의뢰한 적이 없었기에, 이는 매우 부당하고 불법적인 행위였으나 군대의 반란과 왕실 내부의 충돌로 무력해진 조선으로서는 제대로 대응할 수 없었다.

이후 흥선대원군은 청나라 천진天津의 보정부保定府라는 관청에 감금되어 4년 동안 유폐 생활을 보내야 했다. 그리고 청나라는 흥선대원군을 인질로 앞세워 고종을 압박하며 조선에 심각한 내정 간섭을 실시했다. 고종이 청나라의 간섭에서 벗어나려 하자 조선에 파견된 위안스카이[袁世凱]는 흥선대원군을 이용해 고종을 폐위하고 새로운 왕을 즉위시킬 수 있다며 드러내놓고 협박할 정도였다. 게다가 임오군란을 계기로 청나라의 군대가 수천 명 단위로 조선에 주둔하게 되었다. 이는 곧 일본 등 다른 나라의 군대 주

보정부 유폐 시절의 흥선대원군

둔으로 확대되었고, 그 결과 1884년 갑신정변, 1894년 청일전쟁 때 청군과 일본군의 충돌이 발생하게 되었다.

타국에서의 기약 없는 유폐 생활은 1885년 끝나게 되었다. 그의 귀국이 가능했던 것은 조선과 청나라의 갈등 덕분이었다. 고종과 명성황후가 청나라로부터 독립적인 외교 노선을 추진하는 한편 러시아와 접촉하여 청나라를 견제하려고 하자, 청나라는 흥선대원군을 귀국시켜 고종과 명성황후를 견제하려 한 것이다. 귀국한 직후부터 흥선대원군은 손자 이준용을 앞세워 다시 권력을 장악하려고 했다. 반면 고종은 자신의 아버지를 운현궁에 사실상 유폐시키고 정치에 일체 간섭하지 못하게 만들려고 했다. 이러한 정치적 갈등은 매우 극심해서 1892년 봄에는 운현궁에서 폭발 사건이 벌어질 정도였다.

1894년 조선 역사에 중대한 변화가 찾아왔을 때에도 흥선대원군은 그 중심에 있었다. 전라남도 고부군에서 동학교도를 중심으로 농민군을 모아 동학농민 봉기를 일으킨 전봉준은 원래 흥선대원군의 문객門客(유명한 정치인의 지원을 받으며 그 밑에서 일하는 사람)이었다. 동학농민군은 조선의 정규군을 위협하는 세력으로 성장했고, 흥선대원군은 농민군과 소통하면서 재기할 기회를 노리고 있었다.

그러나 임오군란 때와 마찬가지로 이번에도 예상치 못한 상황이 발생한다. 농민군을 진압하기 위해 고종은 청나라에 군대 파병을 요청했는데, 이번에는 일본군이 함께 개입하여 조선에서 청군과 일본군이 충돌하는 상황이 벌어진 것이다. 청나라에 비해 조선 정부에 대한 영향력이 약했던 일본은 경복궁을 강제로 점령하여 고종의 신변을 장악하는 초강수를 두게 된다.

경복궁 강제 점령 과정에서 일어날 조선의 반발을 무마하기 위해, 일본은 흥선대원군을 포섭했다. 그리고 조선에 일본식 근대화를 강요하는 정책을 실시하기 위해 흥선대원군 세력을 앞세워 개혁 정부를 구성했다. 그렇게 조선 정부를 장악한 일본은 청일전쟁에서 승리함으로써 조선을 완전히 차지하는 듯했지만, 새롭게 등장한 러시아와 조선을 두고 다시 경쟁하게 된다. 이처럼 1882년 청군의 조선 주둔 이후 조선은 빠른 속도로 열강에 의해 침탈당했다. 그리고 그 과정에서 흥선대원군과 고종의 갈등은 조선을 침략하려는 열강에 계속 이용당했다. 아버지와 아들의 갈등이 나라를 망하게 하는 원인이 된 것이니, 흥선대원군의 명성을 생각하면 참으로 안타까운 일이 아닐 수 없다.

흥선대원군의 마지막 무대, 아소당

이제 시선을 다시 공덕동 아소당으로 돌려보자. 사실 흥선대원군이 자신의 아들에 의해 권좌에서 내몰린 1873년 이후로, 아소당은 역사의 주목을 받지 못했다. 권력에서 배제당한 흥선대원군은 권력을 되찾기 위해 한양의 운현궁을 중심으로 활동했다. 한편 흥선대원군을 몰아내려 했던 고종은 흥선대원군이 귀국한 이후 줄곧 운현궁에 감금시켜 놓았다. 결국 어느 쪽이 우위에 서든 흥선대원군이 아소당으로 내려갈 이유는 별로 없었던 것이다.

그러던 중 아소당이 다시 역사의 주목을 받게 되는 사건이 1895년에 일어난다. 위에서 설명했던 것처럼 흥선대원군은 손자 이준용을 총애하면서 고종을 대신해 왕위에 오를 후계자로 삼으려 했다. 그런데 1895년 3월 고종은 이준용을 역모 사건에 연루시켜 체포했다. 이준용은 동학농민군을 배후에서 조종하지 않았는지를 추궁받으며 20여 일간 고문까지 당했고 결국 재판에서 사형 선고를 받았다. 흥선대원군의 구명 활동 덕분에 실제로 사형이 이루어지지는 않았지만 교동도로 10년 유배되어야만 하는 처지가 되었다.

야사에 따르면, 이때 흥선대원군은 몰래 운현궁을 빠져나와 이준용을 따라가기 위해 마포나루에 가서 배를 타려 했다고 한다. 실제로 그러했는지는 알 수 없다. 그러나 아들과의 갈등과 나라의 분열을 감수하면서까지 끝내 권력욕을 놓지 못했던 노회한 정치가가, 자신의 마지막 희망이었던 손자가 죽을 위기를 당했을 때 겪을 수밖에 없었던 절망감은 상상하기 어렵지 않다. 그때 뒤늦게 나타난 군관들에게 제지당한 흥선대원군은 마포나루와 한양의 중간에 있는 아소당에 은밀히 갇혔다고 한다. 그리고 얼마 안 가 사면되어 돌아온 손자 이준용과 함께 아소당에서 계속 살게 되었다. 이

일제강점기 아소당 전경

때 그가 아소당에 기거하면서 지은 것으로 알려진 시가 있어 여기에 소개한다.

吾負吾身任不輕	나의 짐과 내 몸이 맡은 것 가볍지 않아
退公閒日酒樽傾	벼슬길 물러 나와 한가히 술잔을 기울이네
從知往事皆吾夢	지나간 일 모두 꿈일 뿐임을 마침내 알아
惟愧餘年任世情	여생을 세상의 뜻에 맡기자니 부끄러울 뿐이네
理隙山村俚談好	나막신 신고 산촌을 걸으니 시골 덕담이 좋고
聞蟬溪柳古詩成	시냇가 버드나무에 매미 소리 들으며 시를 짓네
世論百歲安排地	세상은 어찌 나를 물러난 사람이라 말하는가
我笑前生又此生	나는 전생도 이생도 웃을 뿐이네

1870년 아소당을 처음 만들 때 "무릇 이 당에서 만나는 자 중 누가 나의 웃는 뜻을 알 자가 있겠는가?"라며 호언했던 것에 비하면 참으로 쓸쓸한 소회라고 하겠다. 한때는 모든 권력자들을 동원해 자신의 웃음을 칭송하는 글을 짓게 만들었는데, 이때는 세상에 의해 버려진 채 스스로를 비웃고 있는 모습을 보면 '아소당'이라는 이름이 참 얄궂다.

흥선대원군의 생애에서 아소당이 다음으로, 동시에 마지막으로 주목을 받은 것은 1895년 10월, 아마도 한국사에서 가장 참혹한 사건 중 하나일 것이 분명한 을미사변 때였다. 앞에서 서술한 것처럼 일본은 청일전쟁의 승리로 조선을 두고 경쟁해왔던 청나라를 배제하는 데 성공했으나 러시아라는 새로운 경쟁자를 만나면서 조선 침략에 차질을 겪을 수밖에 없었다. 이를 지켜본 고종과 명성왕후는 적극적으로 러시아에 접근하여 일본을 견제하기 시작했다. 이에 일본 정부는 청일전쟁 당시 경복궁 점령과 마찬가지로 군사적인 수단을 선택하기로 결정했다. 작전명은 '여우 사냥', 세계사에서 유례를 찾기 힘든, 다른 나라의 왕비를 암살한다는 계획이었다.

물론 이 과정에서 큰 파장이 발생할 수밖에 없음을 일본도 알고 있었다. 이를 무마하기 위해, 역시 청일전쟁 당시와 마찬가지로 흥선대원군을 포섭하여 이용하고자 했다. 독립협회 회원이었고 국권 회복 운동에 참여했던 윤효정이 쓴 《풍운한말비사》에 따르면, 궁내부 및 군부 고문으로 있던 오카모토 류노스케[岡本柳之助]가 1895년 10월 5일 흥선대원군에게 귀국 인사를 올린다는 명목으로 아소당을 방문했다. 이때 흥선대원군의 아들 이재면과 손자 이준용도 함께 있었는데, 이 자리에서 오카모토는 미우라 고로[三浦梧樓] 주한 일본 공사의 지시로 스기무라 후카시[杉村濬] 서기관이 작성한 다음과 같은 내용의 약정서를 제시했다고 한다

1. 태공(대원군)은 대군주(고종)을 보좌하여 궁중 사무의 정비를 전담하되 국정에는 관여하지 않는다.
2. 김홍집, 어윤중, 김윤식 등을 중심으로 개혁 인사들을 요직에 임명하고 고문관의 의견을 들어 정치 개혁을 단행한다.
3. 이재면을 궁내부대신, 김종한을 궁내부협판으로 임명한다.
4. 이준용을 3년간 일본에 유학하게 한다.

윤효정의 기록에 따르면, 이 네 가지 조항을 읽은 흥선대원군은 희색이 역력했고, 일본인들이 동의한다는 각서를 써달라고 하자 즉시 붓을 들어 동의한다는 글을 써줬다고 한다. 이렇게 명성황후를 시해하기 위해 일본과 흥선대원군 사이에 밀약이 체결되었다는 것이다.

그러나 과연 아소당에서 이러한 일이 벌어졌을지는 의문이다. 위에서도 설명한 것처럼 흥선대원군은 자신이 직접 고종에 대한 섭정을 하거나 아니면 자신의 손자 이준용을 대신 왕위에 세운 뒤 배후에서 정권을 장악하려

아소당

고 했다. 그런데 이 각서는 흥선대원군에게 국정에 관여할 수 있는 권한이 없음을 명확히 밝히고 있다. 심지어 흥선대원군의 목숨과도 같은 이준용을 3년간 일본에 유학 보내도록 하고 있는데 이는 사실상 인질이나 다름없는 것이다. 왕비를 시해하면 심각한 혼란이 발생할 것이고, 흥선대원군의 조력 없이는 그 혼란을 통제할 수 없을 게 분명했던 상황에서 이 정도의 보상에 만족한다는 것은 너무 수지가 맞지 않는 일이다.

이러한 의문은 1895년 10월 8일 을미사변 당일에 관한 기록에서도 알 수 있다. 윤효정에 따르면, 10월 7일 밤 용산 일대를 떠난 일본 낭인들과 군인들이 아소당에 들렀는데, 흥선대원군은 이들을 반갑게 환대했다. 자신을 데리고 궁궐에 침입해 명성황후를 살해하려는 일본인에게 흥선대원군은 거듭 고마움을 표했다. 심지어 갈아입을 옷을 가져온 하인이 당황하여 옷을 반대로 들어 입히려고 하자 흥선대원군이 웃으면서 "너 역시 천하의 큰 변화를 아느냐? 어찌 옷을 거꾸로 입히느냐?"라고 말해 그 자리에 있는 사람들이 크게 웃었다고 한다. 윤효정의 기록만 보면 흥선대원군은 명성황후 시해에 참여하면서 한 점 가책도 없이 적극적으로 협조한 것처럼 보인다.

그러나 10월 7일 밤 아소당에서 일어난 일에 대한 전혀 다른 기록도 있다. 그날 아소당을 방문한 일본인 낭인 중 한 명이었던 고바야카와 히데오[小早川秀雄]가 그날 일을 기록하여 남긴 《민후 조락 사건閔后殂落事件》이라는 수기에 따르면, 아소당에 들이닥친 일본인들은 흥선대원군의 침실로 들어갔을 때 흥선대원군은 침실에 들어온 일본인들에게 차를 대접하며, 침대에서 나오려 하지도 않고 반쯤 옆으로 누운 채 침착하게 응대했다고 한다. 그리고 고바야카와는 흥선대원군과의 교섭에 매우 많은 시간이 걸렸고, 끝내 설득한 후에도 일본인들이 준비해온 포고문을 조선식 한문 서식에 맞춰 고쳐 쓰느라 지체했고, 하인들에게 뜨거운 물을 가져오게 하여 세수를 하고 의관을 다시 갖추느라 또 시간을 보냈다. 결국 이들이 아소당을 나선 것은 새벽 3시경이 되어서였다.

흥선대원군이 일본의 명성황후 시해에 적극적으로 협조하지 않았다는 것은 다른 기록에서도 확인된다. 을미사변 직후 〈왕성 사변 상세 보고[王城事變ノ詳細報告ノ件]〉를 작성한 우치다 사다쓰치[内田定槌] 일등 영사는 "대원군은 좀처럼 나오지 않았다. 우물쭈물하면 날이 새기 때문에 많은 일본인 장사들이 억지로 대원군을 끌어내어 선두에 세워 왕궁으로 향했다."고 보고했다. 또 현장에 있던 이준용은 나중에 뮈텔 주교에게 "대원군은 협박에 못 이겨 대궐로 끌려갔다."라고 말했으며, 이재면도 주한 영국 총영사 월터 힐리어에게 "나의 부친이 일본군에 끌려 궁궐로 오게 되었는데 일본 공사가 만약 이 사실을 누설하면 무서운 결과가 초래할 것이라고 위협했다."라고 전했다.

을미사변에 가담한 낭인들

물론 흥선대원군이 을미사변에 적극적으로 저항한 것은 아니다. 고바야카와의 기록에 따르면, 흥선대원군은 "국왕과 태자에게는 결코 해를 가하지 않을 것을 약속"하라고 요구했다 하니, 반대로 말하면 명성황후에 대한 일본의 시해는 묵인하겠다는 뜻일 것이다. 다만 일본의 원래 계획은 흥선대원군을 데리고 신속하게 경복궁으로 이동하여 새벽이 되기 전에 모든 작전을 마친 뒤 철저히 증거를 인멸하는 것이었다. 그런 다음 이 사건을 조선 내부의 정치적 갈등으로 포장하고 흥선대원군을 그 당사자 겸 해결사로 내세우려 했다. 그런데 흥선대원군 때문에 시간이 지체되면서, 외국 외교관을 포함한 여러 사람들에게 이 사건이 알려지게 된 것이다. 만약 흥선대원군이 아소당에서 소극적이나마 저항을 하지 않았다면 을미사변의 진상은 그대로 묻혔을 수도 있었을 것이다. 인생의 황혼에 아소당에서 그가 얻은 깨달음이 말년의 노욕으로 마냥 더럽혀지지만은 않은 것은 참으로 다행이라

하겠다.

하지만 흥선대원군의 미묘한 진심이 알려지기에는 을미사변의 충격이 너무나 컸다. 흥선대원군은 잠시 권력의 중심에 복귀했으나 그 위세는 예전만 못했다. 고종이 러시아 공사관으로 대피한 아관파천 이후에는 권력에서 다시 완전히 배제되었다. 법부 고문이었던 클라렌스 그레이트하우스는 흥선대원군에게 편지를 보내 을미사변 당시의 행적을 밝힐 것을 요청했다. 이때 흥선대원군은 "작년 8월의 사변에 대해서는 여론이 제멋대로인데 나의 말이 무슨 소용이 있겠는가? 나는 잠잠히 있을 뿐이다."라고 답했다고 한다. 어떻든 일본의 왕비 시해를 묵인하고 소극적으로나마 조력한 것은 사실이었기에 흥선대원군의 정치적 이미지에는 큰 타격이 있을 수밖에 없었다.

을미사변으로 인해 흥선대원군을 가장 적대하게 된 사람은 당연히 그의 아들 고종이었다. 1873년 자신의 아버지를 권좌에서 내친 이후 고종과 흥선대원군은 서로에게 가장 증오스러운 라이벌이었다. 게다가 고종과 명성황후의 관계는 이전의 다른 왕과 왕비의 관계와는 달리, 부부인 동시에 사실상 정치적 파트너에 가까웠다. 그렇게 절친한 동반자가 일본인의 손에 잔인무도하게 살해당하는 것을 협력 혹은 방조한 아버지를, 고종은 결코 용서할 수 없었다. 그렇게 깨어진 부자지간의 마지막 모습 또한 바로 이 아소당에서 확인할 수 있다.

아관파천 이후 권력에서 완전히 배제된 흥선대원군은 양주로 물러나 은거하다가 1898년 1월 부인인 여흥부대부인 민씨가 사망한 이후 아소당으로 들어간다. 이때 흥선대원군은 이미 건강 상황이 좋지 않았던 데다 부인의 죽음으로 큰 충격을 받은 상태였다. 따라서 이때의 아소당 입주는 권력을 노리기 위해 서울 생활을 다시 시작한 것이라기보다는 인생의 마지막을 준비하기 위해 자신의 묫자리인 아소당으로 돌아온 것으로 보인다. 그리고 같은 해 2월 22일 77세의 나이로 흥선대원군은 사망한다.

황현이 지은 《매천야록》에 따르면, 흥선대원군은 위독해지자 큰아들 이재면을 불러 "내가 주상을 알현하면 죽어도 여한이 없겠는데 어떻게 하면 좋겠냐?"라고 물었다고 한다. 고종에게 화해의 뜻을 전해달라는 요청이었다. 이렇게 세 번을 말했지만 이재면은 그 말을 고종에게 전달하면 오히려 벌을 받을까 봐 감히 알리지 못했다. 결국 흥선대원군은 아들을 만나지 못하고 아소당에서 사망했다. 고종은 아버지의 장례식이 공식적으로 진행되기 전에 잠시 아소당에 차려진 빈소를 방문했고, 상여가 나갈 때 궁궐 안에서 전송하기만 했을 뿐이었다. 그 외에는 흥선대원군을 위한 어떤 마음도 표하지 않았다. 시신이 된 아버지 앞에 선, 아버지를 증오해 마지않는 아들. 아소당에서 이뤄진 그 마지막 만남의 자리에서 고종은 무슨 생각을 했을까.

장례를 마친 후 흥선대원군은 아소당 옆 묫자리에 묻혔다. 이후 1907년 흥선대원왕으로 높여지고 1908년 무덤도 흥원興園으로 승격되면서 1908년 1월 경기도 파주군 운천면 대덕동(지금의 임진면 운천리)으로 이장되었다. 이후 아소당도 차차 쇠락해갔다. 그중 본채 건물은 6·25전쟁 때 봉원사가 불타버리자 알 수 없는 경위로 봉원사로 옮겨져 스님들이 기거하는 큰 방이 되었으니, 참으로 권력이 무상하다.

《흥원천봉등록》

대대로 쇠하지 않을 권력을 누리겠다고 만든 묫자리였으나 정작 그의 아들은 아버지의 무덤에 찾아오지 않았다. 나의 웃음을 누가 이해할 수 있겠냐며 호기롭게 지은 아소당이었지만 그가 말년에 그곳에서 배운 것은 부끄러운 자조自嘲였다. 권력자의 옷깃마

봉원사 전각으로 사용되고 있는 아소당 본채

저 여미게 하는 그 역설의 세월 속에 위세당당한 건물들과 무덤은 모두 사라졌지만, 지금도 공덕동에는 조촐한 비석 하나가 서 있어 권력의 무상함과 역사의 엄정함을 우리에게 가르쳐주고 있다.

漢陽公園

제10강

고종은 왜 일본인 공원에 친필을 하사했을까, 한양공원비

근대 초기 문명화와 공원

한양공원 설립과 한양공원비

한양공원 폐쇄와 조선신궁 건립

남산 지역의 성격 변화

제10강

고종은 왜 일본인 공원에 친필을 하사했을까, 한양공원비

김제정 경상국립대학교 사학과 부교수

2002년에 일반인의 출입이 금지된 남산공원 철조망 안쪽 숲속에서 비석 하나가 발견되었다. 뒷면은 글자 부분이 완전히 훼손되어 그 내용을 알아볼 수 없었다. 앞면도 일부 훼손한 흔적이 보이지만 다행히 글자를 알아보는 데에는 큰 문제가 되지 않았다. 앞면의 글자는 고종의 친필로 알려진 한양공원漢陽公園으로, 이 비석이 바로 한양공원비이다.

한양공원비는 1910년 남산에 조성된 한양공원을 기념하기 위해 세운 표지석標識石이다. 원래는 공원 입구인 현재의 남산 3호 터널 입구 쪽에 있던 것으로 보이는데, 터널 공사 때 발견 장소인 회현동 남산 케이블카 승강장 부근으로 옮겨진 것으로 추정된다. 현재는 서울특별시 중구 소파로 57에 있다.

그렇다면 한양공원은 어떤 공원이었고, 왜 비석은 고종의 친필로 쓰여 있는 것일까?

근대 초기 문명화와 공원

근대에 접어들어 도시화가 진행되면서 다양한 문제가 발생하였다. 특히 19세기의 급속한 도시화는 도시 인구 증가로 인한 삶의 질 악화 그리고 주택난과 빈부 격차, 대기 및 수질 오염, 오폐수 및 쓰레기 처리, 전염병 유행 등의 문제를 낳았다. 이와 같은 도시의 환경 문제를 해결하는 일은 농촌을 떠나 도시에 대규모로 유입된 노동자 계급의 재생산에 필수적인 요소였고, 이는 자본주의 체제를 유지하기 위해서도 중요한 문제였다. 급격한 도시화 과정에서 악화한 도시 환경 문제를 해결하는 방안의 하나로 공원이 생겨났고, 곧 근대 도시를 구성하는 필수적인 요소로 인식되었다. 공원은 위생과 함께 근대화·문명화의 중요한 척도로 간주되었다.

이와 같은 근대적 의미의 공원은 19세기 말부터 우리나라에도 이식되었다. 부국강병을 통해 국가의 근대화·문명화를 지향하던 한국 정부에 의해서도, 개항장을 비롯한 여러 도시에 거류지를 형성하여 집단적으로 거주하기 시작한 일본인에 의해서도 그리고 식민지화 이후 조선을 문명화시켰다는 가시적 성과가 필요했던 조선총독부에 의해서도 공원 설치는 추진되었다. 우리나라에서는 아직 근대화·산업화·도시화가 활발히 진행되지 않았기 때문에, 서구의 공원과 같이 산업 사회의 도시 문제를 해결하기 위해서라기보다는 서구의 근대화된 도시를 따라 하는 방식으로 만들어졌다.

우리나라 최초의 근대 공원은 1888년 인천의 각국 조계지 내에 설치된 자유공원이다. 이 공원은 '각국공원'이란 이름으로 조성되었다가 1914년부터 서공원西公園으로 불렸고, 이후에는 만국공원, 자유공원으로 불렸다. 또한 1890년 인천의 일본인 거류지 내에 인천신사가 만들어지면서 그 주변 일대를 공원으로 조성하고 일본공원이라 하였다. 이 공원은 1914년 부제府制가 시행되면서 각국 거류지 및 일본 거류민단이 폐지되자 동공원東公園으

왜성대공원

로 이름이 바뀌었다.

이처럼 초기의 근대 공원은 일본인들이 거류지 내에 신사를 세우고 그 주변을 정비하여 공원으로 활용하는 것이 일반적이었다. 부산의 용두산공원과 대구의 달성공원도 1899년 용두산신사, 1906년 대구신사가 세워지면서 공원으로 조성된 경우였다.

서울에서는 한성부와 일본 거류민단이 비슷한 시기에 공원을 조성할 계획을 수립하였으나, 어수선한 국정 환경과 경제적인 문제로 남산의 왜성대공원이 탑골공원보다 먼저 개원하였다. 1885년 한성조약 이후 일본인 거류지로 지정된 남산 왜성대 일대에 1897년 왜성대공원이 조성되었고, 1898

탑골공원

년 공원 안에 남산대신궁(후에 경성신사로 개칭)이 설치되었다.

그런데 위와 같은 공원들은 거주 외국인을 우선시하여 만들었거나 도심과는 떨어진 곳에 조성되었기 때문에 사람들이 찾기 힘들었다. 이 때문에 한양에 거주하는 일반 사람들이 주로 이용하는 데다 도심에 위치했던 탑골공원을 최초의 도시공원이라 부르기도 한다. 탑골공원의 조성 목적은 대한제국기 한성의 근대화 과정에서 사람들에게 근대 여가 문화를 알리고 정착시키기 위한 것이었다. 도시공원 조성은 한성이 근대 도시로 발전하고 있다는 것을 대외적으로 알리려는 목적이 컸다. 일찍이 유학을 통해 서구 문명을 경험한 유길준 등 유학생들은 도시공원의 필요성을 강조하였다. 이들은 각종 수목과 휴게 시설을 갖춘 공원을 시민에게 편안한 휴식과 정서적 안정을 제공하는 건전한 공간으로 인식하고 있었다. 탑골공원 조성을 위한 논의는 1879년경부터 있었으나, 본격적인 조성은 1899년부터 추진하였다. 민가 철거, 시설물 정비 등의 공사를 거쳐 1902년에 개원하였다.

한양공원 설립과 한양공원비

한양공원은 서울에 거주하는 일본인을 위해 조성된 위락 시설의 하나로, 조선신궁이 그 자리에 세워지면서 폐쇄되었다. 1900년대 초반, 일본인 이주민이 늘어나면서 그들을 위한 위락 시설의 조성이 필요해졌다. 이에 1897년 남산 북쪽에 왜성대공원을, 1910년에 남산 서북쪽 산비탈에 한양공원을 조성하였다.

1906년 통감부 통치를 기점으로 남산 일대가 공원으로 관리되기 시작하였다. 경성이사청은 한성부와 교섭하여 경성이사청고시 제23호로서 남산 북쪽 일대 중에서 장충단·체신국·주차군 사령부·통감부 각 소속지 및 왜성대공원과 민유지를 제외한 나머지 부지 전부를 경성공원으로 고시하였다. 이후 남산을 명승지로 관리하기 위하여 〈공원 규칙〉을 공포하고, 남산의 수목을 훼손하거나 토석과 잔디의 채취, 조수 포획 등의 행위를 엄금하면서 남산의 경관과 우천 피해를 관리하였다.

한편 일본 거류민단은 일본인 인구 급증에 따라 도시공원이 부족하다며 문제를 제기하였다. 1908년 무렵부터 영국인과 미국인들이 비밀리에 남산 땅의 사용권을 얻으려고 운동하는 것을 들은 일본인 거류민들은 공원 조성을 명분으로 왜성대공원 서쪽으로 이어진 남산 기슭 땅의 차입과 '한일 공동 공원 개설'을 한성부에 청원하였다. 그 결과 1908년 3월 일본 거류민단은 한성부로부터 옛 남산식물원 자리에서 남대문까지 약 30만 평을 공원 부지로 무상으로 영구 대여받았다.

한양공원 개원식

남산 서북쪽 기슭에 있는 이 공원은 한양공원으로 명명되었고, 이후 2년여에 걸쳐 각종 시설을 설치한 후 1910년 5월 29일에 정식 개원하였다. 당시 한양공원은 처음부터 한일 공동의 공원을 조성하는 방식이어서, 한성부 등 한국 정부 측에서는 한양공원 조성에 적극 협조하였다. 토지의 무상 임대를 허가하였을 뿐만 아니라, 1910년 5월 29일 공원 개원식 때에는 고종이 칙사를 보내 축사를 하고 맥주·사이다 등의 하사품을 내려주기도 하였다. 고종은 또한 공원 이름도 '한양공원'이라고 지어주었으며, 청학정·황조정·전관정 등 각 정자의 이름을 적은 염필染筆을 하사하였다. 당시의 사료에는 황제라고만 되어 있어 고종인지 순종인지 애매하게 표현되어 있지만, 청학정이라는 글씨 옆에 고종의 호號인 주연珠淵이라는 수결이 있고, 각 현판의 글씨체가 모두 동일한 것으로 미루어 고종의 필체로 보인다. 이는 모두 한양공원에 대한 한국 정부의 기대를 방증하는 것이었다.

《경성부사京城府史》 중 1910년에 관한 다음의 서술에 묘사된 한양공원의 모습을 통해 공원의 개략적인 공간 구조를 이해할 수 있다.

이 땅은 동쪽과 서쪽 2개의 소지구로 나뉘어 있는 듯했다. 동쪽 것은 현 남산 2정목 50번지 위쪽 방향에 약 500여 평 남짓한 토지로서 평평하다. 그 한구석에 채색이 농염한 청학정靑鶴亭이라는 조선식 객사가 있었기 때문에 그것과 견주어 현재 조선신궁 배전 부지의 자리에는 서늘한 작은 정자를 세워 황조정黃鳥亭이라 불렀다. 참고로 그 아래 골짜기는 앵곡이라 하였다. 한편 서쪽 것은 현재 조선신궁 배전 앞 큰 신사 문[鳥居] 서남쪽 모퉁이에 있는 부지로서 면적은 좁았으나 전망이 아름다워 작은 정자를 세우고 전관정展觀亭이라 불렀다. 이 지역은 지세가 높고 속세와 거리를 두고 있으며 발아래로 경성과 용산 두 시가의 모습이 펼쳐져 오후 4시 무렵 산책을 하기에 딱 좋은 땅이었다.(《국역 경성부사》 제2권, 694쪽)

한일 공동 공원에 대한 공간의 표현은 동쪽 지구에서 잘 드러난다. 청학정은 전형적인 객사로, 반듯하게 대臺를 올리고 담장을 둘러 좌우 측에서

한양공원의 청학정과 황조정

진입할 수 있게 하였다. 청학정 전면에 세워진 황조정은 화려하게 쌓은 석축 위에 네 개의 기둥이 올라간 개방식 정자로 조성하여 전통적인 청학정과는 전혀 다른 일본식 취향으로 표현하였다.

그런데 한일 공동 공원의 취지는 오래가지 못하였다. 한성부 측의 공원 공사비 미지불 사태로 일본 거류민단이 공원을 소유, 경영하게 되었기 때문이다. 유지 대표인 이케다 조지로[池田長次郎]의 청원을 받아들여 한양공원을 민단에서 경영하기로 하고, 1910년 7월 23일 이사청의 인가를 받음과 동시에 약 1만 원의 설비비 가운데 미지급금 1,800원을 거류민단에서 배상함으로써 한양공원은 거류민단의 소유가 되었다. 결과적으로 한성부는 토지 무상 대여와 공원 개원식에만 허울 좋게 참여한 셈이 되어버렸다.

한양공원은 남산 서북록의 경사가 완만하고 시내에서 접근하기 쉬운 곳이었고, 경성 시내가 한눈에 내려다보이는 트인 장소였다. 이 때문에 한양

남산에서 바라본 경성 시가

한양공원비 현재 모습

공원은 대표적 공공 공간으로 활용되었고, 근대 공원으로서의 도시적 활동을 담는 장소가 되었다. 당시 남산에 있던 세 개의 공원 중 경성신사가 있던 왜성대공원은 참배 활동 비중이 컸고, 장충단공원에서는 군 관련 행사가 빈번히 열린 반면, 한양공원에서는 공공 행사가 많이 개최되었다. 자전거 대회·산야山野 횡단 대회·마라톤 등 체육 행사, 협찬회·공진회·가정 박람회 등 박람회, 제등 행렬·탐승회·불놀이 등 유흥 활동 등이 이곳에서 열렸다.

한양공원 개원 당시 세워진 한양공원비는 광복 이후 한동안 존재를 알 수 없다가 2002년 중구 회현동 남산 케이블카 승강장 인근의 공원 철조망 안쪽 풀숲에서 발견되었다. 한양공원비는 바닥에 110×55.5×45cm 크기의 화강암 대석을 놓고 그 위에 88.5×166×45cm 크기의 비신을 세웠다. 비석 주변에는 당시에 만들어진 비석을 보호하기 위해 철선을 두르는 데 사용된 사각 돌기둥 세 개가 남아 있다. 한양공원비는 2013년에 서울미래유산으로 선정되었다.

비석 앞면에 크게 새겨진 '한양공원' 글자는 공원 개원 당시 하사하였던 고종의 친필로 전해진다. 뒷면에는 마지막 줄을 제외하고 12자 7줄 총 84자 내외는 무언가로 쪼아서 읽을 수 없게 되었고 상단의 넓은 면은 아예 전체적으로 박리시켜 내용을 알 수 없었다.

한양공원비 뒷면

그런데 조선총독부가 조선신궁 건립 10주년 기념으로 발간한 사진집 《은뢰恩賴》에 실린 비문 뒷면 사진을 통해 그 내용을 알 수 있게 되었다. 뒷면의 비문 내용은 일본인 경성 거류민단장인 고조 간도[古城管堂]가 쓴 〈한양공원기漢陽公園記〉였다. 고조는 1857년 일본 오이타현 출신으로, 1880년 제국대학 의과대학을 졸업한 의사였다. 1887년 인천 공립병원장으로 조선에 건너왔다가 1893년 일본으로 돌아간 후 1903년에 다시 조선으로 와서 찬화병원贊化病院을 경영하며 경성의사회장을 역임하였다. 뿐만 아니라 경성은행, 조선취인소, 각종 회사의 임원 등 경제계에서도 활발하게 활동하였고, 경성 거류민단장, 경성부 협의원, 경기도 평의원 등도 역임하는 등 초기 재경성 일본인의 중심인물로 활동하였다.

비문의 제목은 '한양공원기'이며, 사진에서도 잘린 부분이 있어 일부 내용은 알 수 없지만, 대략적인 내용은 다음과 같다.

> 경성은 조선의 큰 도읍이자 궁궐이 있는 곳으로 관상하고 유람함이 오래되었다. 사민士民이 이를 기억하기 위하여 명치 무신년(1908)에 유지가 함께 하나의 큰 공원을 설립하고자 하였다. 남산 서쪽 끝자락의 구지舊地는 수풀이 우거

진 곳이었는데 관에 청하여 역부役夫의 제공을 받았고 공사하고 흙과 돌을 치웠으며 창고를 만들고 도로를 닦았다. (중략) 상서롭게 완성하였다. 한양공원이라 이름하였다. (중략) 이제 그 관리를 요청하여 유지의 ㅁㅁㅁㅁ에게 주어 후세에 전한다.

제목 그대로 한양공원이 조성된 과정을 기록한 것으로 특별한 내용은 없다. 다만 작성 시기가 '메이지[明治] 45년 3월'로 되어 있는 것을 볼 때, 비석이 한양공원이 개원한 1910년이 아닌 1912년에 세워졌음을 알 수 있다.

한양공원 폐쇄와 조선신궁 건립

한양공원은 이후 조선신궁 부지로 결정되면서 폐쇄되었다. 그러나 왜성대공원과 달리 한양공원은 처음부터 신사 건립을 염두에 두지는 않은 듯싶다. 그 이유는 첫째, 일본 거류민단에서 한양공원 외에도, 폐쇄된 환구단 자리에 소공원을 조성할 것을 제안하는 등 지속적으로 공원 건설을 추가로 요청하고 있었다. 둘째, 조선신궁 공사가 시작된 후 한양공원 시설이 모두 철거되었다는 사실이다. 셋째, 남산을 중심으로 삼림 공원 계획을 수립한 것이다. 1917년 경성부에서 임학 박사 혼다 세이로쿠[本多静六] 교수를 초빙하여 남산을 답사하고 자문하였는데, 혼다는 공원은 기본적으로 숲이 우거져야 하는데, 이러한 점에서 남산은 자격이 충분하다고 역설하였다. 그는 공원에서 사람들의 휴식이나 여가 생활보다는 숲의 기능과 역할을 강조하며 남산의 공원 잠재력을 평가하였다. 이에 따라 "남산을 동양의 대공원으로 만들어야 한다."라는 주장이 제기되었다. 혼다 교수는 과수원, 가축원, 식물원, 대소 운동장과 함께 공원 도로 등을 계획하였으나 결국 실현되지 못하였다.

조선신궁의 부지 선정 논의가 진행되는 가운데, 1914년 조선총독부는 부제를 공포하고 거류민단을 폐지하였다. 그 결과 1914년 3월 경성 거류민단이 철폐되고 경성 거류민단의 재정과 권리가 지방 행정 기관인 경성부로 이양되었다. 이는 남산에 있는 두 공원의 운영 주체가 해체됨을 의미하는 것으로, 한양공원과 왜성대공원이 이전과는 다른 방향으로 운영될 것임을 말해주었다.

조선총독부는 조선신궁을 경성에 건립하기로 하고, 후보지를 물색하였다. 제일 먼저 고려한 곳은 경복궁 뒤 북악산 자락이었다. 그러나 조선총독부 청사가 경복궁으로 이전할 예정이었는데, 여기에 조선신궁까지 북쪽에 세워진다면 일본인들이 주로 거주하는 남촌 일대가 약화되고 경성의 중심이 북부로 옮겨질 우려가 있어 제외하였다.

조선총독부는 1915년경 후보지를 남산 기슭의 왜성대로 정하였으나 예산 문제로 어려움을 겪었다. 결국 왜성대 주변 사유지 구매 자금의 부담으로 1918년 조선신궁 부지는 한양공원 자리로 최종 확정하였다. 한양공원은 능선이 가파르고 좁아 거대한 건물을 세우기에는 그다지 적합하지는 않았다. 그러나 일대가 모두 국유지여서 비용을 절감할 수 있었고, 서울 어디에서나 잘 보이는 능선이라는 장점을 갖고 있었다. 한양공원을 부지로 선정한 데에는 조선신궁의 설계자인 이토 주타[伊東忠太] 도쿄 제국대학 교수의 의견이 반영된 것이었다.

1918년에 조선총독부는 조선신궁 건설에 착수하였고 한양공원은 결국 폐쇄되었다. 한양공원을 포함한 남산의 땅이 조선신궁의 공간으로 바뀐 것이다. 조선신궁 공사는 8년 동안 총 156만 엔의 예산이 투입되었다. 1925년 10월 15일에 진좌제를 거행하였다. 진좌제를 즈음해서는 공사가 대부분 끝났고, 1925년 12월 16일 조영造營 사무가 완료되었다. 조선신궁은 아마테라

하늘에서 본 조선신궁 전경

스 오미카미[天照大神]와 메이지 천황[明治天皇]을 제신祭神으로 하고 있었다.

조선신궁 경내는 서북서를 바라보는 직사각형으로, 주요 건물이 있는 상중하 3단의 공간과 상중하 세 개의 광장으로 이루어졌다. 조선신궁에 속한 수림[神苑]은 약 20만 평으로, 경내지에 바로 접한 약 9,200평을 내신원으로, 동쪽 왜성대공원 방면 약 10만 평을 외신원으로 삼았고, 주위는 철근콘크리트 기둥과 철조망으로 둘러쌌다.

조선신궁의 건립은 한양공원에 나타난 일본의 식민지적 공간 지배의 절정으로 평가할 수 있다. 1920년대 한양공원은 조선신궁으로 변용되는데, 공원에 일본의 문화가 이식되고 공원이 지배자의 공간으로 치환되는 이러한 사실은, 일본이 공원을 이용해 남산을 물리적으로 점거한 것과는 또 다른 공간 지배 양상을 의미한다. 즉 남산의 공원화가 한성부 내 일본의 세력을 확보하기 위한 수단이었다면, 이후의 변용은 식민지 지배를 공간의 양태로 보여주는 것이었다.

조선신궁 부지는 식민지 공간 지배의 의도가 읽히는 최적의 공간이기도 했다. 시가지가 한눈에 들어오는 지배자의 시선과 도성 안 어디에서든 볼 수 있는 피지배자의 시선이 모두 충족되는 곳이기 때문이다. 특히 경성을 방문하는 외부인이 관문인 경성역에 도착하면 바로 정면에 조선신궁이 보이는 시각적 효과도 의도한 것으로 보인다.

조선신궁은 왜성대공원에 있던 경성신사와는 비슷하면서도 다른 의미를 가진다. 왜성대공원 안에는 1897년 처음 공원이 만들어질 때부터 남산대신궁이라는 신사 설립을 계획하여, 이듬해인 1898년 10월 3일 진좌제를 거행하였고, 이후 1913년 경성신사로 개칭하였다. 경성신사는 일본 거류민의 일상적 종교 시설로서 비정치적으로 이용되었고, 따라서 경성신사를 포함하고 있던 왜성대공원의 도시공원으로서의 성격을 해치지 않았다.

그러나 조선신궁은 달랐다. 조선신궁은 철저하게 조선을 식민 통치하기

조선신궁 전경

위한 정치적 도구로 구상하고 활용하였다. 이에 한양공원이 조선신궁 부지로 결정되자 1918년 공원은 폐쇄되었다. 실제로 공원으로 이용된 기간은 10년 남짓으로 매우 짧았다. 한양공원은 남산에 조성된 두 번째 공원이었지만 결국 조선신궁으로 인해 폐쇄되고 흡수되면서 그 흔적을 찾아보기 힘들게 되었다.

남산 지역의 성격 변화

남산은 서울의 녹지 랜드마크이다. 대도시 한가운데 남산과 같은 규모의 산이 있는 곳은 찾아보기 어렵다. 남산은 예로부터 서울 시민의 휴식처이자 정서적 안정감을 주는 산이었다. 조선시대 남산은 목멱산木覓山으로도 불렸는데, 태조가 남산의 산신을 목멱대왕으로 봉한 데에서 유래한 것이다. 태종은 이를 호국의 신으로 삼아 국가의 공식 행사로 제사를 지내도록 하였고, 이와 관련하여 목멱신사, 국사당 등의 시설이 기록에서 언급되었다. 또한 많은 양반이 경치가 수려한 남산 자락에 누정을 지어 거처하면서 풍경을 감상하며 문화적 교류를 나누었다.

근대에 접어들어 서구적 개념의 근대 공원이 도입되면서 남산에 공원이 조성되었다. 대한제국기부터 일제강점기까지 남산 내에는 세 개의 공원이 계획되었는데, 시기순으로 보면 남산 북쪽 기슭의 왜성대공원, 서북쪽 기슭의 한양공원 그리고 장충단공원이었다. 이는 주로 남산 북쪽 기슭에 거주하던 일본인들을 위한 곳이었다. 공원은 모든 사람이 평등하게 도시 속에서 휴식을 취하고 자연을 향유하는 장소를 표방했지만, 그 위치와 형태, 내용에서는 철저하게 정치적·이념적이었다. 이는 대한제국기의 한성, 일제강점기의 경성에서도 그러했다.

이 공원화 과정은 단순한 공원 조성이 아닌 한성부에 대한 일본의 토지 점유와 관련이 있었다. 남산의 공원화는 위락 시설의 확장이 아니었고 근대 도시의 표상물인 공원 조성을 명분으로 한 타자의 토지 점유 방식이라 할 수 있다. 남산의 공원은 식민 도시 건설의 한 수단으로, 일본은 남산이 식민 도시의 핵으로 자리매김하는 데 공원을 이용하였던 것이다.

이후 한양공원이 조선신궁으로 변화하는 것처럼 공원이 신사와 신궁으로 변용되는 과정은, 남산의 공원에 일본 문화를 이식하고 지배자의 공간

인왕산 국사당

으로 완전히 치환하는 것이었다. 이것은 일본이 공원을 통해 남산을 물리적으로 점거한 것과는 또 다른 공간 이용의 양상이다. 남산의 공원화가 한성부 내 일본의 세력을 확보하기 위한 수단이었다면, 종교 시설로의 변용은 식민지 지배를 공간으로 보여준 것, 즉 제국주의의 이념을 드러내는 장이었다고 할 수 있다.

조선신궁 건립 당시 국사당을 이전한 것도 비슷한 맥락으로 이해할 수 있다. 국사당은 조선시대에 남산을 신격화한 목멱대왕에게 제사 지내던 곳으로서 목멱신사 또는 남산사라고도 불렀다. 1925년 10월의 조선신궁 진좌제를 석 달 앞둔 7월에 남산 정상 부근 지금의 팔각정 자리에 있던 국사당을 서대문 밖 인왕산 중턱으로 옮겼다. 기존 조선인의 민간 신앙 장소가 조선신궁 위에 있는 것이 불경스럽다는 이유였다. 아예 없애버리려는 생각도 한 모양이지만 큰 반발을 우려하여 이전하기로 정했던 것이다.

남산의 공원에서 보이는 역사적 사실들은, 결국 국가를 존립하게 하는 도시의 상징 공간이 국가 경영의 주체가 바뀌었을 때 그 장소의 의미가 얼마나 쉽게 상실되는지 그리고 그것을 다시 회복하기가 얼마나 힘든지를 잘 보여준다.

그렇다면 광복 후 조선신궁을 비롯한 남산 일대는 어떠한 변화를 보였을까. 먼저 조선신궁은 일본인과 한국인 양쪽 모두에 의해 파괴되었다. 일제강점기에 조선신궁은 재조선 일본인 사회의 정신적 통합의 핵이라는 역할도 있었지만, 식민 지배의 상징으로서의 기능도 담당하였다. 전시 체제하의 황민화 정책에 따라 신사 참배를 강요한 결과, 한국인들에게 강한 반발을 샀다.

서구 식민지의 기독교와는 달리 기본적으로 포교를 통해 개개인을 신자로 만들고자 하는 발상을 하지 않았기 때문에, 식민지 신사는 광복 후의 모습에서 서구 식민지의 교회와 대조적인 말로를 보였다. 조선신궁 진좌제를 할 때 일본인은 모두 모자를 벗고 절을 올렸지만, 조선인 중에는 단 한 사람도 참배하는 사람이 없었다고 한다. 이 기록은 조선인이 일본 신사에 냉담한 반응을 보였다는 근거로 사용되지만, 다른 한편으로는 행사에 참석한 조선인들에게 참배를 강요하지 않았음을 보여주는 것이기도 하다. 그만큼 조선총독부는 포교의 의지가 없었다는 것이다. 일본에서 파견된 신직神職들은 조선총독부가 관사인 조선신궁을 통해 조선인에게 신도神道를 보편화시킬 것을 기대했지만, 총독부는 조선신궁 건립 후 신사 경영에 관심을 기울이지 않았다. 즉 총독부에 있어 조선신궁은 총독부의 권위와 위세를 보여주는 신사=공원에 지나지 않았다.

광복 이후 황민화 정책에 대한 반발로 한국인에 의해 조선신궁이 파괴될 것을 두려워한 신관들은 8월 16일 스스로 신체神體를 소각하여 매장하는 승신식昇神式을 거행하고, 10월 초까지 본전과 정전 등 건물을 해체 및 소각한 후 철수하였다. 도리이[鳥居]와 비석, 황국신민서사지주 등은 한동안 남아 있다가 1947년 7월 파괴되었다.

광복 이후에도 남산은 사람들을 시각적으로 지배하고자 하는 권력의 욕망이 드러나는 공간이었다. 조선신궁이 있던 곳은 우리의 큰 치부이자 상처였다. 그러면서도 그곳은 권력의 시각적 표상이라는 공간적 공통 기억이 사람들의 뇌리에 잠재해 있었다.

1956년에 이승만 대통령의 80세 생일을 기념하는 동상이 조선신궁 터 한복판에 세워졌다. 이 동상은 본체와 기단을 합하면 25m에 달하는 높이

이승만 대통령 동상과 남산

의 초대형 동상이었다. 1955년 10월 3일 개천절에 기공식을 하였고, 제막식은 광복절 및 제3대 대통령 취임을 기념하여 1956년 8월 15일에 거행하였다. 이어 1958년 11월 29일 조선신궁 터에 국회의사당을 신축하겠다는 계획도 발표하였다.

그러나 4·19혁명 이후 이승만 대통령의 동상은 파괴되었고, 5·16군사 정변으로 인해 국회의사당 건립 계획도 무산되었다. 그리고 그 자리에 남산공원 조성 계획이 마련되었다. 그 구체적 결과물이 1963년 남산 야외음악당과 남산 어린이놀이터 건설이었다. 그리고 1974년 국립중앙도서관이 남산으로 이전하였고, 1988년 서초동으로 옮겨간 후에는 서울특별시교육청 과학교육원, 서울특별시교육청 교육연구정보원이 설치되어 운영되었다.

이승만 동상이 있던 자리에는 1968년 8월 백범광장을 조성하였고 백범 김구상, 이시영선생상, 김유신장군상 등이 세워졌다. 조선신궁 건물 자리에는 1970년 10월 26일에 안중근 의사 기념관이 개관하였고, 1974년 7월 10일에는 안중근 의사 동상도 건립되었다. 2010년 10월 26일 안중근 의사 하얼빈 의거 101주년을 기념하여 옛 안중근 의사 기념관을 철거하고 기존의 기념관이 있던 자리에 높이 3층의 유비쿼터스식 새 기념관을 개관하여 현재에 이르고 있다.

이승만 동상 철거 이후 시각적으로 권력을 표현하는 공간으로 남산공원을 이용하려는 시도는 약화되었다. 이후 1975년 완공된 남산서울타워는 서울과 남산의 시각적 지형도를 완전히 바꿔버렸다. 또한 남산 주변에 고층빌딩이 세워지고 서울의 스카이라인이 높아지면서 남산 회현 자락은 어디에서나 보이는 공간에서 어디에서도 보이지 않는 공간으로 변해갔다. 관광으로서 공원의 기능은 남산 케이블카와 그것을 통해 올라갈 수 있는 남산서울타워가 갖게 되었고, 시각적 지배력을 잃은 회현 자락은 교육과 기념의 공원으로 자리 잡았다.

참고문헌

제 1 강 영토를 순수하고 돌에 새겨 기록하다, 서울 북한산 신라 진흥왕 순수비

한국사데이터베이스(https://db.history.go.kr) 한국고대금석문 신라 비문

강봉룡, 〈순수비에 담긴 진흥왕의 꿈과 야망〉, 《고대로부터의 통신》, 푸른역사, 2004.

박성현, 〈신라의 입장에서 본 551~554년 삼국 사이의 전쟁〉, 《새로운 동아시아 국제질서의 시작 한강유역과 관산성》, 충청남도역사문화연구원·경북문화재단, 2019.

박초롱, 〈진흥왕순수비 건립의 의의〉, 《사학연구》 118, 2015.

崔英成, 〈秋史 金石學의 再照明-史的 '考證' 문제를 主眼目으로-〉, 《동양고전연구》 29, 2007.

제 2 강 한양의 공사실명제, 한양 도성 각자성석

서울특별시, 《한양도성 각자성석과 축성기록》, 2015.

서울특별시 시사편찬위원회, 《서울 2천년사》 13, 2013.

문인식, 〈한양 도성의 각자성석에 대한 종합적 고찰〉, 《서울학연구》 55, 2014.

문인식 외, 〈18세기 삼군영의 한양도성 개축과 각자성석〉, 《건축역사연구》 133, 2020.

민덕식, 〈서울 성곽의 축성관련 금석문〉, 《향토서울》 71, 2008.

신영문, 〈漢陽都城 築城術의 歷史考古學的 研究〉, 국민대학교 박사학위논문, 2015.

제 3 강 조선의 그린벨트, 사산금표와 부석금표

김대길, 〈조선 후기 송금 정책에 관한 연구〉, 《도시역사문화》 3, 2005.

유승희, 〈조선 후기 한성부의 四山 관리와 松禁 정책〉, 《이화사학연구》 46, 2013.

유승희, 〈조선시대 한성부 城底十里의 지역적 특성과 城底民의 실태〉, 《조선시대 다스림으로 본 성저십리》, 서울역사편찬원, 2019.

박봉우, 〈금표:북한산 우이동의 금표〉, 《숲과 문화》 30-3, 2021.

제 4 강　조선 선비의 이야기가 담긴 도봉산 동쪽 자락 바위 글씨

이종묵, 《조선의 문화공간》 4, 휴머니스트, 2006.

구본현, 〈이안눌의 동원과 시단에 대하여〉, 《한국한시작가연구》 9, 2005.

이민정, 〈18세기 관료 조현명의 정치적 공간, 해촌〉, 《인문과학연구》 27, 2018.

정우진·노재현·이희영, 〈북한산 이계구곡의 위치비정과 집경 특성〉, 《한국전통조경학회지》 35-1, 2017.

제 5 강　글 모르는 사람에게 알리노라, 이윤탁 한글 영비

이문건, 이상형 엮음, 《묵재집》, 1948(국사편찬위원회 소장).

김민규, 《조선시대 능묘 비석 연구》, 신구문화사, 2023.

김용선, 《고려금석문연구》, 일조각, 2004.

남동신 외, 《대동금석서 연구》, 한국학중앙연구원 출판부, 2020.

박태호, 《장례의 역사》, 서해문집, 2006.

홍승현·양진성·소현숙, 《돌, 영원을 기록하다》, 경북대학교 출판부, 2018.

김홍철, 〈영비의 금석학적 연구-석물, 비문, 서가, 이문건 서예를 중심으로〉, 고려대학교 석사학위논문, 1975.

송혁기, 〈조귀명의 비지류 산문 일고〉, 《한문학총집》 65, 2023.

안득용, 〈16세기 후반~17세기 전반 묘지문의 전범과 서술 양상에 대한 고찰〉, 《한국한문학연구》 39, 2007.

이상주, 〈이문건 숙부인김씨묘지명에 대하여〉, 《한문학보》 27, 2012.

이홍식, 〈초정 박제가의 비지문 연구〉, 《한국한문학연구》 43, 2009.

조은숙, 〈《묵재일기》 연구〉, 고려대학교 박사학위논문, 2019.

태성규, 〈박충좌 묘지명에 대하여〉, 《백산학보》 94, 2012.

제 6 강　바위에 새긴 선비 정신, 증주벽립

김지영 등, 《서울역사답사기 4 인왕산·북악산·낙산 일대》, 서울역사편찬원, 2020.

우경섭, 《조선중화주의의 성립과 동아시아》, 유니스토리, 2016.

정옥자, 《조선후기 조선중화사상연구》, 일지사, 1998.

한명기, 《임진왜란과 한중관계》, 역사비평사, 1999.

허태구, 《병자호란과 예禮, 그리고 중화中華》, 소명출판, 1998.

우경섭, 〈宋時烈의 世道政治思想 硏究〉, 서울대학교 박사학위논문, 2005.

제 7 강　삼궤구고두례의 치욕을 새기다, 삼전도비

심영환, 《삼전도비三田渡碑》, 민속원, 2023.

김선민, 〈접견례를 통해 본 아이신-다이칭 구룬Aisin-Daicing Gurun의 세계〉, 《한국사학사학보》 36, 2017.

金聲均, 〈三田渡碑 竪立 始末〉, 《鄕土서울》 12, 1961.

김수연, 〈명·청 사신의 조선방문과 한양의 장소들〉, 서울시립대학교 석사학위논문, 2021.

문광균, 〈조선전기 한강 渡津制의 성립과 변화〉, 《한국사학보》 55, 2019.

배우성, 〈서울에 온 청의 칙사 馬夫大와 삼전도비〉, 《서울학연구》 38, 2010.

이상배, 〈丙子胡亂과 三田渡碑文 撰述〉, 《강원사학》 19·20, 2004.

李銀順, 〈李景奭의 政治的 生涯와 三田渡碑文 是非〉, 《韓國史硏究》 60, 1988.

장정수, 〈청나라에 간 조선 시녀들, 조선판 공녀였을까〉, 《조선시대 사람들은 어떻게 살았을까》 2(전면 개정판), 현북스, 2022.

정병진, 〈淸使의 삼전도 행차와 양국의 기억〉, 《전북사학》 76, 2019.

한명기, 〈丙子胡亂 패전의 정치적 파장: 청의 조선 압박과 仁祖의 대응을 중심으로〉, 《동방학지》 119, 2003.

제 8 강　조선 문화의 르네상스가 일어나다, 인왕산 백세청풍

김규원, 《오래된 서촌 오래된 서울》, 미세움, 2023.

서울역사박물관, 《서촌; 역사 경관 도시조직의 변화 1》, 2010.

이경구, 《조선후기 안동 김문 연구》, 일지사, 2007.

최완수, 《겸재 정선》, 현암사, 2009.

이성우, 〈이성우의 청와대와 주변의 역사·문화 이야기(25) '충절의 상징' 자리엔 '백세청풍' 각자 바위뿐〉, 《월간중앙》 2022년 1월호.

이순미, 〈한양 北里 淸風溪의 장소적 의미와 鄭敾(1676~1759)의 〈淸風溪圖〉〉, 《한국학연구》 72, 2020.

제 9 강　무상한 권력의 흔적, 공덕리 금표

고바야카와 히데오, 《명성황후 시해 사건의 진상》, 온이퍼브, 2017.

김병우, 《대원군의 통치정책》, 혜안, 2006.

김종학, 《흥선대원군 평전》, 선인문화사, 2021.

연갑수, 《대원군집권기 부국강병책 연구》, 서울대학교 출판부, 2001.

윤효정, 《대한제국아 망해라》, 다산초당, 2010.
이민원, 《고종 평전》, 선인, 2021.
한영우, 《명성황후와 대한제국》, 효형, 2001.

제 10 강　고종은 왜 일본인 공원에 친필을 하사했을까, 한양공원비

《국역 경성부사》 2, 서울특별시시사편찬위원회, 2013.
문동석, 《서울이 품은 우리 역사》, 상상박물관, 2017.
김대호, 〈20세기 남산 회현 자락의 변형, 시각적 지배와 기억의 전쟁-공원, 신사, 동상의 건립을 중심으로-〉, 《도시연구》 13, 2015.
박희성, 〈변화와 변용으로 본 근대기 서울 남산의 공원〉, 《한국조경학회지》 43-4, 2015.
서영애·손용훈, 〈남산공원 태동기의 공간별 활용 유형-1883~1917년까지 신문기사를 중심으로-〉, 《한국전통조경학회지》 31-1, 2013.
황주영, 《근대적 발명품으로서의 도시공원: 19세기 후반 런던과 파리를 중심으로》, 서울대학교 박사학위논문, 2014.

찾아보기

가

나

다

아

자

저자약력

박성현 ∘ 서울대학교 국사학과 교수. 〈新羅의 據點城 축조와 지방 제도의 정비 과정〉으로 박사학위를 받았다. 〈삼국통일 후 신라의 지방 제도, 얼마나 달라졌나?〉, 〈6~8세기 신라 동북 경계의 변천과 구조〉, 〈신라의 '남·북 한산성' 축조와 경영〉, 〈신라 통일기 한주(漢州)의 물자 이동과 조운(漕運)〉 등이 있으며, 저서로는 《새로운 동아시아 국제질서의 시작 한강유역과 관산성》(공저), 《대가야의 도성》(공저) 등이 있다.

노영구 ∘ 국방대학교 군사전략학과 교수. 〈조선후기 병서와 전법의 연구〉로 박사학위를 받았다. 〈순천 왜교성 전투에 보이는 정유재란 참전국의 무기체계〉, 〈정유재란 시기 전라도 지역 일본군 동향과 조선의 대응〉, 〈조선후기 전술변화와 중앙 군영의 편제 추이〉, 〈임진왜란 초기 봉화 小川 전투의 전개와 전쟁사적 의미〉 등이 있으며, 저서로는 《한국의 전쟁과 과학기술문명》, 《조선후기의 전술》, 《연병지남, 북방의 기병을 막을 조선의 비책》 등이 있다.

유승희 ∘ 연세대학교 법학연구원 연구교수. 《18~19세기 한성부의 범죄실태와 갈등양상 연구》로 박사학위를 받았다. 〈조선후기 한성부의 四山 관리와 松禁정책〉, 〈조선후기 한성부 무주택자의 거주형태와 특징〉, 〈조선후기 京江 지역 실태와 江民의 특성〉, 〈19세기 후반 '囚徒案'의 분석과 죄인의 실태 - 함경남도 지역을 중심으로〉 등의 논문이 있으며, 저서로는 《미궁에 빠진 조선 - 누가 진짜 살인자인가》, 《민이 법을 두려워 하지 않는다》, 《조선 민중 역모사건》, 《통제된 시간과 공간 - 경강, 광나루에서 양화진까지》(공저), 《조선시대 다스림으로 본 성저십리》(공저) 등이 있다.

장지연 ∘ 대전대학교 혜화리버럴아츠칼리지 역사문화학전공 교수. 〈高麗, 朝鮮初 國都風水 연구〉로 박사학위를 받았다. 〈고려 말 조선 초 봉건제 이상 속의 수도 인식과 그 위상〉, 〈조선 전기 한양의 지세 인식과 풍수 논란 및 설화〉, 〈조선 초 중앙 사직단단제의 형성과 그 성격〉 등의 논문이 있으며, 저서로는 《한문이 말하지 못한 한국사》, 《경복궁 시대를 세우다》, 《고려·조선 국도풍수론과 정치이념》, 《한경지략 19세기 서울의 풍경과 풍속》(역해) 등이 있다.

조은숙 ∘ 고려대학교 국어국문학과 강사. 〈『默齋日記』 연구〉로 박사학위를 받았다. 〈『묵재일기』에 나타난 자녀교육과 갈등의 형상〉, 〈이문건 시묘살이를 통해 본 조선중기 유자(儒者)의 상례(喪禮) 고찰〉, 〈『호산청일기』 연구〉, 〈조선중기 사대부 일기 속에 나타난 여성의 지위 고찰 - 김돈이(金敦伊)의 삶을 중심으로〉 등의 논문이 있다.

나종현 ◦ 서울대학교 BK조교수. 〈율곡학파 성리설의 발전과 호론 사상의 형성〉으로 박사학위를 받았다. 〈한원진 경세론의 성격 재검토 - 철학사상과 신분관을 중심으로 -〉, 〈도암 이재와 호락논쟁 - 성리설과 정치사상을 중심으로 -〉, 〈조선 후기 楊鎬去思碑의 건립과 변천〉, 〈18세기 초반 호론계 배사론(背師論)의 전개〉, 〈조선후기 제왕학의 발달과 정조의 황극론〉 등이 있으며, 저서로는 《대동금석서 연구》(공저)·《충북 유학의 학맥과 학풍》(공저) 등이 있다.

장정수 ◦ 동북아역사재단 연구위원. 〈17세기 전반 朝鮮과 後金·淸의 國交 수립 과정 연구〉로 박사학위를 받았다. 〈조선시대 울릉도 관리정책의 변화: 수토제의 시행을 중심으로〉, 〈1970~1980년대 북한의 병자호란 인식과 역사서술〉, 〈정묘호란시 조선과 후금의 교전 및 교섭에 대한 단계별 검토〉, 〈병자호란 이전 조선의 對後金(淸) 방어전략의 수립 과정과 그 실상〉, 〈병자호란시 조선 勤王軍의 남한산성 집결 시도와 활동〉 등의 논문이 있고, 《조선시대 사람들은 어떻게 살았을까2》(공저)·《편역 사대문궤》(공역)·《만문노당 역주》(공역) 등의 저술·번역에 참여했다.

이경구 ◦ 한림대학교 한림과학원 교수. 〈17~18세기 壯洞 金門 연구〉로 박사학위를 받았다. 〈장동 김문의 문물수용론과 문예 활동〉, 〈1740년(영조 16) 이후 영조의 정치 운영〉, 〈조선후기 안동 김문의 의리관〉 등의 논문이 있으며, 저서로는 《17세기 조선 지식인 지도》, 《정조와 18세기》(공저), 《조선 후기 사상사의 미래를 위하여》, 《한국의 근현대, 개념으로 읽다》(공저), 《조선, 철학의 왕국 ; 호락논쟁 이야기》 등이 있다.

홍문기 ◦ 총신대학교 역사교육과 조교수. 〈1864~1894 언관 및 언관언론의 변화〉로 박사학위를 받았다. 〈1894년 「감옥규칙(監獄規則)」 성립과 근대 감옥제도의 도입 양상〉, 〈갑오개혁 당시 언관기관(言官機關) 해체와 그 기능의 계승〉, 〈갑오개혁 이후 중추원의 변화와 '중추원=언관(言官)' 논리의 등장〉, 〈철종대 언관언론에 대한 검토 - 언론수 통계 및 계사 분석을 중심으로 -〉 등의 논문이 있으며, 역서로는 〈독도관계 한국사료총서 1 : 조선왕조실록, 승정원일기, 비변사등록, 일성록〉, 〈대한제국기 간도 자료집 1 : 정부문서〉 등이 있다.

김제정 ◦ 경상국립대학교 사학과 부교수. 〈대공황 전후 조선총독부 산업정책과 조선인 언론의 지역성〉으로 박사학위를 받았다. 〈식민통치 및 식민권력에 관한 연구 동향과 과제〉, 〈1929년 조선박람회의 홍보 포스터 연구〉, 〈식민지기 홍보 이미지 자료를 통한 경성에서의 박람회 연구〉 등의 논문이 있으며, 저서로는 《한국 근대사 연구의 쟁점》(공저), 《시민의 한국사-근현대편》(공저), 《일본제국주의, 식민지 도시를 건설하다》 등이 있다.

도판출처

쪽	도판명	출처
13	1972년 북한산비 이전 광경	국가기록원
18	마운령 진흥왕 순수비	국립중앙박물관
19	북한산비 현재 모습	국립중앙박물관
19	북한산비 탁본	국립중앙박물관
30	《대동여지도》에 표시된 함흥에 이르는 길	서울대학교 규장각한국학연구원
35	연천 호로고루성벽과 전망대	문화재청
36	일제강점기 북한산비 전경	국립중앙박물관
42	남산신성비 제1비	국립경주박물관
42	오다 쇼고	국립중앙박물관
47	남산에서 새로 발견된 각자성석	서울특별시
48	태조대에 새겨진 검자육백척 각자성석	서울특별시
51	1424년 무너진 성벽을 다시 쌓도록 하는 기사	국사편찬위원회
53	세종대에 새겨진 '동복시' 각자성석	서울특별시
55	〈도성삼군문분계지도〉	서울대학교 규장각한국학연구원
66	《예종실록》에 나타난 도성 내외 소나무 금벌 사목	국사편찬위원회
67	1838년 간행된 《금송계 좌목》	서울대학교 규장각한국학연구원
70	경남 통영 안정사에 소장된 조선시대 금송패	문화재청
72	경천군 이해룡 사패지 송금비	문화재청
75	조선 후기 한성부 금표 구역	국립중앙박물관
80	〈사산금표도〉	국립중앙박물관
83	《경국대전》 공전 재식조	서울대학교 규장각한국학연구원
90	조현명과 이주진이 만경폭에 남긴 각자	필자 제공
91	이은이 만경폭에 남긴 각자	필자 제공
94	〈모당 홍이상공 평생도〉	국립중앙박물관
98	《송시열필서첩》	국립중앙박물관

쪽	도판명	출처
102	《명신초상화첩》 중 이주진	국립중앙박물관
102	《명현화상》 중 이은	국립중앙박물관
104	《명신초상화첩》 중 조현명	국립중앙박물관
118	이윤탁 한글 영비 앞면	국립문화재연구원
120	이윤탁 한글 영비 뒷면	국립문화재연구원
120	이윤탁 한글 영비 뒷면 탁본	국립문화재연구원
127	이윤탁 한글 영비 동쪽 면	국립문화재연구원
128	이윤탁 한글 영비 서쪽 면	국립문화재연구원
129	이윤탁 한글 영비 서쪽 면 탁본	문화재청
137	송시열 초상	국립중앙박물관
138	《양현전심록》	서울대학교 규장각한국학연구원
144	송시열이 머물던 영동 한천정사	문화재청
148	효종이 송시열에게 내려준 가죽옷	문화재청
150	《삼학사전》	서울대학교 규장각한국학연구원
152	화양구곡 제4곡 금사담	문화재청
153	괴산 만동묘정비	문화재청
154	가평 조종암에 새겨진 송시열의 글씨	문화재청
155	제주도의 증주벽립	사랑해 블로그 연꽃(박성찬)
163	〈해동지도〉에 표시된 남한산성과 삼전도	서울대학교 규장각한국학연구원
165	청 태종 홍타이지	북경고궁박물원
166	남한산성 서문	경기도남한산성세계유산센터
170	삼전도비가 처음 등장하는 1637년 3월 12일 《승정원일기》 기사	서울대학교 규장각한국학연구원
174	《경전하이킹코스》 제3집에 수록된 일제강점기 삼전도비 경관 삽화	국립중앙도서관
176	일제강점기 삼전도비 사진	국립중앙도서관
181	1735년 당빌의 〈조선왕국도〉에 표시된 삼전도비	동북아역사재단

쪽	도판명	출처
185	1915년 삼전도비 상황을 기록한 평면배치도와 사진	국립중앙박물관
191	〈인왕제색도〉에 나타난 청풍계	국립중앙박물관
192	《장동팔경첩》 중 〈청풍계〉	간송미술문화재단
195	선조가 쓴 청풍계	서울역사박물관
197	〈청풍계〉	국립중앙박물관
199	충렬사와 김상용 순절비	문화재청
203	간송미술관 소장 〈청풍계〉	간송미술문화재단
203	고려대학교박물관 소장 〈청풍계〉	고려대학교박물관
209	1924년 7월 19일 《동아일보》에 실린 청풍대 사진	국립중앙도서관
212	1970년대 청운동 일대 경관	서울기록원
221	아소당 현판과 못자리	국립중앙도서관
222	아소당기 현판	서울역사박물관
223	흥선대원군	국사편찬위원회
224	흥선대원군 초상	국립중앙박물관
227	리훙장	동북아역사넷
228	보정부 유폐 시절의 흥선대원군	서울역사박물관
231	일제강점기 아소당 전경	국사편찬위원회
234	아소당	국립중앙도서관
236	을미사변에 가담한 낭인들	구마모토신문박물관
238	《흥원천봉등록》	서울역사박물관
244	왜성대공원	서울역사박물관
245	탑골공원	서울역사박물관
247	한양공원 개원식	독립기념관
248	한양공원의 청학정과 황조정	독립기념관
249	남산에서 바라본 경성 시가	서울역사박물관
251	한양공원비 뒷면	독립기념관
254	하늘에서 본 조선신궁 전경	서울역사박물관
256	조선신궁 전경	서울역사박물관
260	이승만 대통령 동상과 남산	국가기록원

* 표기하지 않은 도판은 서울역사편찬원 소장이미지입니다.